남양과 식민주의

일제 식민사학 비판 총서 7

남양과 식민주의

일본 제국주의의 남진과 대동아공영권

2022년 4월 25일 초판 1쇄 찍음
2022년 5월 16일 초판 1쇄 펴냄

지은이 허영란
책임편집 최세정 · 엄귀영
편집 이소영 · 김혜림
표지·본문 디자인 김진운
마케팅 최민규

펴낸이 윤철호 · 고하영
펴낸곳 (주)사회평론아카데미
등록번호 2013-000247(2013년 8월 23일)
전화 02-326-1545
팩스 02-326-1626
주소 03993 서울특별시 마포구 월드컵북로6길 56
이메일 academy@sapyoung.com
홈페이지 www.sapyoung.com

ⓒ 허영란, 2022
ISBN 979-11-6707-052-4 93910

* 이 저서는 2016년 대한민국 교육부와 한국학중앙연구원(한국학진흥사업단)의 한국학총서
  사업의 지원을 받아 수행된 연구임(AKS-2016-KSS-1230007)

일제 식민사학 비판 총서 7

남양과 식민주의

일본 제국주의의 남진과 대동아공영권

허영란 지음

사회평론아카데미

'일제 식민사학 비판 총서'를 출간하면서

2016년 한국학중앙연구원에 '한국학총서' 지원사업으로 「일제 식민주의 역사학의 연원과 기반에 관한 연구」를 제출하였다. 일제 식민사학을 총괄적으로 다루어보자고 7명의 연구자가 모였다. "조선 · 지나(支那) · 만몽(滿蒙) · 동남아시아 통합지배를 향한 '동양사'와 식민사학 비판"이라는 부제가 출발 당시의 의욕을 상기시킨다.

일본제국은 한국의 국권을 빼앗은 뒤, 식민지로 영구 통치하기 위해 한국사를 왜곡하였다. 한국은 반도라는 지리적 조건으로 대외적으로 자주성을 잃고, 대내적으로는 당파적인 민족성으로 정쟁을 일삼다가 일본의 통치를 받게 되었다는 것이 골격이다. 1960년대에 접어들어 한국 역사학계는 이를 바로잡는 '식민주의 역사 비판'을 시작하여 한국사의 모습을 크게 바꾸어놓았다. 그런데 1960~1970년대에 확보된 비판의 틀은 시간이 지나서도 확장성을 보이지 못하였다. 한국은 일본제국의 대외 침략에서 가장 큰 피해국이었던 만큼 식민사학의 실체와 왜곡의 뿌리를 바닥까지 헤집어보는 확장력을 발휘할 권리와 의무가 있었다. 그러나 시간이 흘러도 그런 기세는 보이지 않았다. 비판의 시선도 한국사에서 좀체 벗어나지 못하였다. 만주 지역이 포함되었지만, 그것은 '만선사(滿鮮史)'가 제국 일본 역사 왜곡의 주요한 주제의 하나였기 때문이다. 일제의 대외 침략은 동아시아 전체를 대상으로 한 만큼 역사 왜곡이 조선, 만주에만 한정되었을 리 만무하다.

이 총서는 지금까지의 식민주의 역사학 비판의 틀에서 벗어나 제국 일본의 '동양' 제패 이데올로기 생산의 주요 조직, 곧 제국의 대학과 언론계(『일본제국의 '동양사' 개발과 천황제 파시즘』, 이태진), 조선총독부박물관(『조선총독부박물관과 식민주의』, 오영찬), 남만주철도주식회사의 조사부(『제국 일본의 동아시아 공간 재편과 만철조사부』, 박준형), 조선총독부 중추원과 조선사편수회(『조선총독부의 조선사 자료수집과 역사편찬』, 서영희), 경성제국대학(『경성제국대학 법문학부와 조선 연구』, 정준영), 외무성 산하의 동방문화학원(『일본제국의 대외 침략과 동방학 변천』, 이태진) 등의 연구 및 홍보조직을 조사 대상으로 삼았다. 이 조직들에서 누가, 어떻게 역사 왜곡에 나섰는지, 일본의 대륙 침략에 따라 이를 역사적으로 옹호하며 조선과 만주는 물론 대륙 전체를 아우르려 하고(『만선사, 그 형성과 지속』, 정상우), 농남아와 태평양으로 '남진'하면서 '대동아공영권'을 내세우는 과정(『남양과 식민주의』, 허영란), 이 단계에서 새로 발족한 도쿄, 교토 양 제국대학의 동양문화 · 인문과학연구소(『일본제국의 대외 침략과 동방학 변천』, 이태진) 등을 살폈다. 일본제국 침략주의의 실체를 말 그대로 머리에서 발끝까지 뒤져본다는 심정으로 연구에 임하였다.

일본제국의 침략주의는 두 개의 베일에 가려져 있다. 하나는 '메이지유신'이란 '신화'이고, 다른 하나는 무임승차하듯 편승한 제국주의 일반론이다. 일본제국은 구미 바깥 세계에서 유일하게 근대화(서구화)에 성공한 나라라는 신화가 일본의 반성을 거의 기대할 수 없게 만들었다. 침략을 받은 나라에서조차 부러워하는 신화였다. 그리고 19세기 말, 20세기 전반기는 약육강식의 신제국주의 시대로서 일본제국의 대외 침략은 그중 하나일 뿐이라는 변론이 엄연하게 힘을 발휘했다. 이런 잘못된 인식의 덫이 그 엄청난 범죄적 침략 행위에 면죄부 효과를 가져와 비판의식을 더욱 흐리게 하였다. 일본제국의 대외 팽창은 천황의 영광을 위해 기획되었고, 그 천황제 국가주의는 구미 제국주의와는 뿌리가 다르고 행위 양상이 달랐다. 그래서 파시즘의 실황도 일본제국이 앞섰고, 더 무서웠다. 이 총서는 동아시아 세계의 평화공존 질서 확립을 위해 일본 역사학계가 서둘러 처리했어야 할 숙제를 대신하는 것일지 모른다.

한 · 중 · 일 3국의 동아시아는 현재 국제적으로 비중이 매우 커져 있다. 3국 관계는 전통적인 민족국가 기반 위에 냉전 시대 이데올로기 분쟁으로 빚어진 대치 관계가 복합하여, 새로운 평화공존의 질서를 세우기가 매우 불투명한 상황에 놓여 있다. 평화공존 체제의 확립을 위해서는 무엇보다도 과거 민족국가 시대의 패권주의 의식을 떨쳐버려야 한다. 중국은 지금 사회주의 국가이면서 역사적으로 오랜 종주국 의식이 남아 있는 실태를 자주 드러낸다. 일본 또한 제국 시대의 '영광'에 대한 기억을 쉽게 버리려 하지 않는다. 두 나라가 이렇게 과거의 유산에 묶여 있는 상황은 동아시아의 미래에 도움이 되지 않는다. 지난 세기 일본제국이 동아시아 세계에 끼친 악영향은 너무나 크기 때문에 일본의 반성 순위는 첫 번째가 되어야 한다. 이 총서는 같은 역사학도로서 일본 역사학계가 지금이라도 제국 시대 역사학의 잘못을 실체적으로 살펴 동아시아의 바람직한 질서 확립에 새로운 추동력을 발휘하기를 바라는 절실한 바람을 담았다. 바른 역사를 밝혀 바른 교육으로 일본 국민의 역사 인식과 의식을 바꾸어주기를 바라는 마음이다.

'일제 식민사학 비판 총서'는 5년여의 각고의 노력 끝에 세상에 나왔다. 무엇보다도 한국학중앙연구원의 지원에 감사한다. 공동연구에 참여한 연구원 모두 최선을 다하였으나 부족함이 많이 남아 있을 것이다. 이에 대한 강호 제현의 따뜻한 질정과 격려를 바라 마지 않는다.

공동연구 책임
이태진

책머리에

한국 근대사를 연구하려면 일본어 해독이 필수였지만, 내가 다닌 대학에서는 일본어를 제2외국어로 인정하지 않았기 때문에 학교에서는 배울 기회가 없었다. 대학원 시절 어떤 영국인 기자에게 한국어와 일본어가 엄연히 다른데 왜 일본어를 외국어로 가르치지 않는지 질문을 받았다. 한국인에게 일본어는 여러 외국어 중 하나가 아니라 역사적 상처를 들쑤시는 언어라는 특수성을 이야기한 것까지는 그렇다 치고, 한자를 공유하기 때문에 굳이 배우지 않아도 된다고 설명했던 일을 떠올리면 지금도 부끄러움이 따라온다.

1990년대 중반 일본의 대학에서 공부할 기회가 생겼는데, 그때도 현지에서 생활하려면 일본 문화나 언어를 습득해야 한다는 생각은 하지 못했다. 일본어 문서를 대강 해석할 수는 있었지만 말은 해본 적이 없었다. 그런데도 문제라고 느끼지 않았다. 정작 일본어를 '국어'로 강요받기까지 했던 식민지기의 역사를 연구하면서도, 일본의 전모를 제대로 이해하는 것이 필요하다고는 생각하지 않았던 것 같다. 학과의 어느 교수님은 "뭘 배울 게 있다고 일본에 가느냐"며 힐난하기도 했다.

1990년대 중반 장기 불황의 초입에 들어선 일본 사회는 한국과 많이 달랐고, 지금의 일본과도 사뭇 달랐다. 일본 제국주의에 대해 갖고 있던 경직된 적대감으로는 이해할 수 없는 다원적이고 개방적인 분위기였다. 일본에 대해 어이없을 정도로 무지하고 치기 어린 공격성으로 충만한 나 자신과 대면하기 위해서는 꽤 용기가 필요했다.

제국주의가 세계를 전횡하던 시대에 민족주의는 반식민주의운동의 유력한 동력원이었다. 20세기 후반에 내가 배운 민족주의도 그런 것이었다. 하지만 실체적 민족을 전제하고, 그것을 절대 가치로 설정하게 되면 폐쇄성과 배타성을 피하기 어렵다. 타자를 배제할 뿐 아니라, 내가 그랬듯이, 스스로를 반식민주의의 구도에 가두기도 한다.

일본 제국주의에 대한 적대를 통해 자기 정체성을 구성함으로써, 제국주의라는 거울에 비친 자기 이미지에 갇혀버리는 것이다. 민족주의는 냉전이 해체되고 국민국가 단위를 넘어서서 자본과 사람과 물자가 이동하는 지구화 시대에는 낡고 좁고 퇴행적인 담론이 되었다.

일본 제국주의는 한반도를 발판으로 만주와 중국으로 팽창해갔으며, 타이완과 남양군도, 동남아시아 일대를 점령했다. '동양'은 메이지유신 이래 밀어붙인 북진의 공간이었으며, '남양'은 1910년대 중반 이후 본격화된 남진의 공간이었다. 일본은 동양과 남양을 아우르는 아시아의 맹주이자 지도자로 자신의 위상과 역할을 자임했다.

오늘날 학자들의 연구 역시 일본에 의해 구축된 제국주의 지배 질서의 영향을 받는다. 한국의 근대사 연구는 한반도와 만주에 집중된 반면, 일본에서는 한반도와 중국은 물론이고 타이완과 남양군도, 동남아시아 전역을 연구한다. 그나마 피식민지 경험을 가진 국가 가운데 제국주의 본국을 상대로 이만큼이나 연구를 실천하는 경우도 드물다는 것에서 조금 위로를 받는다.

근대사를 바라보는 한국의 시선은 기본적으로 한반도와 일본열도에 집중되어 있다. 그나마 전근대부터 지속적으로 공식·비공식 교류가 있었기 때문에 만주와 중국은 시야에 들어 있다. 한국과 일본과 중국 이외의 동양은 가상의 세계에 가깝다. 남양은 아예 관심의 대상조차 아니었다. 그렇지만 일본 제국주의의 식민정책과 담론은 한반도에 국한되어 있지 않았다. 중국 대륙으로의 북진을 중시했지만, 남진에 대한 모색도 그에 못지않았다. 대다수 한국인은 '대동아공영권' 구상의 범위를 일본과 한국, 중국 정도로 짐작한다. 하지만 일본 군부가 그려놓은 '대동아권'의 구도에 식민지 조선은 별도로 표기조차 되지 않았다는 사실은 알지 못한다. 일제의 모든 식민주의 담론이나 정책이 한반도를 겨냥한 것이었다는 가정은 역사적 현실과는 거리가 있다. 이렇게 된 데에는 역사학자들의 책임도 크다. 일본 제국주의를 대상화하고 근원적으로 비판하기 위해서는 일본 식민주의 전체를 보아야 하는데, 그렇게 하지 못했다.

근대 이후 제국주의 국가들이 구축한 '만국공법'의 질서가 지금도 엄연하게 힘을 발휘하고 있다. 그 연장선에서 식민지배는 인도주의적으로 반성할 사안일지는 모르지만, 국제법적으로는 '합법'이라는 논리를 여전히 당당히 내세우고 있다. 일본군 '위안부'가 일본제국과 '계약'을 맺었다는 주장까지 서슴없이 펼치기도 한다. 직접적인 식민지배가 종언을 고했음에도 불구하고, 세계는 여전히 다양하게 변형된 식민주의의 지배와 담론의 영향력 아래 놓여 있다. 21세기의 탈식민주의를 상상하기 위해서는 우선 한국과 일본의 관계에만 집중되어 있는 시선을 들어 일제 식민주의의 전모를 시야에 넣어야 한다.

2016년 여름에 첫 모임을 시작한 이래 6년이 흘렀다. 무지했기 때문에 용감하게 시작할 수 있었고, 그만큼 고생도 많았다. 서구의 연구자들이 쌓아놓은 연구는 말할 것도 없고 일본 학자들의 방대한 연구도 전부 살피기에는 역부족이었지만 본격적으로 전진하기 위해 디딤돌 하나 놓는다는 마음으로 버티며 여기까지 왔다. 변함없이 놀라운 열정과 성실로 모범을 보여주신 이태진 교수님을 비롯해 훌륭한 연구자들과 소통하며 연구에 참여할 수 있어 영광스러웠고, 마음 깊이 감사드린다.

잘 쓰겠다는 욕심을 버려야 글을 완성할 수 있다는 격려에 기대어 책을 출간할 수 있었다. 누군가 읽을 만한 책이 된다면 기쁘겠다. 한결같은 우정으로 초고를 읽어준 박보영, 조숙 두 분께 특별히 고마움을 전한다. 문제적 필자를 다독이며 함께 걸어준 (주)사회평론아카데미 편집팀이 아니었다면 작업을 끝내기 어려웠을 것이다. 한 권의 책을 탄생시키기 위해 '온 마을'의 도움을 받았다. 감사드린다.

차례

(보론) 남양 · 남방으로 간 조선인들

에필로그 탈식민주의를 위한 연대 255

일본 제국주의의 또 다른 침략,
남진과 대동아공영권

현재에서 멀어질수록 과거는 낯설어진다. 당사자들이 시야에서 사라지면, 당대의 진실과는 무관하게 필요에 따라 과거를 왜곡하거나 이용하기도 한다. 아시아를 침략하고 태평양전쟁을 일으킨 일본 제국주의의 잘못을 부인하는 것도 그런 경우이다. 그토록 자명한 과오에 대해 어떤 설명이 더 필요할까? 그렇지만 오늘날 일본의 극우 세력과 배외적 시민들은 제국주의 침략과 식민통치 과정에서 저지른 역사적 만행을 공공연하게 부정한다. 그 배후에는 근대 일본이 아시아 각국과 맺어온 역사적 관계에 대한 그릇된 자부심과 자국 중심의 인식이 자리 잡고 있다.

1970~1980년대까지만 하더라도 아시아 각지에서는 일제 식민통치를 직접 경험한 노인들을 통해 그들의 생애사에서 가장 극적인 사건이었던 '대동아전쟁(大東亞戰爭)'에 대한 이야기를 쉽게 들을 수

있었다. 해방 이후에 태어난 사람들에게는 '대동아전쟁'이 낯선 사건이지만, 1940년대에는 징용이나 징병을 당한 사람들뿐 아니라 일반인들도 '총후(銃後)의 신민(臣民)'으로서 일본이 지휘하는 총력전(總力戰)에 모든 것을 바칠 것을 요구받았다. 전쟁은 '영미귀축(英米鬼畜)의 압제에서 아시아를 해방시켜 일본제국의 자애로운 천황이 통치하는 대동아(大東亞)를 건설하기 위한 성스러운 행위'로 미화되었다. 물자 부족과 강제동원이라는 현실의 고난과 다방면에서 이루어진 이데올로기 공세가 합세하여 '대동아전쟁'이라는 단어는 사람들의 뇌리에 깊이 각인되었다.

당시 한국과 타이완은 일본의 식민지인 '외지(外地)'로서 일본제국을 구성하는 일부였다. 조선인은 본국인에 비해 한 등급 낮은 '한토진(半島人)'이라는 차별을 받았지만, '대동아공영(大東亞共榮)'을 위해 군인과 군속이 되어 참전을 요구받는 '황국신민'으로서의 '황공한' 기회를 부여받았다. 그에 반해 영국, 네덜란드, 프랑스, 미국 등 서구 열강의 식민지였던 동남아시아는 일본제국이 새롭게 목표로 삼은 지역이었다. 1937년 이래 계속 전쟁을 치르고 있던 중국 대륙을 비롯해 추가로 점령했던 동남아시아 일대를 세력권으로 삼는 것을 정당화하기 위해 설정된 이데올로기적 공간이 '대동아권'이었다. 서구의 지배에 시달리는 동남아시아인은 '대동아공영권'의 일원으로 포함해야 하는 구원의 대상이었다. 일본제국에 의해 '대동아전쟁'의 의미가 아시아 지역에 대한 침략이 아니라 서구에 대한 아시아 공동의 저항으로 각색되었다.

이런 인식체계에 따르면 일본이 일으킨 전쟁은 반성하거나 사죄할 사안이 아니라 아시아 해방을 위해 서구에 대항한 성스러운 결단이자 자기희생으로 정당화된다. 그리고 21세기에 접어들어 여러 가지 이유로 증폭된 불안 때문에 매우 취약해진 집단적 정체감을 보충하기 위해 국가주의에 도취된 집단 자아가 다시금 소환되고 있는 것인지도 모른다.

일본제국은 '대동아전쟁'의 무대이자 그 전쟁을 통해 건설하겠다고 선언했던 '대동아공영권'의 공간을 동양(東洋)과 남양(南洋), 그리고 남방(南方)이라고 불렀다. 그것은 서구 제국과 어깨를 나란히 하는 일등국이 되겠다고 선언한 섬나라 일본이 팽창해나가고자 하는 상상의 공간에 붙여진 이름이기도 했다. 그렇지만 냉정한 국제관계와 현실의 역관계에 따라 채택할 수 있는 방법과 영향력은 제한되지 않을 수 없었다. 이후 일본 제국주의의 세력 범위가 확대됨에 따라 동양과 남양이라는 상상의 공간은 거듭 변화되고, 재구성되었다.

'동양'이라는 말은 익숙하면서도 막연하다. 우리는 무수히 많은 '동양'에 둘러싸여 있다. 동양학, 동양화, 동양철학 등 학문이나 예술에 대한 분류에서부터 거리에서 쉽게 볼 수 있는 무수한 상호들, 심지어 대학 이름에도 붙어 있다. 동양은 특정 공간을 가리키며 그 지역이 상징하는 역사문화적 특징을 의미하는 것처럼 보인다. 하지만 구체적으로 지시하는 공간이 어디인지는 분명하지 않다.

동양이나 서양이라는 명칭은 역사적으로는 중국인이 빈번하게 왕래하고 교역했던 지역에 대해 중국인들이 붙인 이름이다. 시기에 따라 동양과 서양, 남양과 북양이 의미하는 내용이 변화되었다.[1] 그런데 서구 제국의 압박을 받게 되면서 서양 세력에 대항하는 동양이라는 정체성이 만들어졌다. 근대 일본은 세계의 중심을 의미하는 '중국(中國)'을 타자화하면서 자신이 세력을 펼칠 새로운 '동양'을 상상했다. 『국립국어원 표준국어대사전』에 따르면 동양은 "유라시아 대륙의 동부 지역"으로 "아시아의 동부 및 남부를 이르는데 한국, 중국, 일본, 인도, 미얀마, 타이, 인도네시아 등"을 포함한다고 한다.[2] 이처럼 동북아시아와 동남아시아를 포괄하는 사전적 정의와는 별개로 한국에서 동양이라고 하면 주로 중국과 일본을 떠올리게 된다. 그 밖의 동양 지역에 대해서는 인문학적 학문활동이 그다지 활발하지 못하다. 서남아시아는 말할 것도 없고 동남아시아에 대한 학문적 관심도 빈약한 편이며, 중국과 일본 이외의 동양 지역에 대해서는 상대적으로 무관심하다. 반면 섬나라 일본에서는 동양으로 포괄되지 않는 남쪽의 해양 세계도 지속적인 관심의 대상이었다. 청일전쟁 이후 1895년 타이완을 식민지로 지배하기 시작하면서 그것은 구체적인 현실이 되었다. 하지만 국가적 세력 팽창의 대상으로서 남양을 적극적으로 상상하게 된 것은 서태평양 일대의 섬들을 위임통치하게 되는 1910년대 중반 이후부터였다.

여러 갈래의 이질적인 역사와 문화, 또는 상상된 지리 공간에 대해 붙는 동양이라는 개념은 홀로 스스로를 표상할 수 없다. 그 내용이 무엇이든 기본적으로는 서양에 대응하는 개념으로서 자기를 구성한다. 한국에서 동양 담론은 혼종적이며, 전통적으로 형성된 중국과 일본의 시선, 그리고 제2차 세계대전 이후 구성된 서구의 시선에 영향을 받는다. 따라서 동양이나 동남아시아에 대한 관행적 인식을 성찰적으로 돌아보고 새로운 관계를 형성하기 위해서는 일본 식민주의 역사인식의 한 축을 이루는 제국주의적 동양 개념을 역사적으로 검토해야 한다. 또한 실제로 등장했던 역사적 사례로서 '대동아공영권' 구상을 검토하는 것도 필요하다. 그것은 아직까지도 아시아 각지를 떠돌며 영향력을 행사하고 있는 일본 제국주의와 식민주의 역사학의 망령과 대면하는 일이다.

동남아시아를 생각할 때 또 한 가지 주의해야 할 점은 한국인의 인식에는 존재하지 않는 '남양'이라는 공간 개념이다. 섬나라 일본의 남쪽 해역, 즉 적도 주변에 산재한 섬들과 때로는 여기에 동남아시아 일대까지 포괄하는 남양은, '동양-서양'이라는 개념과는 구별되는 제3의 일본식 지역 개념이다. 남양에 대해 근대 일본에서 생산된 다양한 담론을 '동양' 담론의 일부로 단순화하는 것은 적절하지 않다. 그렇지만 근대 일본에서 천황이 지배하는 공간, 즉 일본제국의 식민주의적 통치와 정치·경제가 관철되는 공간을 가리켜서 '동양'이라 부른다면 이 범주에는 이 책에서 다루려는 남양이나 남방까지도 포함될 수 있다. 동양과 남양의 관계는 일본제국의 거시적 식민주의가 시기별로 확산되고 변화되어가는 과정과 밀접하게 관련되어 있다.

동남아시아는 지리적으로 대륙부와 도서부(해양부)로 구분된다. 대륙부 동남아시아는 미얀마(구 버마), 타이(태국), 캄보디아, 라오스, 베트남을, 도서부 동남아시아는 말레이시아, 싱가포르, 인도네시아, 필리핀, 브루나이, 동티모르를 가리킨다. 한국, 중국, 일본 등 문화적 동질성이 상대적으로 강한 동북아시아에 비해, 동남아시아 각국은 역사적·문화적 다양성과 다원성을 특징으로 하며, 그것은 곧바로 동남아시아 이해의 난해함으로 연결된다. 국가 형성 시기와 과정이 국가별로 복잡하고, 인종은 다양하며, 중국·인도의 유교와 불교, 이슬람의 영향으로 문화적·종교적으로도 다원적이다. 그로 인한 빈번한 갈등과 장기간 지속된 서구 열강의 식민지배 등이 뒤얽힌 이 지역의 역사를 통합적으로 이해하는 일은 매우 복잡하고 어렵다. 사료도

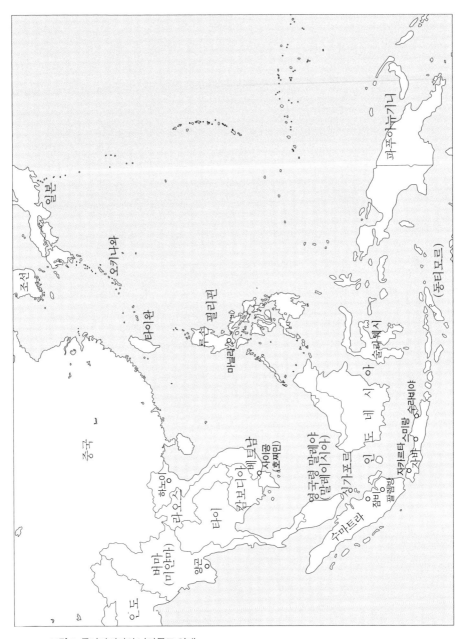

그림 1. 동남아시아와 남양군도 일대

한문, 산스크리트어, 팔리어를 비롯한 각종 현지어와 더불어 영어, 프랑스어 등 여러 서양 언어로 작성되어 있기 때문에 역사 연구의 난이도는 배가된다.

19세기 후반에는 동남아시아 전역에 서구 열강의 식민지배 체제가 형성되었다. 18세기에서 19세기에 걸쳐 영국과 네덜란드가 말레이시아, 버마(지금의 미얀마), 싱가포르, 말라카 등지에 식민체제를 구축했고, 프랑스는 베트남, 캄보디아, 라오스가 포함된 인도차이나 전역을 장악했다. 또 스페인이 지배하고 있던 필리핀은 19세기 말에 미국의 식민지로 넘어갔다. 〈표 1〉은 서구 열강의 동남아시아 식민지배 추이를 정리한 것이다.

전전(戰前)에 일본에서는 동남아시아의 역사를 남해사(南海史), 남양사(南洋史), 남방사(南方史) 등으로 불렀다. 시기별로 선호하는 명칭이 바뀌었지만, 대략 1920~1930년대에는 '남양'이 가장 일반적으로 사용되었다. 남양은 원래 중국에서 북양의 대응 개념으로 사용되던 지역 명칭이었다. 송대까지는 남해가 일반적이었지만 그 이후로 남양이라는 명칭이 정착했다. 일본에서도 에도(江戶)시대에는 남양이라고 불렀는데, 중국에서처럼 대체로 중국 대륙의 남부(남청南清, 남지南支, 화남華南에 해당하는 지역)와 타이완을 가리키거나, 좀 더 넓게는 동남아시아 해양부까지 포함하기도 했다. 당시에는 무역 등 경제적 목적을 우선시했기 때문에 남양이라는 명칭에는 교역에서 중요한 해로 중심의 인식이 반영되어 있다.

제1차 세계대전을 계기로 일본에서 남양은 대중적인 명칭으로 자리 잡았다. 위임통치라는 형식으로 일본이 사실상 남양군도를 지배하게 되면서 이 일대를 '내남양(內南洋)' 또는 '안쪽 남양[裏南洋]'이

표 1. 동남아시아 식민지 지배

지역	식민지배 시작 시기
프랑스령 인도차이나〔佛印〕	
코친차이나 식민지	1867
통킹, 안남보호령	1884
캄보디아 보호국	1863
라오스 보호국	1893
영국령 버마(1937. 4. 1. 영국령 인도에서 분리)	1885
영국령 말라야	
해협 식민지(페낭, 싱가포르, 말라카)	1786~1824
말레이국 연방(페라크, 셀랑고르, 네그리 셈빌란)	1826~1887
비연방 말레이국(조호르, 케다, 켈란탄)	1895~1930
북보르네오	1877~1891
네덜란드령 인도네시아〔蘭印〕	
자바섬	1816~1830
수마트라섬	1850~1908
발리섬	1906
셀레베스섬	1910
보르네오섬(남쪽)	1818~1891
필리핀(1935년 미국총독부 폐지, 필리핀 독립정부 구성)	
스페인 통치	1576~1898
미국 통치	1898

※자료: B. グラント, 1968, 『インドネシア現代史』, 世界思想社〔이마가와 에이치, 이홍배 옮김, 2011, 『동남아시아 현대사와 세계 열강의 자본주의 팽창』(상권), 이채, 49쪽에서 재인용, 당시에 사용되던 명칭으로 일부 수정〕.

라고 부르고, 그 바깥 지대를 '외남양(外南洋)' 또는 '바깥쪽 남양[表南洋]'으로 구분했다. 서태평양 일대의 정치적 의미가 달라지면서 명칭이 분화되었고, 그 연장선에서 남양이 가리키는 공간도 확장되었던 것이다.

내남양은 제1차 세계대전에서 연합국의 일원으로서 전승국이 된 일본이 위임통치하게 된 미크로네시아(Micronesia) 지역을 가리켰다. 그에 비해 외남양은 지금의 동남아시아 지역, 그중에서도 도서부 동남아시아 일대를 가리켰다. 남양은 일본 남쪽에 자리한 방대한 해역을 가리키는 명칭이었기 때문에 이 시점에서는 대륙부 동남아시아 지역은 주된 관심 대상에서 벗어나 있었다. 〈표 1〉에서 제시했듯이 당시 대륙부 동남아시아는 프랑스와 영국의 식민통치 아래 있었으며, 1930년대 초까지 일본은 연합국의 일원으로서 이 국가들과 비교적 우호적인 관계를 유지하기 위해 노력했다. 따라서 남양에 대한 일본의 관심은 꾸준하고 오래되었지만 대체로 해양 도서부에 집중되어 있었으며, 그런 사정이 남양이라는 명칭에 반영되었다.

중일전쟁이 한창이던 1930년대 말에도, 그리고 태평양전쟁 발발 이후에도 남양이라는 명칭은 계속 사용되었다. 또한 남양보다 더 넓은 지역에 대해 적극적인 팽창의 의미를 담은 '남방'이라는 명칭의 사용이 점차 늘어났다. 중일전쟁이 난항을 겪게 되면서 중국과 국경을 접하고 있는 베트남과 버마 등 대륙부 동남아시아까지 일본의 군사적 관심 대상에 포함되었기 때문이다. 특히 태평양전쟁 발발 이후 일본이 동남아시아 전역을 점령하는 1942년부터는 남방이라는 명칭의 사용 빈도가 급증했다. 남방은 새로 일본의 세력권에 들어온 광역 아시아를 가리키는데, 도서부 및 대륙부 동남아시아와 남인도, 그리고 서태평양 일대를 포괄했다. 이 시점에 일본은 남양에 대한 전통적인 관심과는 다른 차원에서 남방 일대의 자원을 필요로 하게 되었으며, 삼국동맹(독일·이탈리아·일본)의 일원으로서 대미 전쟁을 치르기 위해서도 남방 확보는 절체절명의 과제가 되었기 때문이다.

〈표 2〉는 국립중앙도서관이 소장하고 있는 1945년 이전 일본어

표 2. 국립중앙도서관 소장 도서(1945년 이전 일본어 서적, 제목 기준)

연도	남양 (南洋)	남방 (南方)	동남아시아 (東南アジア)	연도	남양 (南洋)	남방 (南方)	동남아시아 (東南アジア)
1910	1			1929	6		
1911				1930	4		
1912	1			1931	7		
1913	2	2		1932	4	1	
1914	2			1933	7		
1915	4			1934	3		
1916	2			1935	9	1	
1917	4			1936	3		
1918	1	1		1937	10	1	
1919	7			1938	3	1	
1920	3			1939	13	6	
1921				1940	8	6	
1922		1		1941	12	15	1
1923	2			1942	22	75	2
1924	2			1943	12	44	1
1925	2			1944	1	23	
1926	1	1		1945			
1927	3	1		합계	164	180	4
1928	3	1					

도서 가운데 제목에 '남양, 남방, 동남아시아'라는 명칭이 포함된 도
시를 연도별로 정리한 것이다.

　국립중앙도서관 소장 도서 중 1910년부터 1945년 사이에 발행된

책은 348권이 검색되었다. 그 가운데 제목에 '남양'이 들어가 있는 책은 164권, '남방'은 180권, '동남아시아'는 4권이었다. 연도별 추이를 보면 '남양'은 전 시기에 걸쳐 꾸준히 사용되었다. 1930년대 말에 조금 더 많아지는데, 해당 지역에 대한 일본제국의 '진출'과 그에 따른 관심의 증대를 반영하는 것으로 보인다. 한편, '남방'은 전체 시기에 걸쳐 드문드문 나타나다가 1939년 이후 급증해서 1940년대에는 기존에 일반적으로 사용되고 있던 '남양'을 압도한다. '남방'이라는 명칭은 1940년대에 태평양전쟁이 전개되면서 집중적으로 부상했다. 남양군도에 대한 위임통치(1919~1945)를 위해 1922년에 설치한 일본 측 행정기관인 '남양청(南洋廳)'은 이 기간에도 원래의 명칭을 그대로 유지했다.

'동남아시아'라는 명칭은 1940년대에 보이기 시작했지만 그리 많지 않다. 그 의미 또한 지금과 달랐으며, 널리 통용되지도 않았다. 일본에서는 1919년에 출판된 소학교 지리교과서에 '동남아지야(東南アジヤ)'라는 용어가 보이고, '동남아세아(東南亞細亞)'라는 표현도 등장한다.[3] 1937년 5월 25일자 『조선일보』에는 「동남아세아(東南亞細亞)에서 일영(日英) 양국(兩國) 항쟁」이라는 기사가 실렸다. 여기서처럼 당시에는 '東南亞細亞'라고 한자로 표기했는데, 남방과 중첩되는 지역 개념은 일본의 남진정책(南進政策)이 본격화되면서 등장했다. 그렇지만 그 구체적인 범위 또한 지금의 동남아시아가 아니라 영국, 프랑스, 네덜란드 등이 지배하고 있던 도서부 동남아시아를 가리켰다. 신문 기사 내용은 일본의 경제적 남진정책 때문에 예상되는 구미 열강과의 충돌을 염려하면서 그로 인해 "일본의 남방정책의 성공은 요원"하다는 우려는 나타내고 있다.[4] 그렇지만 1940년대 접어들어 남

방의 범위가 확장되면서, 일반화되지는 않았지만 대륙부와 도서부로 이루어진 오늘날의 동남아시아를 대상으로 하는 영역 개념도 도입되었다.[5]

1940년 6월에 일본 정부는 외무성에 남양국(南洋局), 척무성에 남방국(南方局) 설치를 검토했다. 둘 다 남양군도와 동남아시아 일대를 관할하는 부서였다.[6] 이 시점이 되면 남양과 남방이 혼용되고 있지만, 남양이 관행적인 용어라면 남방에는 일본의 팽창 열의가 좀 더 강하게 반영되어 있었다. 실제로는 같은 해 11월 12일에 척무성에 남방국 대신 척북국(拓北局)과 척남국(拓南局)이 설치되었고, 11월 13일에 외무성에 남양국이 설치되었다. 1942년 11월에는 태평양전쟁 이후 새로 확대된 점령 지역과 일본 본토(내지) 및 식민지(외지)를 아우르는 '대동아공영권'의 정무를 일원적으로 관할할 목적으로 대동아성(大東亞省)을 설치했다. 이때 외무성의 남양국과 척무성의 척남국 업무는 대동아성 산하 남방사무국으로 이관되었다. 이제는 남양과 남방을 혼용하던 단계를 지나 일본의 새로운 점령지를 남방으로 일원화하고 제도적으로 통합했다. 같은 맥락에서 일본이 점령한 동남아시아는 기존의 남양과는 다르므로, "남양의 개념으로 남방을 생각해서는 안 된다"는 주장이 명시적으로 제시되었다. 1942년 새로 점령한 지역을 일반 대중에게 소개할 목적으로 펴낸 『남방권 문화사 강화(南方圈文化史講話)』에서는 "대동아공영권의 일환으로서의 남방권만이 현재 및 장래에 우리의 문제"라고 하면서 '남방권(南方圈)'이라는 용어를 사용하고 있다.[7] 1944년에 간행된 『도설(圖說) 남방공영권(南方共榮圈)』(도메이통신사同盟通信社)에 따르면, 남방은 필리핀, 동인도, 베트남, 말레이반도(말라야반도), 타이, 버마 등의 동남아시아는 물론이고 동인도까지를 포괄한다.

남양이나 남방이라는 명칭에는 기본적으로 동남아시아를 대상화하는 관점이 내재되어 있다. 중국 또는 일본을 기준으로 삼는 것이기 때문이다. 남양이라는 명칭은 근대 이전부터 사용되어 비교적 오랜 역사를 가지고 있지만, 남방은 일본이 동남아시아 지역에 대한 '진출'을 본격적으로 모색하면서 사용 빈도가 늘어났다. 근대 일본은 육군의 주도로 조선의 식민지화와 만주 침략 등 북쪽을 향한 대륙 공략에 공을 들였다. 하지만 북쪽을 확보한 이후에 또는 그와 병행하여, 섬나라인 일본의 남쪽 역시 필연적으로 경제적으로나 군사적으로 팽창해나가야 할 지역으로 설정되었다.

근대 일본은 한반도와 만주, 중국을 자국의 국익과 직결되는 권역으로 설정하고 침략했다. 그에 비해 성격은 다르지만 남양군도와 동남아시아에 대해서도 경제적 세력 확장의 측면에서 관심을 기울였다. 동남아시아에 대한 일본의 관심과 연구는 한국에 비해 훨씬 연원이 오래되고 양적 · 질적으로 다양한 성과가 축적되어 있다. 역사를 거슬러 올라가면 제2차 세계대전 발발 이전, 일본의 식민주의 역사학 형성의 초기 단계에서 이미 남양사 및 남방사를 만날 수 있다.

근대 이후 일본에서는 자연발생적으로 전개된 일본과 남양의 교류와는 관계없이, 일본이라는 국가와 남양과의 관계를 필연화하고 의미를 부여하는 이데올로기가 만들어졌다. 1970년대에 남양과 일본의 교류사, 남진에 관한 이론의 계보를 정리했던 야노 도루(矢野暢, 1936~1999)는 남방에 대한 다양한 관여의 실태와 구분해서 메이지 시기에 등장한 이데올로기를 '남진론(南進論)'이라고 규정했다.[8] 북진론(北進論)과 남진론의 대두, 그 구체적 방략으로서 북진정책과 남진정책의 수립, 그리고 그 군사적 실행이 바로 일본 제국주의의 아시아 침략 과정이었다. 남양군도와 동남아시아를 대상으로 하는 남양 연구 또는 남방 연구는 남진정책 추진 과정에서 필요에 따라 그때그때 내용을 채워나간 것이 특징이다. 그래서 일본의 식민주의에서 남양 또는 남방 연구는 일본 제국주의의 동남아시아 '진출' 혹은 '침공'과 분리될 수 없다.

이 책은 전체 3부로 이루어져 있다. 제1부에는 메이지 시기 이래 일본의 대외정책을 규정했던 북진론과 남진론의 대결이라는 맥락에서 남진론과 남진정책을 살펴보았다. 북진과 남진을 일본 제국주의의 팽창과 연결해 구조적으로 파악했으며, 시국의 변화에 따라 남진론의 변화를 소개했다. 1910년대 중반 북진론과 남진론이 만나 재구성된 남북병진론을 주창했던 도쿠토미 소호(德富蘇峰)의 논의를 통해 일본이 아시아·태평양전쟁으로 나아가게 되는 이념적 단초를 살펴보았다.

제2부에서는 '대동아공영권'이라는 궤변의 현실적 배경이라고 할 수 있는 일본제국의 군사적 남진정책의 내용과 그것이 전개된 역사적 과정을 검토했다. 북진과 남진 사이의 경쟁과 대립이라는 구도가 해체되면서 남진을 위한 북진, 북진을 위한 남진이라는 관점에서 '남방 작전'을 검토했다. 또한 서구 열강의 식민지배를 받는 광역 남방에 대한 침략을 정당화하고 긴박한 목적을 달성하기 위해 구상된 이념이라고 할 수 있는 대동아공영권의 범주와 구조를 살펴보았다.

제3부에서는 일본세국의 식민지학이라는 맥락에서 남양과 남방 연구를 위한 조직과 제도, 프랑스와의 학문 교류 실태를 소개했다.

일본은 서구 제국에 비견될 수 있는 문명국가로서의 학문적 성취를 꿈꾸면서 남양학 또는 남양사학을 추구했다. 하지만 1930년대 중반까지 자원 확보와 교역 확대라는 경제적 목적을 위주로 했던 남양 조사와 연구는 강화된 군국주의적 압박 속에서 학문적 완성도와는 거리가 점점 멀어졌다.

남양·남방의 관점에서 '대동아공영권'을 살펴볼 때, 지금까지는 거의 주목하지 못했던 한국사의 다른 장면이 드러난다. 새로운 역사가 모습을 드러낸다기보다는 그동안 우리가 무엇을 보지 못했는지를 알게 된다고 하는 것이 더 정확한 표현일 것이다. 한국사와 동남아시아의 관계를 식민주의 역사학 비판이라는 이 책의 문제의식에서 검토하기에는 아직 가야 할 길이 멀다. 그 거리를 확인하는 의미에서 부족하나마 남양과 남방으로 갔던 조선인들의 이야기를 「보론」에서 다루었다.

일본의 식민주의 역사학 비판이라는 주제 아래 본 연구를 기획하는 단계에서 설정한 핵심 과제는 동남아시아와 동양문고(東洋文庫)의 관계였다. 일본이 구축한 식민주의 역사학에서 동남아시아 연구의 위상과 내용을 파악하기 위해서는 동양문고를 매개로 삼는 것이 효과적이라고 보았기 때문이다. 재단법인 동양문고는 동남아시아를 비롯해 중국, 서남아시아, 중동 등지에 관한 희귀 아카이브를 보유하고 있으며, 광역 아시아 지역에 대해 종합 인문학적 연구를 수행하는 중핵적 기관이다. 그 역사가 1910년대 중반까지 거슬러 올라간다는 점에서 동남아시아에 대한 일본의 식민지학을 검토하기에 적절한 연구 대상처럼 보였다. 그러나 그런 설정이야말로 동남아시아 역사 및 일본과 동남아시아 관계에 대한 무지에서 비롯되었다는 것이 곧 바로 드러났다. 연구가 진행됨에 따라 일본제국의 '남양 연구' 또는 '남방 연구'의 실체를 파악하려면 동양문고뿐만 아니라 여타 유관 기관과 단체 등을 보다 포괄적으로 살펴보아야 한다는 것이 더욱 분명해졌다.

동양문고는 오늘날 일본을 대표하는 범아시아 연구기관이지만, 전전의 일본 식민주의 역사학에서 주도적인 역할을 했다고 보기는 어렵다. 근대 일본의 남양에 관한 계보학을 이해하지 않고서는 식민지학으로서의 남양학이나 남양사학을 조망하는 것도 불가능하다. 결과적으로 남진론을 이해하기 위해서 북진론을, 그리고 양자의 관계를 역사적으로 파악하는 과정에서 '대동아공영권' 구상으로 연결되는 노정을 걷게 되었다. 남양학을 일목요연하게 이해하기 어려운 이유는 그것이 군국주의적 필요라는 외적 압력에 의해 추동되면서 이론적 완결성과는 너무나 멀어져버렸기 때문이다. 정연한 논리와 가치를 내장하고 있지 않기 때문에 어쩌면 남양학이라는 개념 자체가 침략적 일본 제국주의의 부산물이라고 할 수도 있다. 그 내용은 1960년대 이후에야 본격적으로 채워지기 시작했다.

그럼에도 불구하고 메이지 시기 이래 남양과 남방에 대해 많은 주장과 연구가 발표되었고 또 체계적으로 연구하기 위한 시도가 있었으며, 유럽의 연구를 본뜨려는 노력과 능가하려는 열의도 없지 않았다. 그것과 관련해서 남진정책을 추구했던 단체들, 다이호쿠제국대학(이하 다이호쿠제대)[9]의 연구와 교육, 프랑스와의 학술 교류 등을 힘닿는 수준에서 소개해두었다.

우리 사회의 동남아시아에 대한 관심이 경제적 이익 창출이나 외교적 영향력 강화에 그치지 않기를 바라는 마음이 크다. 제국주의의 식민주의와는 다른 차원에서 이 지역의 역사와 문화에 대한 깊은 관심과 수준 높은 인문학적 연구가 쌓여야만, 아시아에 대한 새로운 상상과 진심 어린 연대를 모색할 수 있기 때문이다. 평화와 인권이 보장되는 세계, 지속가능한 지구는 그런 노력들이 무한히 쌓일 때 꿈꿀 수 있게 될 것이다.

제1부

일본 제국주의의 '남진론'

1장
메이지유신 전후의 '남양' 인식

1. 북진론과 남진론의 대두

1) 타이완 할양과 남진론

일본은 서구의 압력을 받는 가운데서도 러시아를 가장 위협적으로 여겼으며, 동북아시아로의 공략에 치중했다. 자원 개발이나 이민 대상지로 상정했던 남쪽 해양으로의 진출을 역설하는 의견도 있었지만, 메이지 정부의 대외정책에서 일차적인 관심은 조선과 만주 등 대륙에 집중되었다.

일본에서는 막말(幕末)과 메이지유신기부터 소박한 대외팽창론의 형태로 한반도를 대상으로 하는 북진이 주창되었다. 가장 대표적인 것이 '정한론(征韓論)'이다. 당시의 '정한'은 무력을 동원해 즉각 실행하자는 주장이었다기보다는 새로 출범한 메이지 정부의 내적 권력 기반을 확립하는 데 우선적인 목적이 있었다. '정한'을 준비하는 과정에서 신정부의 권력 기반을 구축하고자 했던 것이다.

청일전쟁(1894~1895)과 러일전쟁(1904~1905)을 거쳐 조선이 지배 대상으로 가시화되는 단계에 이르자 소박한 정한론의 차원을 뛰어넘어 현실적인 북진정책이 구체화되었다. 조선의 식민지화에 성공하여 북진론의 첫 번째 과제를 달성하게 되자, 이번에는 새로 획득한 한반도에서의 이권을 안정화하기 위해 만주를 확보해야 하는 '만주문제'가 대두했다. 그에 따라 만주를 일본의 위임통치령으로 만들어야 한다는 방책이 나오기도 했다. 이렇게 현실에서 북진론을 실현하게 되면서 그와 관련되는 문제들이 연달아 등장했다. 조선문제의 해결이 만주문제를 낳고 그것이 다시 화북문제를 거쳐 중일전쟁으로 연결되는 식이었다.[1]

반면 남진론은 일본이 국력을 키우기 위해서 남진해야 한다는 것으로, 남해 또는 남방을 공략해야 한다는 주장이다. 사전적 맥락에서 남진론은 "남양을 일본의 이익 권역으로 파악하고, 남양으로의 진출을 정당화하는 외교 이데올로기"라고 정의된다.[2] 이런 관점에 따라 설정된 공략 대상 지역이 남양 또는 남방이다. 남양이나 남방은 객관적이고 엄밀한 지리상의 영역을 가리키는 것이 아니라 제국 일본이 팽창하고 공략해야 하는 '인식론적인 공간'이기도 했다.

메이지 시기 일본은 북방에서의 국익을 무엇보다 중시했다. 그런데 현실에서는 본격적인 북진에 앞서 공세적인 남방정책을 감행했다. 1874년의 타이완 출병이나 1879년의 류큐(琉球) 처분이 대표적이다. 하지만 당시까지는 남진론이라 할 만한 구체적인 정책이나 이데올로기는 제시되지 않았다. 타이완에 대해 군사력을 동원하는 상황에서도 타이완 정벌보다는 '정한' 즉 조선 정벌을 더 강조했기 때문에 남진정책이라고 할 만한 것이 없었다. 일본 정부는 조선문제에 집중하면서 미국과 가쓰라-태프트협약(Katsura-Taft Agreement, 1905)을 맺는 과정에서도 필리핀에 대해서는 영토적 야심이 없다는 점을 강조했다. 조선을 일본의 국익에 필수적인 정치·군사적 점령 대상으로 보았던 것과는 달리, 남양은 자원이 풍부하지만 미개한 지역이라고 파악했다. 그곳은 이미 서구 열강의 식민지배 아래 있었기 때문에 일본이 관여하기 곤란한 지역이기도 했다.

청일전쟁 이후 1895년 타이완을 할양받고 타이완총독부가 설치되자 정부 내에서 '남진론'이 구체화되었다. 타이완은 일본에게 남방으로 들어가는 입구가 될 수 있었기 때문이다. 타이완 통치를 계기로 당시 주목하고 있던 중국 대륙 남부 일대로의 경제적 진출이나 사업 개발을 강조하는 사상과 운동이 일어났다. 논자에 따라 남양의 공간적 범위는 달랐지만, 남진론을 대표하는 인물은 타이완총독이나 정무총감이었다. 제2대 타이완총독 가쓰라 다로(桂太郞, 1848~1913)가 내세웠던 '대안(對岸) 경영' 이념은 타이완과 중국 대륙 남부와의 관계를 일본 규슈(九州)와 한반도의 관계와 유사하게 파악한 것이었다. "언젠가 남청(南淸) 일대의 땅을 흡사 한반도와 같이 만"드는 것을 목적으로 삼았다. 이와 같은 정책은 형식적으로는 남진정책이었지만 그 사상적 기반은 한반도와 만주를 목적으로 삼는 '북진론'과 크게 다르지 않았다.[3] 그런 점에서 타이완총독부를 설치하는 단계에서는 아직 포괄적인 의미에서 '남진정책' 또는 '남방정책'이 제시되지 않았다.

2) 해군과 육군의 대립

메이지 시기에 정권 창출에 기여했던 양대 세력이 각각 육군과 해군에 깊숙이 뿌리를 내렸다. 야마가타 아리토모(山縣有朋, 1838~1922)를 중심으로 하는 조슈번(長州藩) 출신들이 육군을 장악했고, 사쓰마번(薩摩藩) 출신들은 해군에서 주도권을 쥐었다. 조슈 육군과 사쓰마 해군 사이의 권력투쟁은 1910년대에 본격화된 남진론과 북진론 사이의 대립을 격화시킨 요인 가운데 하나였다.

1863년 6월 말에서 7월 초에 걸쳐 일어난 영국과 사쓰마번 사이의 사쓰에이전쟁(薩英戰爭)은 사쓰마번 무사들이 해군력의 중요성을 절감하게 된 계기였다. 이 전쟁은 1862년 사쓰마번 관리들이 요코하마(横浜)에서 영국 상인 일행을 공격한 사건에 대해 사쓰마번이 배상을 거부하면서 발발했다.[4] 영국은 1863년 6월 28일 군함 7척을 사쓰마번의 가고시마만(鹿兒島灣)으로 파견했다. 이 전쟁으로 가고시마 시내의 1할이 소실되고 나포된 기선은 파괴되었다. 영국 군함은 7월 4일에 철수했고, 사쓰마번은 11월에 배상했다. 이 일을 계기로 서양 근대 군사력의 위력을 절감한 사쓰마번은 배외정책을 바꾸어 해군 정비를 비롯해 군비 근대화와 식산흥업에 매진하게 되었다. 메이지유신 이후 사쓰마번 출신들은 일본 해군 창설의 주역이 되었으며, 해군 세력의 중추를 장악했다.[5]

사쓰에이전쟁은 사쓰마번과 영국의 관계가 개선되고 양자가 급속히 가까워지는 계기가 되었다. 사쓰마번은 영국의 배상 요구를 결국 수용했고, 이후 영국의 주선으로 막부보다 더 많은 증기선을 구입하여 해군력을 강화했다. 그 연장선에서 사쓰마번은 메이지유신을 전후해 일본 해군의 중추가 되었다. 정한논쟁(征韓論爭)에서 패배한 사이고 다카모리(西鄕隆盛, 1828~1877)가 중앙 정권에서 물러난 이후 사쓰마번은 해군을 육성하며 조슈 세력과의 세력균형을 도모했다. 1877년 세이난전쟁(西南戰爭)에서 패배하여 많은 인재를 상실했지만 해군 내에서는 사쓰마번 출신들이 계속해서 요직을 차지했으며, 해군을 주도한 이토 스케유키(伊東祐亨, 1843~1914), 도고 헤이하치로(東鄕平八郎, 1848~1934) 같은 지도자들을 배출했다. 이후 청일전쟁과 러일전쟁을 거치면서 정식 군사학교 출신자들이 배출되고 해외 유학파가 합류하면서 해군은 사쓰마번의 범위를 벗어나 전국화되었다. 그렇지만 특정 번벌(藩閥) 중심의 이미지는 완전히 불식되지 않았다.[6]

러일전쟁에서 승리하면서 일본에서는 대외 팽창의 방향에 관한 논의가 폭발했다. 열강과의 관계를 고려하는 가운데 '북진인가 남진인가'를 둘러싸고 상반된 의견이 충돌했다. 이 시기에 기존의 북진론에 맞서 북방을 지키면서 남쪽으로 진출해야 한다는 '북수남진론(北守南進論)'이 대두했다. 비록 전쟁에서 이겼지만 강압적인 북진이 러시아와의 충돌을 심화할 것을 우려하여 북방에서는 현상을 유지하면서 열강과 협조해야 한다고 주장했다. 공격적인 대조선, 대만주 정책을 비판하고 열강과 동맹을 맺어 평화를 도모하면서 전력을 중국 대륙의 남부 지역과 남양에 쏟아야 한다는 것이었다. 이들이 강조한 남진은 자원 개발과 이민을 목적으로 해양으로 뻗어가는 것을 의미했으며, 섬나라인 일본이 나아갈 바는 해양이라는 점을 강조했다.[7] 즉, 대외 팽창에 반대한 것이 아니라 서구 열강의 동향을 고려하여 북방을 관리하면서 남쪽으로 나아가야 한다는 주장이었다. 남진을 강조하는 측에서도 만주와 몽골(이하 '만몽')에 대한 일본의 기득권을 중시하기는 마찬가지였다. 당시 남진을 제창한 세력의 중심에 해군이 있었다.

대외정책의 방향을 둘러싸고 육군의 '대륙국가론'(북진론)과 해군의 '해양국가론'(남진론)이 대립했다. 해군은 대륙으로 국방선을 확대하고자 하는 육군의 '공세국방론' 또는 '대륙제국론'에 반대했다 섬나라라는 일본의 특수성을 강조하면서 국방에서 영토와 연해의 방비를 주안으로 삼는 '수세국방론' 또는 '섬제국론'을 전개했다. 또한 그 기반을 마련하기 위해 해군력 확충도 요구했다. 해군은 일본의 대외 팽창이 중국 대륙으로가 아니라 해양 즉 태평양을 향한 경제적 발전을 위주로 삼아야 한다고 주장했다.[8]

그렇지만 일본에서는 러일전쟁의 승리에 고무되어 만몽 등 대륙에 대한 관심이 폭발적으로 증가하고 있었다. 해군의 주장대로 국민적 관심을 남방으로 돌리는 것은 어려운 일이었다. '북수(北守)'가 아니라 '북진(北進)'을 해야 한다는 주장이 계속해서 힘을 얻었다. 일본으로서는 한반도가 가장 중요하고 조선에서 일본의 국익을 지키기 위해서는 만주에 대한 영향력을 유지해야 한다는 것이 북진론의 핵심 논거였다. 북진을 주장하는 측에서는 장기적으로 중국과의 충돌이 불가피하기 때문에 북진에 더더욱 매진해야 한다며 남진론을 비판했다. 열강과의 긴장으로 중국 측 정세가 불안정할수록 북진에 대해 소극적인 북수남진론에 대한 공격도 덩달아 강화되었다.

다른 한편에서는 만주 기득권을 방기하는 남진론이나 서구 열강과의 충돌을 불사하자는 막무가내의 북진론을 모두 비판하는 신중론이 등장했다. 그렇다고 그들이 일본의 대외 팽창을 반대한 것은 아니었다. 일본의 국력과 국제정세의 현실을 고려해야 한다고 강조했던 것이기 때문에 사정이 허락하면 언제든지 팽창주의로 돌아설 수 있는 신중론이었다.

육군과 해군을 축으로 하는 북진론과 남진론의 충돌은 1907년 4월에 발표된 「제국국방방침(帝國國防方針)」에 의해 일단 정리되었다.[9] 러일전쟁에서 승리했지만 여전히 북방의 이권 확보가 사활적 국익이라는 점에서 일본 육군의 주적은 여전히 러시아였다. 해군의 가상 적국 1순위는 미국이었다. 육군의 실세 야마가타 아리토모는 육군과 해군의 가상 적국이 러시아와 미국이라는 것을 명확히 했지만, 일본 군부와 외교의 주요 관심은 북방에 치우쳐 있었다. 「제국국방방침」은 '육주해종(陸主海從)', 즉 육군이 주도하고 해군이 보조한다는 국방정책을 일본 정부의 기본방침으로 결정한 것이었다. '북수남진론'과 '남수북진론'을 집약적으로 수용했지만 북진론을 중심으로 하는 국방상의 전략구도 내에 '남진론'을 위치시킴으로써, 남방으로의 진출을 강조해온 해군의 '수세국방론'과 '해양국가론'을 정부 정책 차원에서는 일단 봉입한 셈이었다.[10] 이후 남양군도 점령과 위임통치 결정을 계기로 1910년대 중·후반에 남양에 대한 관심이 다시 폭발하기 전까지는 해군이 남진론을 꺼내기 어렵게 되었다. 러시아와 미국을 주적으로 간주하는 일본의 국방방침은 제2차 세계대전 말까지 바뀌지 않았다. 다만 국제정세와 국내 각 세력 사이의 역관계에 따라 정책의 구체적인 우선순위가 변화되었다.

2. 남진론의 시기구분과 메이지 시기의 남진론

1) 동남아시아와의 관계와 남진론

근대 일본에서 '동양'은 천황이 통치하는 일본의 세력 권역으로 창안되었다. 그것은 '아세아(亞細亞)' 또는 '아시아(アジア)'라고 불리기도 했는데, 일본과 연결되어 있는 동질의 세계가 아니라 그들이 벗어나야 하고, 나아가 지배해야 하는 타자들의 세계였다. 근대 초기 일본의 아시아 인식을 상징하는 '탈아론(脫亞論)'에서 탈아는 곧 탈야만과 문명 세계로의 진입으로 설정되었다. 청일전쟁 이후 일본이 서구 열강과 함께 아시아에 대한 압박에 나서면서 피압박 아시아와 일본이 '연대'할 수 있는 기반이 사라졌다. 이후 '아시아에 대한 차별'은 일본의 대아시아 인식의 본질을 구성하게 된다. 서구를 모방한 일본의 식민주의 인식은 동아시아와 동남아시아, 인도를 차별 대상으로 취급했으며 거기에는 일본 내국 식민지인 홋카이도(北海道)와 류큐도 포함되어 있었다. 특히 서구 열강의 식민지가 된 동남아시아에 대해서는 일본에서 매우 가까운 천연자원의 산지이면서 열강에 잠식된 비참한 지역이라고 인식했다. 19세기 말 이래 이 지역에 대한 일본의 대응 원칙은 열강의 식민지 체제를 승인하되 자국의 경제적 이익을 최대한 추구한다는 것이었다.[11]

20세기에 접어들어 러일전쟁과 제1차 세계대전, 중일전쟁 그리고 태평양전쟁에 이르는 일련의 전쟁은 제국 일본이 지배 권역을 팽창하는 과정이었다. 대륙을 우선하고 뒤이어 남쪽 해양으로 전개된 침략은 '대동아전쟁'이라는 이름으로 동남아시아 일대로까지 확장되었다. 남진론에 힘이 실리면서 '서양'이나 '동양'과는 다른 '남양'이라는 새로운 지리적 범주가 일본인의 인식 대상이자 일본제국의 팽창 대상으로서 가시화되었다.[12] 그렇게 등장한 남양 역시 남방정책을 통해 일본제국의 세력권에 추가되었으며, '대동아공영권'은 그런 인식의 이데올로기적 완성태였다.

모든 국제관계와 마찬가지로 일본과 동남아시아의 관계 역시 상호적이지만, 남진론과 남진정책은 근원적으로 일본의 관점과 이익에 따라 일방적으로 전개되었다. 남진을 둘러싼 이념과 정책에 따라 동남아시아에 대한 인식이 규정되었다. 남진론의 종국적 귀결이 태평양전쟁의 도발과 처참한 패배였기 때문에, 전후 일본에서는 남진론의 내적 논리와 그 역사적 전개에 대해 다양한 연구가 이루어졌다. 일본 측에서 나타난 남진론의 성격 변화와 그에 따른 시기구분을 위해서는 그것을 일본과 동남아시아 사이의 객관적인 국제관계사와 방법적으로 구분하는 것이 필요하다.

전후 일본에서는 제2차 세계대전 종전 이전까지의 남진론을 3시기 또는 4시기로 구분했다. 일본 국내에서 형성된 이데올로기와 대외정책은 국제정세와 밀접하게 연동하며 변화했다. 서구 열강과의 관계뿐 아니라 중국, 한국, 남양군도, 동남아시아와의 관계에 영향을 주는 주요 사건을 계기로 일본의 남진론과 남진정책은 바뀌었다.

일본에서 동남아시아 연구가 어느 정도 축적되고 그 성과들이 정리된 1970년대 이래 남진론은 일반적으로 3시기로 구분되었다. 구체적으로는 1880년대를 중심으로 하는 메이지 시기, 1910~1920년대 다이쇼 시기에서 1930년대 초까지, 1930년대 중반 이후의 쇼와 시기, 이렇게 3시기이다.[13] 이것은 청일전쟁(1894), 남양군도 위임통치(1919), 국제연맹 탈퇴(1933) 등 각 시기를 특징짓는 중대한 사건들을 매개로, 그것이 남진론의 이념적·정책적 변화에 끼친 영향을 기준으로 삼았다.

이후 태평양전쟁 시기, 즉 동남아시아 지역에 대해 일본이 직접적으로 감행했던 군사적 침략과 군정의 실태, 그 영향과 의미에 대한 연구가 심화되면서, 1942~1945년 8월의 태평양전쟁 기간을 별도로 구분하여 남진론의 관점에서 그 이데올로기적 특수성을 강조하기도 한다. 일본과 동남아시아, 그중에서도 인도네시아와의 역사적 관계를 연구해온 고토 겐이치(後藤乾一)의 연구가 대표적이다.[14]

고토 겐이치에 따르면, 제1기는 19세기 말부터 일본이 한국을 강제병합한 1910년까지이다. 한국강제병합에 성공함으로써 일본은 '조선문제'를 '해결'했고, 메이지유신 이후 분출되었던 북진의 과제를 일단락지었다. 이 시기에 동남아시아에 대한 일본인의 시선은 전통적으로 동아시아 국제질서를 주도했던 중국의 그것과 크게 다르지 않았다. 외부의 압력에 대응하는 일만으로 벅찼기 때문에 머나먼 동남아시아에까지 시선을 돌릴 여력이 거의 없었다. 일본에게 동남아시아는 단지 유교 문명이 미치지 못한 오랑캐 또는 근대화와는 거리가 먼 야만의 이미지에 머물러 있었다. 반면, 동남아시아의 지식인들은 일본에 대해 메이지유신 이후 청일전쟁과 러일전쟁에 승리했다는 정보를 바탕으로 같은 아시아에 있는 국가이면서 근대화를 추진하고 군사력을 키워 서구에 대응한 국가라는 이미지를 갖게 되었다.

제2기는 1910년부터 1933년까지로, 제1차 세계대전 이후 일본이 베르사유·워싱턴 체제에 들어갔다가 국제연맹을 탈퇴하면서 기존 국제질서에서 이탈하기 이전 시기에 해당한다. 일본이 남양군도를 위임통치하게 되면서 '남양 붐'이 일어났으며, 동남아시아에 대해서도 경제적인 측면을 위주로 관심이 커졌다. 당시 일본인의 동남아시아관은 '북인남물(北人南物)'로 요약된다. 남쪽의 동남아시아는 자원과 시장 등 물건으로 일본과 연결되고, 문화와 학문, 예술은 북쪽 즉 서구에서 배운다는 뜻이다. 제1차 세계대전 후 일본 기업이 동남아시아 지역으로 진출하기 시작했으며, 일본의 재외공관도 각지에 설치됐다. 일본의 남진정책을 추동하는 역할을 담당했던 '남양협회(南洋協會)' 같은 문화단체도 1910년대에 창설됐다.[15]

제3기는 1933년부터 1941년까지로 국제연맹을 탈퇴한 시점부터 제2차 세계대전 개전 직전까지이다. 일본은 만주국 건국을 비난하는 국제연맹을 1933년 3월에 탈퇴했다. 이 무렵 일본에서는 아시아에서 일본의 패권을 강조하는 아시아주의적 주장을 담은 남진론이 본격적으로 강조되었다. 국제연맹 탈퇴로 인해 남양군도 위임통치의 지속 여부를 둘러싸고 논란이 일어나자 남양군도는 '바다의 생명선'이라는 구호가 등장했다. 일본에게 만주가 '제국의 생명선'이라는 구호에 대응한 것이었다.[16] 일본은 중국과의 무력 충돌을 피하는 데 실패했고, 호전적인 군부가 주도하는 가운데 전쟁의 소용돌이 속으로 치달았다. 1938년 11월에 발표된 제1차 고노에(近衛) 성명에서 '동아 신질서 건설'을 제창했으며, 그런 시류에 부응하여 보다 공격적이고 적극적인 남진론이 나왔다. 동남아시아와 민간 차원의 교류도 확장되었다. 남양으로의 진출이 적극화됨에 따라 1940년 7월 제2차 고노에 내각은 「기본국책요강(基本國策要綱)」을 발표했다. 여기서 일본, 만주, 중국을 중심으로 남양까지 포함한 자급적 블록경제 확립을 내용으로 하는 '대동아 신경제질서'와 '대동아공영권' 건설을 주장했다.

제4기는 1942년부터 1945년 8월까지로 일본이 '동남아시아 해방'이라는 명분을 내세우며 침공하고 점령정책을 실시한 시기이다. 물론 일본의 관심은 실질적으로 동남아시아의 자원, 특히 인도네시아의 석유에 집중되어 있었다. 현지에서는 서구 식민지로부터의 해빙을 강소하는 일본의 선전에 호응하며 기대를 하기도 했지만, 구체적으로 실시된 강압적 점령정책을 경험하면서 일본에 실망하고 적대하게 되었다.

2) 메이지 시기 남진론과 남양

고토 겐이치의 구분에 따르면, 메이지 시기 남진론은 19세기 말부터 1910년까지의 시기에 해당한다. 일본의 대외 팽창에 대한 이념이나 일본을 중심으로 한 지역 통합 발상은 메이지유신 이전부터 등장했다. 사토 노부히로(佐藤信淵, 1769~1850)는 1818년 『혼동비책(混同秘策)』에서 중국 대륙 그중에서도 특별히 만주를 '황국(皇國)' 일본에 복속시켜야 한다고 주장했다. 남쪽으로는 남해 무인도에서 식민흥농사업(殖民興農事業)을 추진하고, 오키나와(沖繩)를 발판으로 삼아 필리핀의 루손(Luzon)섬을 기습 점령해 남진의 거점으로 삼아야 한다는 것이었다.[17]

메이지유신의 사상적 스승으로 일컬어지는 요시다 쇼인(吉田松陰, 1830~1859)은 『유수록(幽囚錄)』에서 "군사시설과 상비를 닦아 함대와 포대를 갖추고 홋카이도를 개간하고", "캄차카와 오호츠크를 빼

앗"고, "조선을 책망하여 인질을 받아들이고 공물을 바치도록 하며", "북으로는 만주의 땅을 할양하고 남으로는 타이완과 루손의 여러 섬을 차지"해야 한다고 주장했다.[18] 여기서 알 수 있듯이 국익을 위해 대륙과 남양 지역을 확보해야 한다는 발상은 메이지유신 이전부터 출현했으며, 서구 열강의 압박이 강화되자 대외 팽창과 침략이 부국강병의 주된 방법이라는 주장이 더욱 힘을 얻게 되었다.

당시 일본에서는 중국을 중심으로 주변 지역을 바라보는 사고방식의 영향으로 남양 지역을 남만(南蠻)으로 인식했다. 남쪽 해양을 대륙과 분리된 오랑캐의 땅으로 보았던 것이다. 일본의 일차적인 관심은 대륙에 있었다. '정한론'에서 드러나듯 일본의 국익이 대륙으로의 세력 확장에 달려 있다고 보았기 때문이다. 남양은 독자적인 해양 지역으로 이해했는데, 남양에 대한 관심의 저변에는 섬나라인 일본은 해양국가로 발전해야 한다는 낭만주의적 발상이 깔려 있었다. 실제로는 남양에 대해 구체적으로 알지 못하는 가운데, 영토적·물리적 공략보다는 남양에 대한 지식과 정보를 획득하는 것을 강조하는 상황이었다.[19]

일본에서 동남아시아에 대한 연구는 메이지 시기에 시작되었다. 초기 연구로는 히키타 도시아키(引田利章, 1851~1890)의 『안남사(安南史)』(1881), 『간포채국지(柬埔寨國誌)』(1881)를 들 수 있다. 또한 히키타 도시아키는 1884년에 『대월사기전서(大越史記全書)』를 펴냈는데, 이것은 서양 열강의 압박을 받는 일본에서 프랑스의 침략을 받는 베트남에 대해 높아진 관심을 반영한다.[20] 동남아시아 여러 국가 중에서도 역사적으로 중국과 직접 관련이 있는 베트남을 우선 주목했으며, 접근이 용이한 중국 측 자료를 주로 활용했던 것이다. 메이지 시기의 남진론자에게 남양은 동양이나 서양과 구별되는 제3의 공간이었다. 동양은 일본과 역사문화적 동질성을 공유하는 중국과 조선 등지를 가리켰으며, 일본의 세력 권역에 포함해야 할 지역이었다. 당시 서구에 대항해 함께 연대해야 한다고 주장했던 아시아주의자들이 동양을 가리키는 또 다른 이름으로 아시아라는 명칭을 소환했다. 남양은 동양과는 또 다른 지리적 범주였다. 장차 일본이 지식을 축적하고 국위을 위해 뻗어나가야 할 지역으로 새롭게 제시된 '인식론적 공간'이었다.

메이지 시기에 남진론의 부상과 함께 부각된 남양이라는 지리적 범주는 1930년대 중·후반의 남방이나 동남아시아와는 약간 다르다. 당시에는 아시아 대륙과는 분리된 독자적인 해양 지역이며, 섬나라인 일본이 장차 발전해가야 할 해양 세계를 상징했다. 일본 남쪽으로 적도 태평양 일대의 섬들이 중심이었고, 경우에 따라 더 남쪽의 필리핀이나 인도네시아 등 도서부 동남아시아, 그리고 멀리 호주와 뉴질랜드까지 포함했다. 논자에 따라서는 하와이를 포함하는 경우도 있었다.[21] 1910년대에 간행된 다케코시 요사부로(竹越與三郎, 1865~1950)의 『남국기(南國記)』는 자유주의 무역론자 관점에서 국익 증진을 위해 일본이 세력을 확대해갈 침로가 북쪽이 아니라 남쪽이라고 주장하면서, 남양을 넘어 중미와 남미 지역까지를 무역과 이민을 수단으로 하는 남진의 대상지에 포함했다.[22] 따라서 당시의 남진론에서 오늘날의 대륙부 동남아시아는 주목의 대상이 아니었다.

백가쟁명의 논객들이 주장한 낭만주의적 남방 진출과는 성격이 다른 정부 차원의 남진론도 등장했다. 청일전쟁 이후 할양받은 타이완에 대한 식민지 경영을 축으로 삼아 중국 대륙의 남쪽 연안 지역에서 이권을 확보해야 한다는 주장이었다. 1890년경에 일본 정부 내에서 논의된 남진론은 러시아와 영국이라는 양대 세력에 대항하기 위한 국방상의 전략론인 '남수북진론(南守北進論)' 대 '북수남진론(北守南進論)'이라는 선택지 가운데 하나로서 위치하고 있었다. 이 시기 일본 정부가 남진의 대상으로 주목한 곳은 남청(南淸) 또는 남지(南支)라고 불린 중국 대륙의 남부였다. 이때 남진론이 의미하는 것은 러시아의 남하를 어느 정도 용인하면서 비교적 저항이 적은 대륙의 남방으로 세력을 신장해야 한다는 것이었다. 이런 주장을 펼쳤던 대표적인 인물이 제2대 타이완총독이었던 가쓰라 다로였다. 그에게 남진의 가장 중요 대상지는 남청 일대였다. 따라서 그가 주장한 북수남진은 태평양으로의 진출이 아니라 남청 지역으로 연결되는 대륙의 남쪽 연안 일대에 대한 공략에 주안점을 두고 있었다. 가쓰라의 주장은 그의 뒤를 이어 타이완총독이 된 고다마 겐타로(兒玉源太郎, 1852~1906)와 정무총감 고토 신페이(後藤新平, 1857~1929)에 의해 더욱 구체화되었다.[23]

가쓰라 다로의 남진론은 메이지 시기 일본 정부의 정책이 향하고 있는 방향을 보여주지만, 국가 정책으로서 남진정책이 체계화되지 않았다는 것도 보여준다. 러일전쟁이 발발하자 당시 타이완총독이었던 고다마 겐타로는 만주군 총참모장으로 부임했고, 고토 신페이 역시 식민지 경영 수완을 인정받아 남만주철도주식회사(이하 '만철') 총재로 자리를 옮겼다. 타이완을 발판으로 삼는 남진을 주장했던 그들의 주된 관심은 이후 북방정책으로 전환되었다.

1902년 일본은 러시아의 남하정책에 대항해서 영일동맹을 맺었다. 일본 정부의 관심은 조선과 중국(청나라)으로 제한되었다. 앞에서 말했듯이 청나라에 대해 남북 양방향에서 진출하는 전략을 모색하기는 했지만, 조선과 만주 등 러시아와 맞서 있는 북방의 상황이 훨씬 절박했다. 1905년 러일전쟁에서 승리한 일본은 포츠머스 러일강화조약에 의해 랴오둥반도 조차권, 남만주철도에 관한 권리와 권원(權原)을 양도받았다. 또 남만주 조차지 및 철도 연선 지대에 관동도독부(관동청)를 설치하고, 만철도 설립했다. 러일전쟁 이후에도 일본은 러시아의 남하에 대비하기 위해 군비를 적극적으로 증강했다. 1907년에는 러시아와의 협상을 통해 남만주 및 동부 내몽골(내몽고)을 일본의 특수권익 지역으로 만들었다. 일본은 이 만몽 특수권익지를 '생명선'이라고 불렀다. 이처럼 러일전쟁 이후 조선과 만몽 등 북방 지역이 정치적·경제적으로뿐 아니라 군사적으로도 일본의 핵심 이해와 직결되었던 데 비해, 남청 지역을 비롯한 남양에 대한 관심은 상대적으로 밀려나게 되었다.[24]

한편, 일본에서는 1880년대부터 1890년대에 걸쳐 남양 탐험과 이민사업 붐이 일어났다. 1880년대 중반에 하와이 이민이 성황을 이루고 아메리카 이민이 본격화되면서 이민에 대한 관심이 높아졌다. 이런 분위기를 타고 1887년에 시가 시게타카(志賀重昂, 1863~1927)의 『남양시사(南洋時事)』가 출판되었다. 1891년에는 호시 도루(星亨, 1850~1901)를 회장으로 하는 해외이민동지회(海外移住同志會)가, 1893년에는 에노모토 다케아키(榎本武揚, 1836~1908)를 회장으로 하는 식민협회(殖民協會)가 조직되었다.[25] 앞서 이민사업에 적극적이었던 에노모토가 1891년 외무대신에 임명되면서 외무성에 이민과(移民課)가 설치되었으나 외무대신이 교체되지 1893닌에 이민과는 폐지되어버렸다.[26]

러일전쟁 이후에도 국익을 강조하면서 남양으로의 이주와 개발, 교역을 강조하는 주장은 계속되었다. 그렇지만 북방 대륙의 중국이나 조선에 비해 남쪽에 대한 일본의 관심은 부차적인 것이었다. 메이지 시기에 일본 대외관계에서 긴급한 현안은 북방에 인접해 있는 조선과 중국이었다. 정부만이 아니라 민간의 관심 역시 대륙에 집중되었다. 일본에는 전통적으로 중국을 존숭하는 인식이 전승되었지만 청일전쟁이 결정적 변화를 가져왔다. 서양 열강을 모방하는 서구적 근대화를 통해 야만적이고 후진적인 아시아에서 벗어나는 것이 절대 과제가 되었고, 그 목적을 달성하기 위해 조선과 중국을 희생양으로 삼고자 했다. 조선 및 중국 문제는 일본의 존립과 긴밀하게 연결되어 있고, 국가의 생존과 발전을 위해서는 해당 지역을 지리적으로 영유해야 한다는 인식까지 나타났다. 그에 반해 서구 열강의 식민지배를 받고 있는 남양 지역은 긴급한 관심 대상이 될 수 없었다. 남양은 낭만적인 지사나 이탈자들이 흘러 들어가는 지역으로 인식되었기에 지리적 영유 개념 같은 것은 아직 형성되지 못했다. 따라서 남양에 관한 논의는 구체적인 현안을 해결하기 위한 것이 아니라 낭만적이면서도 원론적인 이상론에 가까웠다.

남양군도 점령과 남북병진론

1. 남양의 범위와 남양군도 점령

1) 1910년대 초 남양의 범위

1910년대에 남양에 대한 일본의 관심은 경제적 측면에 집중되었다. 일본 농상무성 상무국은 1910년대 초 대남양 무역 및 남양의 자원과 산업을 조사하여 그 결과를 공개했다. 1912년 7월에 무역을 다룬『일본 대남양 무역 대세(日本對南洋貿易大勢)』, 같은 해 12월에는 자원과 산업을 다룬『남양의 산업과 그 부원(南洋之産業及其富源)』을 펴냈는데, 이것은 남양에 대해 일본 정부가 편찬한 최초의 조사 자료였다. 당시 남양에 대한 인식은 통일되이 있지 않았지만, 농상무성이 설정한 조사 범위를 보면 남양의 범위에 대한 정부의 인식을 추측할

수 있다. 『일본 대남양 무역 대세』의 앞부분에 다음과 같은 설명이
제시되어 있다.

원래 남양이라는 명칭은 우리 일본에서만 통용되는 막연한 말이며,
만일 지나인(중국인: 인용자)이 듣는다면 자국의 양쯔강(揚子江) 이
남 지역이라고 이해하므로, 그것은 원래부터 우리가 말하는 소위 남
양이 아니다. 그렇다면 즉 남양이란 과연 어디를 가리키는가. 우리는
편의를 위해 아시아 대륙 남동부와 호주 대륙 사이에 바둑돌처럼 퍼
져 있는 크고 작은 무수한 도서를 총칭한다고 하고 싶다. 그리하여
말라야반도는 아시아 대륙의 일부로 섬이기는 하지만 종래 지리학
자 중에 위 지역에 있는 섬에 말라야군도라는 이름을 붙이는 경우도
있을 정도였다. 그 지리적 및 통상 관계가 매우 친밀하므로 이것도
역시 남양에 포함하고자 한다. 남양의 위치는 대략 이와 같으며, 정
치적 소속에 따라 말라야반도, 네덜란드령 인도네시아[蘭印], 필리핀
군도의 3대 구역으로 나누어 관찰할 수 있을 것이다.[1]

이 글에 따르면 남양은 일본에서만 주로 통용되는 명칭이며, 중
국 대륙 남부를 가리키는 중국의 남양과는 다르다. 그 범위는 아시아
대륙 남쪽 태평양 일대의 남양군도와 도서부 동남아시아를 아우른
다. 해당 지역을 영국, 네덜란드, 미국 등 현지를 지배하고 있는 식민
본국이 어디인지에 따라, 즉 '정치적 소속'을 기준으로 구분했다. 이
지역과의 무역에 활용하기 위해 작성된 자료인 만큼 '정치적 소속'은
교역상 중요한 고려 사항이었기 때문이다.

1910년대 이래 남양 진출을 주창하고 실행 주역으로 활동했던

이노우에 마사지(井上雅二, 1877~1947)[2] 역시 1915년 출판한 『남양 (南洋)』이라는 책에서 남양의 범위를 다음과 같이 제시했다.

> 보통 남양이라고 일컬어지고 있는 곳은 네덜란드령 인도네시아제 도, 영국령 보르네오, 영국령 뉴기니, 그 외 군도, 영국령 말라야반도, 독일령 뉴기니, 미국령 필리핀군도, 포르투갈령 제도 등이라는 점은 두 말할 필요도 없다.[3]

이로써 1910년대 중반 일본에서 남양은 대체로 영국령 말라야반 도 및 독일령 남양군도와 오늘날의 인도네시아 및 필리핀을 가리킨 다는 사실을 알 수 있다. 당시 이 지역은 서구 열강의 지배 아래 있었 기 때문에 일본이 한반도나 만주처럼 직접적인 정치·군사적 공략의 대상으로 설정할 수는 없었다. 대신 부국으로 나아가기 위해 경제적 이익을 취하는 것을 일차적인 목적으로 삼았다. 그럼에도 불구하고 그 당시 팽창적 아시아주의의 분위기가 고조되고 있었기 때문에 이 지역에 대한 경제적 진출과 일본의 지도적 역할을 연결 짓는 논리가 등장했다. 이어 중국과 조선이 일본과 '동종동문(同種同文)'의 밀접한 관계라는 것을 대륙 진출의 빌미로 삼았던 것과 비슷한 접근이 남양 에 대해서도 나타나게 된다.

2) 남양군도 점령과 동양 개념의 확대

유럽에서 제1차 세계대전이 발발하자 1914년 8월 23일 일본 정 부는 독일에 선전포고를 했다. 이어 칭다오(青島)를 중심으로 하는 독일의 자오저우만(膠州灣) 조차지를 공격하기 시작해 11월 7일에 점령했다. 그사이 10월 19일에 일본군은 적도 이북의 독일령 남양군도를 점령했다.

전쟁이 끝난 뒤 연합국에 가담했던 일본은 승전국의 일원으로서 남양군도 즉 '내남양'을 위임통치하게 되었다. 1922년 2월 11일에는 미크로네시아에 대해 일본의 위임통치권이 발효되었다. 일본 정부는 같은 해 3월에 총리부(総理府) 산하에 남양청을 설치했다. 남양청은 1924년에 외무성 산하로 옮겨졌다가 1929년에는 척무성 산하로 바뀌었다. 1941년 12월 8일 진주만 공습과 영국령 말라야반도 공격을 개시한 이래 '남방'에 대한 군사적 점령이 확대되면서, 1942년에는 대동아성 소속으로 다시 바뀌었다. 패전 이후 육군과 해군, 대동아성 등이 해체되면서 남양청은 다시 외무성 산하로 옮겨졌으며, 잔무 처리를 마치고 1948년에 해산되었다.

남양군도는 서태평양의 적도 부근에 넓게 퍼져 있는 미크로네시아의 섬들 가운데 오늘날의 북마리아나제도·팔라우·마셜제도·미크로네시아연방을 가리킨다.[4] 미크로네시아의 섬들은 18세기 초부터 스페인의 지배 아래 있다가 이어서 독일의 지배를 받았다. 1914년 일본은 영국의 조력으로 독일이 지배하고 있던 미크로네시아를 점령하게 된다. 이후 1921년부터 1933년까지 국제연맹의 위임에 따라 일본은 이 지역을 신탁통치라는 이름으로 사실상 지배했다. 일본이 국제연맹을 탈퇴한 이후 위임통치의 법적 유효성이 소멸되었다는 주장도 있었지만 1945년까지 위임통치를 지속하다가, 패전 후에 미군에 넘겼다.

일본은 이 지역에 대해 대규모 척식사업을 실행해 경제적 이익을

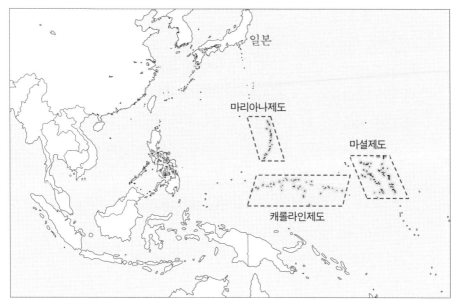

그림 2-1. 1919년 당시 남양군도의 일본 위임통치 지역

모색했다. 새로운 식민지를 획득했다는 사실에 열광한 일본인들 또
한 속속 남양군도로 건너왔다. 그런데 해군의 군사 전략상 중요성이
크다고 해도, 일본 정부가 통치 비용을 만회할 수 있을 만한 자원 개
발이나 산업 육성은 쉽지 않았다. 전쟁 기간 동안 설탕 가격이 급등
하는 것을 기회로 삼아 1917년에 시니무라(西村)척식주식회사가 사
이판에서 제당업을 시도했지만 계획 부실과 사탕수수 재배 실패, 설
탕 가격 하락 등으로 인해 파산하고 말았다. 이에 해군과 외무성의
남양군도 척식사업 재검토를 토대로, 타이완에서 제당업을 하던 마
쓰에 하루지(松江春次, 1876~1954)가 1921년에 '남양흥발주식회사
(南洋興發株式會社, 이하 '남양흥발')'를 설립하면서 선환점을 맞이했다.
남양흥발은 형식상으로는 민간회사였지만 해군 및 외무성과 밀접한 관련을 맺고 있었으며 또 대부분의 자금을 동양척식주식회사에서 조달하는 사실상의 국책회사였다.[5] 이 회사는 '북쪽의 만철'에 견주어 '바다의 만철'로 불릴 정도로 규모 있는 국책회사로 성장하게 된다. 마쓰에 하루지는 오키나와에서 다수의 이민자를 채용해와서 토지 개간, 제당공장 건설, 철도 부설 등을 시작했으며, 1923년 3월에는 사이판제당공장을 완성했다. 남양흥발은 제당사업의 성공을 기반으로 철도, 선박, 제빙, 어업 등으로 사업 영역을 확장했다. 남양흥발은 1939년 남양청의 세금 수입 가운데 약 80%를 납부할 정도로 성장했다.[6]

남양군도로의 일본인 이주도 급증해서 1943년에는 남양군도 전체 인구 가운데 65%를 일본인이 차지했다. 사이판과 파라오(지금의 팔라우) 관내에서는 그 비율이 93%까지로 늘어났다. 산업 개발로 경제가 안정된 것이 급격한 이민 증가의 배경이었다. 또한 대량 이민을 통해 남양군도를 '일본화'하고 일본 영토로 확정하고자 했던 일본 정부의 '국책'도 영향을 미쳤다. 특히 이민정책의 주요 대상이 오키나와인이었기 때문에 남양군도에 체재하는 일본인 가운데 오키나와인의 비중이 60~70%에 이를 정도로 많았다.

당시 일본 본토인은 오키나와인을 노골적으로 차별했는데, 그 연장선에서 '제2의 오키나와'라고도 할 만한 남양군도에 대한 일본 정부의 관심은 군사적·경제적 측면의 '도구적 활용'에 초점이 맞추어졌다.[7] 제2차 세계대전 말기에 남양군도에서 많은 오키나와인들이 희생되었는데, 그것은 이런 이민과 차별의 역사를 배경으로 한 것이었다. 당시 조선인들도 많은 수가 이곳으로 노동자, 군인, 일본군 '위안부'로 동원되었다.[8]

일본이 남양군도를 현실의 지배 영역으로 확보하게 되자 남양 지역에 대한 인식에도 변화가 나타났다. 조선을 강제병합하고 남만주에 대한 기득권 강화로 이미 '동양은 일본의 세력권'이라는 인식이 일반화되어 있었다. 그런데 남양이 일본의 통치 아래 놓이게 되자 이 지역 역시 일본이 관할하는 '동양의 일부'라는 인식이 생겨났던 것이다. 그전까지 동양과 남양은 별개의 공간을 의미했지만, 양자가 모두 일본의 세력 범위에 들어오게 되면서 구분이 불분명해졌다.[9] 그것은 남진의 정당성과 필연성에 대한 주장을 강화했다.

1910년대 중반 남양과 동양에 대한 인식을 보여주는 사례를 1915년에 출간된 예비역 육군 보병 소좌 진보 분지(神保文治)의 『남양의 보고(南洋の寶庫): 답사연구(踏査研究)』에서 볼 수 있다. 그는 당시 미국 캘리포니아주에서 일본 이민자들이 어려움을 겪게 된 것은 일본제국의 세력이 미치지 못하기 때문이라며, 만일 그곳이 "동양의 일부였다면 처음부터 아무런 문제가 되지 않았을 것"이라고 주장했다.[10] 그에게 동양은 일본제국의 세력이 도달하는 권역을 의미했던 것이다. 그는 농업이민을 추진할 민족적 발전지는 '일본의 세력권 안'이어야 하므로 "말레이반도 동쪽 지역이 되어야 한다고 단언"했다.[11] 논리적으로 말레이반도 동쪽 지역을 일본의 세력 범위로 보았으며, 그런 점에서 해당 지역은 '동양'이라는 공간 개념으로 포괄할 수도 있다. 타이완과 조선을 식민지로 삼고 만주에서도 이권을 차지했을 뿐 아니라 남양군도까지 차지했다는 자신감이 일본의 세력권 즉 동양의 범위를 말라야반도까지 확대할 수 있는 배경이 되었을 것이다. 또한 말레이반도 동쪽 지역에서도 "남과 북 어느 쪽이 적당한지를 해결해야 한다"라는 진술에서,[12] 일본의 해외 식민과 진출을 둘러싸고 조성되었던 남진과 북진의 대항 도식이 가지고 있던 사상적 긴장이 해소되었음을 알 수 있다. 여기서 남진과 북진 문제는 이민의 난이도와 경제적 가치의 크기라는 실용적 기준의 문제로 바뀐다.[13] 이제 북진론과 남진론은 더 이상 대립하거나 경쟁할 이유가 없으며 실리적인 기준에 따라 병행할 수 있는 상보적 정책이자 이념으로 전환될 수 있었다.

2. 다이쇼 시기 남진론

1) 북진론과 남진론의 대립 해소

1911년 중국에서 일어난 신해혁명은 일본 해군의 남진론에 영향을 미쳤다. 일본 육군은 이 혁명을 중국 대륙에서 세력을 키우고 판도를 확장할 수 있는 기회로 보았다. 이에 호응하여 해군 역시 중국 대륙 남쪽(남청南淸) 방면으로 세력을 넓히고자 모색했다. 1907년의 「제국국방방침」 이래 해군은 국방상 육군의 보조자로서 설정되었으며, 대외 팽창과 관련해 해군의 역할은 태평양 지역에 대한 경제적 진출에만 한정되는 것으로 이해되고 있었다. 그런데 중국 대륙의 정세 변화를 계기로 해군은 소극적 남진론의 변용을 모색했다.[14]

1910년대 초에는 북진과 남진을 둘러싼 논쟁이 끓어올랐다. 육군과 해군 간 오래된 주도권 갈등도 배경이었지만, 러일전쟁 때문에 악화된 재정상의 위기를 이유로 북진론을 반대하는 목소리가 높았다. 육군이 주장하는 대로 북진을 위해 필요한 군비를 추가로 증강하는 것은 경제 재건과 재정 안정화를 우선 도모해야 하는 상황에서 감당하기 어려운 일이었던 것이다. 군사력 강화와 경제 부흥 사이의 모순 때문에 북진론에 대한 비판이 제기되었다. 더 나아가 경제적 발전을 위해서라도 북쪽이 아니라 남쪽으로 진출해야 한다는 견해와 그렇게 하려면 오히려 해군 군비를 증강해야 한다는 주장이 뒤따랐다.

그런데 제1차 세계대전을 경계로 북진론과 마찬가지로 남진론도 팽창주의적 성격으로 전환되면서 국방 강화와 경제 성장 사이의 모순에 대한 의식이 약화되었다. 그것은 '군사적 강국이 되고 그것을 기반으로 부국으로 나아가자'는 주장으로 정리되었다. 그렇게 되다 보니 논리적 귀결로서 국방이 모든 것에 우선하는 국가적 과제가 되었다. "국방이 있고 국가가 엄존한다. 그렇다면 농공상의 발전을 기하는 것은 늘 국방 문제에 추종할 것을 요한다. 국가가 존재해야 농업이 있고 상업이 있고 공업이 있지 않는가", "군비 축소 혹은 현상 유지를 논하는 자는" "국가의 전도를 생각하지 않는 것"이며 "장래의 일본은 태평양에서 활약해야" 하고 따라서 "반드시 해군을 대확장해야 한다". 그러기 위해서는 "재원은 말할 바가 아니다. 경우에 따라서는 증세해야 한다"와 같은 논리가 등장했다.[15]

이처럼 1910년대 중반 이후 남진론도 침략적 성격이 강화되었으며, 해군은 남진론을 팽창적 아시아주의와 결합했다. 이제 남진론은 이데올로기적으로 육군이 주도하는 북진론과 더 이상 대립하지 않게 되었다. 1910년대 중반 일본의 남진론에는 경제적 실익의 추구와 침략적 팽창주의가 혼재하고, 농상무성의 경제적 남진정책과 해군의 군사적 남진정책이 병존하게 되었다. 다이쇼 시기의 남진론은 북진론과 더불어, 더 나아가 북진론을 보완하는 대외 팽창의 이데올로기로 재구성되었다. 북진론과 남진론 사이의 긴장이 소실되면서 남북을 가리지 않는 남북병진론에 가까워졌다. 심지어 남쪽으로의 발전만이 아니라 필요하다면 동서남북 어느 방향으로든지 발전해야 한다는 주장으로 연결되었다.[16]

일례로 1916년에 출간된 소에지마 야소로쿠(副島八十六, 1875~1950)의『제국남진책(帝國南進策)』은 '남진책'이라는 제목을 달고 있으면서도 남방으로 발전해야 한다는 고유의 남진론을 부정하고 있다.

우리는 세상에서 말하는 북수남진론을 취하는 사람이 아니다. 일본을 흥륭(興隆)시킬 기운은 반드시 마땅히 동서남북으로 진전해가서 출현하지 않으면 안 된다. 남방으로 전진하기 때문에 북방에서 퇴수(退守)하지 않을 수 없다는 논리가 어디에 있는가. 우리는 기회가 생길 때마다, 국력이 허락하는 한, 세계의 공도(公道)와 국제적 조규(條規)에 저촉되지 않는 한에서 사방팔면을 향해 대활동을 시도할 것을 주장한다.[17]

이 글에서는 남진을 적극적으로 추진하기 위해 방어적으로 북쪽을 보류하자는 논리를 강력하게 비판하면서, 사방팔방으로 방향을 가리지 않는 공세적 팽창주의를 남진책이라는 이름으로 제시하고 있다. 이런 특징은 1910년대 중반 이후 전개된 남진론에서 공통적으로 나타난다. 일본이 동서남북을 가리지 않고 팽창해야 한다면, 고유한 공략의 방향으로서 '남쪽'이 가진 의미는 사라지게 된다. 그 결과 육군과 해군을 두 축으로 하는 남수북진론과 북수남진론 사이의 대립도 사실상 해소되어버렸다. 북진론에 대항하면서 고유한 사상과 정책으로 남진론을 구성하기 곤란해질수록 대외 팽창을 선동하는 이념성은 오히려 노골화되었다.

2) 침략적 팽창주의와 경제적 실익 추구

남양군도 점령을 계기로 대외적 자신감이 고양되면서 일본제국이 남양에서도 조선과 중국에 대해서 하듯이 지도적 역할을 해야 한다는 주장이 빈발했다. 이노우에 마사지는 "대일본주의, 즉 일본 팽창주의"는 "건국 이래의 대방침"이며 "이는 곧 승자, 강자, 적자의 유일한 길"이라고 주장하면서 동시에 자신이 "패도(覇道)를 주창하는 것은 아니"라고 강변했다. 그 이유는 일본이 "자타 공동의 이익을 존중하여 이른바 왕도를 사해에 선포"하려는 것이며, 장래 인류의 지도국이 되고자 하기 때문이라는 것이었다.[18]

> 남양인의 피를 받아서 이를 순화하고 있는 일본인이 아직 미개 사이에서 방황하고 있는 남양인을 그대로 둘 수 있겠는가. 그들을 지도하고 개발하며, 자타의 행복을 증진하는 일은 이른바 왕도를 오랑캐[蠻夷]에게 퍼트리는 일이며, 더욱이 일본으로서는 진무(神武, 일본 초대 천황: 인용자) 이전의 고향으로 돌아간다는 유쾌한 의미를 갖는다고 생각한다.[19]

이처럼 남진론을 주장하는 이들은 남양에 대한 책무를 강소하면서, 일본에게 미개 상태에 있는 남양의 여러 민족을 이끌고 남양을 개발하며 상호 간의 행복을 증진해야 할 임무가 있다고 했다. 그 근거로는 일본인과 남양 민족이 '동문동종(同文同種)'이고 일본이 '선진국'이라는 점을 제시했다. 남양을 야만으로 규정함으로써 대일본주의나 일본 팽창주의가 도의적 책무로 분식된다. 남양이 비록 문명적으로는 야만 상태에 머물러 있지만 혈연적으로는 일본과 연결되어 있으므로 미개한 남양을 지도하고 개발하는 일은 그들과 혈연적으로 연결되어 있는 일본이 왕도를 실현하는 일이라는 것이다. 일본의 남방 팽창은 서구 열강의 패권주의와는 다른 것이라는 논리가 그 이면에 깔려 있었다.[20]

이 시기의 남진론에는 서구에 대한 대결의식과 팽창적 아시아주의가 녹아 있었지만 여전히 열강과는 마찰을 피하고자 하는 의식이 뚜렷했다. 서구 열강의 지배 아래 있는 남양을 해방시키는 일과 일본이 필요로 하는 경제적 개발 중에서 후자가 압도적으로 중시되었다. 경제와 산업에 대한 개발도 서구 열강의 권익을 침해하지 않는 선에서 접근하겠다는 태도를 취했다. 남양에 대한 일본의 문명적인 사명이나 팽창적 이데올로기를 떠들썩하게 강조하면서도 현지 진출을 위한 구체적인 정책은 매우 소극적이고 조심스러웠던 것이다. 남진을 주장하면서 '진정한 제국주의', '참된 대일본주의', '왕도', '동양 맹주' 등의 표현을 사용한 것은 향후 일본이 서구와 대결하게 될 경우 스스로를 정당화하기 위해 내건 이데올로기적 장치였다. 그런데 현실에서는 그것을 감행할 국력이 부족했기 때문에 그런 거창한 구호와는 별개로 일본 측의 경제적 요구와 남양 개발 필요성을 전면에 내세우는 데 그쳤다. 이 관점에서는 남양이 일본 경제를 발전시키기 위해 꼭 필요한 '부의 원천'이라는 점만이 강조되었다. 적어도 자원 면에서 남양은 일본의 개발을 기다리고 있으며, 서구의 눈치를 보기는 하지만 일본인은 남양을 개척할 권리와 책무가 있다고 주장했던 것이다.[21]

일본에서 비등했던 '남양 붐'은 식민지 조선에도 전해졌다. 1923년 6월 29일자 『조선일보』에서는 남양 발전을 도모하기 위해 남양단(南洋團)을 조직하고 남양학교(南洋學校)와 남양물산관(南洋物産舘)을 건설하며 "일본 청년에게 남양에 관한 지식을 양성 보급케 할 목적으로" 연구소를 설치한다는 소식을 전하고 있다.[22] 또한 1923년 11월에는 『조선일보』 상하이지국(上海支局) 특파원이 '남양복지(南洋福地)'의 사정을 보도하기 위해 현지 취재에 나섰다. 일본에서는 남양시찰단과 개발단을 파견하는 등 남양 개발에 진력하고 있는데, 조선인은 사정을 모르므로 윤곽이나마 소개하겠다는 것이 취재 목적이었다.[23] 남진론은 공격적으로 바뀌었지만 이 시기의 남양 붐은 경제적 사업성과 실리를 추구하는 문제를 중심으로 표현되고 있었다.

3. 남북병진론과 도쿠토미 소호

1) 북수남진론 비판

일본 제국주의가 남수북진론을 내세우며 팽창하던 근대 초기에는 대륙 경영을 둘러싼 의견 충돌이 빈번했다. 섬나라인 일본은 만몽 경영에 치중하기보다는 북방을 억제하면서 해양으로 뻗어나가야 한다는 북수남진론도 만만치 않았다. 일본은 '대륙제국'이 아니라 '섬제국'을 지향해야 한다는 것을 표방한 것이었다. 북진론과 남진론의 충돌 국면을 전환하는 데 중요한 역할을 한 인물이 있었다. 바로 근대 일본의 대표적인 언론인이자 이념가인 도쿠토미 소호(德富蘇峰, 1863~1957)였다.

도쿠토미 소호는 다이쇼 시기 남진론의 재구성과 변용에 깊은 영향을 준 일본의 대표적 내셔널리스트이다. 그는 1890년에 창간한 『고쿠민신문(國民新聞)』을 비롯한 언론활동과 방대한 저작을 통해 일본의 대외정책에 중요한 영향을 미친 대표적 이데올로그로서, '일본 군국주의의 괴벨스'라고 불리기까지 한다.[24] 메이지 시기 일본 근대화와 침략을 뒷받침한 논리가 후쿠자와 유키치(福澤諭吉, 1835~1901)의 '탈아론(脫亞論)'이었다면, 도쿠토미 소호는 '황실 중심주의'와 국가주의를 바탕으로 한 공격적 해외 팽창 논리를 제공한 인물이었다. 그는 조선의 식민지화에도 깊이 관계했는데, 강제병합 이후 조선의 언론 통폐합을 주도했으며, 1910년 9월에는 조선총독부 기관지인 『경성일보(京城日報)』의 고문에 취임했다. 그때부터 1918년 8월까지 편집과 경영을 총지휘하면서, 조선의 식민지화를 이념적으로 정당화하고 조선 통치의 방향과 시책을 제시하는 역할을 했다.

도쿠토미 소호가 1910년대에 『고쿠민신문』에 기고한 연재물을 차례로 묶어서 출간한 『시무일가언(時務一家言)』(민유샤民友社, 1913)과 『다이쇼의 청년과 제국의 전도(大正の靑年と帝國の前途)』(민유샤, 1916)는 일본의 남진론에 심대한 영향을 끼쳤다.[25] 당시에 제창된 대부분의 남진론이 위의 책에서 제시한 논리와 개념, 표현 형식 등을 차용했다. '남진론' 경향의 저작 가운데 다수가 도쿠토미 소호가 설

립한 민유사에서 발간되었고, 다른 곳에서 발행된 책에도 도쿠토미 소호가 서문과 제자(題字)를 써주는 등 긴밀한 관계를 맺고 있었다.[26]

　1910년대 중반 남진론에서는 낭만주의적 성격이 약화되었고, 북진론에 대항하는 이념적 성격도 변화되었다. 도쿠토미 소호는 그런 변화에 직접적인 영향을 주었다. 그는 북수남진론을 부정하고, 남진론을 남북병진론 또는 동서남북 팽창론과 연결했다.[27] 이 논리는 1913년 출판된 『시무일가언』에 등장한다. 이 책에서 소호는 다이쇼 정변(大正政變, 1912) 당시 제기된 '남진인가 북진인가'라는 논쟁 한가운데서 남진론을 비판했다. 그러면서 단순히 북진론을 주장하지 않고 강국주의와 팽창주의가 일본의 국시(國是)라고 전제하면서 '남진인가 북진인가'라는 대립 자체가 무의미하다는 것을 강조했다. 그는 "북수남진은 천하의 어리석은 논리"이자 "국시를 어지럽히는 요망한 말"이라고 하면서 그런 주장은 "삼국간섭 이후의 산물"로 "러시아 공포증[怖露病]"에 빠졌기 때문에 나타난 증세라고 단언했다. 그것은 "가까운 장래에 북쪽으로는 도저히 회복될 전망이 없자" "남방으로라도 발전하여 북쪽에서 잃어버린 것을 보상받으려는 것"이라고 공박했다.[28] 그는 북수를 전제로 한 남진론, 즉 북수남진론은 북방포기론과 같다면서 강하게 공격했다. "남진을 위해서 먼저 북퇴하자"고 하는 것이므로 "북수라고 하기보다는 북퇴(北退)"라는 것이었다.[29]

　도쿠토미 소호는 공세적 방어를 위해 북진이 필요하다고 보았다. 일본의 방어는 조선에 달려 있고, 조선의 방어는 남만주, 남만주의 방어는 내몽골에 있기 때문에, '대륙 경영'이야말로 일본제국의 핵심 과제라고 역설했다. 일본의 국방은 대륙 경영을 주안으로 해서 "민속의 발전, 영토의 확장, 국운의 신장에 의해" 성취하는 공세적 방어

여야 한다는 것이었다.[30] 그렇다고 남진정책을 부정한 것도 아니었다. "남진하기 때문에 북퇴하지 않을 수 없다"는 논리에 반대하는 것이지 그 자신도 남진을 중시한다는 점에서 스스로 남진론자라고 선언했다.[31] 남방과 북방 모두가 일본인에게 '고향'이므로 남진과 북진은 그 고향으로 돌아가는 것이다.[32] 따라서 "일본은 섬제국인 동시에 대륙제국"이며 해양과 대륙을 모두 지배해야 한다. 일본이 대륙제국이기 위해서는 육군을, 섬제국이기 위해서는 해군을 충실하게 만들어야 한다. 그것을 위해서 '육해군 양본위제'를 취해야 하며 그것이 "유신 이래의 국시"라고 보았다.[33] 하지만 미국, 영국, 프랑스, 네덜란드 등 서구의 지배 아래에 있는 남양으로 영토 확장을 추구하면 그들과 충돌할 우려가 있기 때문에, 경제적 진출에서 전망을 찾아야 했다.[34] 그 연장선에서 남방 경영에 많은 경비와 국가적 부담을 사용하지 말고 개인에게 맡기는 것이 바람직하다.[35] 국가적 부담을 줄이고 일본인의 이동이나 자본의 이식을 통해 남진을 추구하면서 서구 열강이 구축해놓은 질서와의 충돌을 피해야 한다고 보았다.[36]

1910년대 중반 도쿠토미 소호는 처음으로 북진을 핵심으로 하는 대륙국가론을 중심에 두고 그 보조적 위치에 남진론을 재설정한 남북병진론을 공공연하게 천명했다. 이 구도에서는 북진론과 남진론이 경쟁하거나 갈등하지 않는다. 오히려 남북병진론을 제대로 실현하기 위해서는 그 구성 요소인 남진도 권장해야 한다. 그는 일본과 남양 사이의 문화적·인종적 친연성을 남진의 필연성을 뒷받침하는 근거로 삼았다. 일본 민족의 절반이 태평양 방면에서 왔으므로 이곳으로 "복귀하는 것은 고향으로 돌아가는 것과 마찬가지"라고 주장했다.[37]

도쿠토미 소호의 논리와 주장은 당시는 물론이고 이후에도 남진론자들에게 널리 받아들여졌다. '남북병진론' 역시 지속적으로 계승되었다. 만주사변(1931)과 중일전쟁(1937)을 획책한 군부까지도 '선북진(先北進)'을 주장하면서도 '북진이 곧 남진 문제'라고 인식했다. 그것은 결국 태평양전쟁이라는 사건으로 폭발했다.

2) 아시아 먼로주의와 토의석 제국주의

1913년 미국 캘리포니아에서 '배일(排日) 토지법'이 제정되는 등 미국은 일본인에 대한 차별정책을 노골화했다. 그에 대한 반감이 커지는 가운데 도쿠토미 소호는 일본 정부의 항의를 무시하고 일본인 이민을 박해하는 법률을 제정한 미국을 비판했다. 나아가 일본이 세계 일등국이 되었음에도 불구하고 이민 배척 등 차별 대우를 당하는 치욕에서 벗어나기 위해 '백벌(白閥) 타도'를 강조했다. 그렇지만 그것이 백인에 대항해 도전하자는 것은 아니라고 설명했다. 그는 서구와 일본 사이의 갈등을 의식하면서도, 차별의 원인이 아시아인의 실력 부족에 있다고 보았다. 따라서 스스로의 약점을 극복하는 것을 근본적인 해결책으로 제시했다.[38]

'백인은 종교를 구실로 유색인종을 차별하지만 근본 원인은 다른 인종에게 근성이 없기 때문이다. 따라서 다른 인종이 백인에 필적할 수 있는 실력을 가져야 한다'는 것이었다. 그러면서 중국은 여전히 자기 보전 능력이 없기 때문에 열강의 각축지가 될 것이라고 전망했다. 인도, 시베리아와 북만주, 인도차이나, 필리핀 등 아시아 각지에 대해서는 영국, 러시아, 프랑스, 미국이 갖고 있는 세력을 그대로 인정했다. 그는 아시아에서 서구 열강이 지배적 위치를 차지한 현상을 인정한 위에, 일본이 실력을 갖추어 서구의 인정을 받을 수 있게 되어야 한다고 보았다.[39]

그는 백벌을 타도하고, 황인종과 백인종 사이의 인종적·민족적 불평등을 바로잡아 균형을 회복하는 것이 일본제국의 사명이자 일본 민족의 천직이라고 주장했다. 백인을 아시아에서 쫓아내자는 것이 아니라, 동양인만이 자기 문제를 서구 세력에게 맡기고 있으므로 '동양자치주의'를 실행해야 한다는 것이었다. 그렇다고 동양자치가 백인 배척을 의미하는 것은 아니며, 오히려 백인이 발호하는 현실을 불러온 동양인의 자치 능력 부족과 무기력을 반성하고, 백인의 장점을 취해 백인에 맞서는 자치 능력을 발휘해야 한다는 것을 강조했다.[40]

백인 세력이 밀고 들어와 있는 상황에서 "일본제국의 사명은 완전히 아시아 먼로주의를 수행하는 데 있다고 믿는다"고 하면서, "아시아 먼로주의란 아시아의 일은 아시아인이 처리한다는 주의"인데 "아시아 사람이라고 해도 일본 국민 외에는 우선 이 임무를 감당할 자격이 없으므로, 아시아 먼로주의는 곧 일본인이 아시아를 처리한다는 주의"라고 결론지었다.[41] 또한 일본 민족은 동양 인종으로부터는 경애의 대상이 되고 백인종이 두려워할 만한 위치를 차지해야 하며,[42] '동양 인종의 총대'로서 백벌의 발호를 소탕하고 황인종의 권리를 회복해야 할 책무가 있다고 했다. 그는 일본이 아시아 먼로주의 또는 동양자치주의를 실현하는 데 있어, 미국을 가상 적국으로 상정하고 이 세계 최대 강국에 항거할 수 있는 군사력을 갖추어야 한다고 주장했다.[43]

도쿠토미 소호는 자신이 제창하는 팽창주의를 정당화하기 위해 그것을 '도의적 제국주의'라고 불렀다. 일본 "제국주의의 결함은 도의적 근거를 갖지 못한 것"이며 그것이 제국주의가 적극적으로 발동하지 못하고 소극적으로 되는 이유라고 보았다. 소극적 제국주의란 외압에 대해 저항만 있는 방어적 제국주의를 의미한다.[44] 그가 말하는 도의적 제국주의는 아시아주의와 제국주의를 하나의 개념으로 결합한 것이 특징이다. '도의적'이라는 형용사를 통해 서구의 간섭을 받지 않는 아시아주의를 강조하고, '제국주의'라는 개념을 통해 서구와 어깨를 나란히 하는 탈아론의 가치를 담아내고 있는 것이다. 일본에서 아시아주의와 탈아론은 서구 열강의 압력에 어떻게 대항할 것인가라는 동일한 과제에 대응하기 위해 등장한 것이었다. 그런데 도의적 제국주의라는 것은 제1차 세계대전을 전후하여 새롭게 조성된 국제정세에서 갈라져 나와 전개되어온 (내용상으로 충돌하는) 두 가지 대응 방식을 하나의 개념으로 결합한 것이다.[45] 형태가 어떠하든 '제국주의'는 '민족자결주의'와 모순되며 '도의적'인 것일 수 없다. 하지만 아시아에서 유일하게 근대화를 달성한 일본만이 아시아를 처리할 수 있는 자격을 갖추었기 때문에, '도의적 제국주의'의 수행은 '일본제국과 일본 민족의 사명'이라는 것이 그의 주장이었다.

도쿠토미 소호는 서구적 근대화를 통해 서구를 극복한다는 내적 모순을 반복하고 있다. 동시에 서구의 간섭을 받지 않는 아시아인의 자결권을 주장하면서, 또한 아시아에서 일본제국이 가진 특권적 지위와 권한을 강조했다. 그 연장선에서 '도의적 제국주의'라는 자기모순적 주장을 통해 서구 열강과 나란히 북으로, 남으로 팽창하는 '일본의 제국주의'를 정당화했던 것이다.

3) '가족국가' 이데올로기와 남진론

서구가 인정할 만한 수준의 '국가적 관념'을 갖춘 '일본제국의 국민'이 조직적이고 제도적으로 해외로 발전해간다는 사고방식은 다이쇼 시기 남진론의 중요한 특징이었다.[46] 도쿠토미 소호 역시 '도의적 제국주의'라는 이름으로 일본의 해외 팽창을 제창하면서, 황실을 구심점으로 하는 '가족국가' 이데올로기 위에 그것을 조립했다. 독자적인 국가 관념을 바탕으로 한 일본의 '제국주의'를 도쿠토미 소호는 다음과 같이 설명했다.

> 우리는 일본제국을 하나의 유기물로 보고, 하나의 의지를 가진 사물로 보며, 그 의지에 의거해 국가를 질서적·계통적·통일적으로 지배하고 운행하기를 바란다. 그렇게 해야 일본제국의 세계적 경영도 비로소 의식적으로 실행하는 것이라 할 수 있다. 그런데 만약 각자의 맹목적 행동에만 맡겨두고 국세(國勢)의 움직임에 맡겨두기만 한다면, 앞날의 위태로움 또한 알 만하다. 오늘날 우리 국민은 개인적으로 사고하고 계급적으로 사고하며 업무적으로 사고하고 당파적으로 사고한다. 아직 제국적으로 사고하는 사람은 많지 않다.[47]

소호는 '국가유기체설'에 입각해서 일본 국민 모두가 국가의 의지에 따라 '제국적'으로 사고하고 행동해야 한다고 주장했다. 이른바 제국주의적 해외 팽창도 유기적인 '가족제도'의 맥락에서 실행해야만 견실하고 건전한 국민적 팽창의 목적을 달성할 수 있다는 것이었다.[48]

유기체적 '가족국가'의 중심은 다름 아닌 '황실'이다. 일본이라는 국가의 본위는 황실이기 때문이다.[49] '황실 중심주의'란 말을 만들어 낸 사람이 바로 도쿠토미 소호였다. '가족국가' 일본의 종가(宗家)는 황실이고, 황실이 일본 민족의 근간이므로 황실 아래 모든 국민이 결집해야 한다고 했다. 그것을 '일군만민주의(一君萬民主義)'라고도 했다. 일본 국민은 같은 조상을 가진 민족의 집합체이고, 가족 구성원이 부모를 따르듯이 일본 민족은 황실을 따라야 한다는 것이었다. 그가 '황실 중심주의'라는 말을 최초로 사용한 것은 1893년에 출간한 『요시다 쇼인(吉田松陰)』에서였다. 이후 러일전쟁과 제1차 세계대전을 거치면서 위태로워진 국가적 정체성을 재확립하고 남북으로의 팽창을 독려할 목적으로 1910~1920년대에 황실 중심주의를 강력하게 내세웠던 것이다.[50] 황실을 중심으로 하는 가족국가 일본의 국민은 아시아의 제반 문제를 해결해야 하는 임무를 수행하기 위해 제도적이고 조직적으로 해외로 발전해나가야 하며, 그것이야말로 아시아와 동양 민족에 대한 일본의 도의적 책무라고 주장했던 것이다.

제2부

'대동아공영권'과 동남아시아

3장

일본의 동남아시아 침공과 점령정책

1. 연동하는 북진론과 남진론

1) 남수북진론과 북수남진론

만주사변과 만주국 건설, 중일전쟁의 개전 여부, 남방으로의 침공과 대미 개전을 둘러싸고 일본의 각 세력 사이에 서로 의견이 충돌했지만, 그것은 순서와 속도에 대한 이견이었을 뿐 '북지(北支)와 남양(南洋)으로의 진출'은 이미 1930년대에 일본의 국책으로 설정되어 있었다. 일본 육군 수뇌부와 관동군은 미국에 유의하면서 선결 과제인 남수북진을 추진하고 만몽 지역의 확보를 서둘러야, 미국을 가상 적국으로 하는 남방 문제의 해결 또한 가능하다고 보았다. 이처럼 남수북진론이 남방 문제를 해결하기 위해 북진을 우선해야 한다는 주장이었다면, 북수남진론은 북방 문제를 해결하기 위해서라도 먼저 남방을 공략해야 한다는 주장이었다. 따라서 1930년대에 접어들면서 북진론과 남진론은 밀접한 의존관계를 형성하면서 서로 연동되었다.

육군은 '선북진'을 주장했지만 남진에 대비해야 한다는 인식도 갖고 있었다. 관동군은 참모 이시하라 간지(石原莞爾, 1889~1949)를 중심으로 '만몽영유계획(滿蒙領有計劃)'에 매진하면서 1931년 만주사변을 일으키고 그다음 해 일본의 지도를 받는 만주국을 창출했다. 당시 이시하라는 '만몽문제의 해결은 일본이 이 지방을 영유(領有)함으로써 비로소 완전 달성된다'라고 하는 '만몽영유론'을 주장했다.[1] 관동군은 만주사변 도발 이전에 이미 "만몽 지역은 대소 작전에서 주요한 전장(戰場)이며, 대미 작전에서는 보급의 원천이 되므로, 만몽은 실로 미국, 소련, 중국 3개국에 대한 작전에서 가장 중대한 관계가 갖고 있"다고 보았다. 만몽 지역은 대소전을 위한 전략적 거점의 확보라는 점에서 중요했지만, 미국에 대해 군사적으로 대항하기 위해서도 중요한 거점이었다.[2] 이시하라 역시 "지나문제, 만몽문제는 대중국[對支] 문제가 아니라 대미국[對米] 문제"이기 때문에, 미국이 해군력을 증강하기 전에 중국문제나 만몽문제를 서둘러 해결해야 유리한 위치를 차지할 수 있다고 보았다.[3]

그런데 관동군 주도로 일어난 만주사변과 뒤이은 만주국 성립은 우선적으로 일본 육군이 주적으로 설정하고 있던 소련과의 전쟁에 대비하기 위한 군사적 조치라는 성격이 강했다. 일본 육군 내부에서는 일본이 동아시아의 맹주가 되어야 한다는 공동의 목표에 동의하면서도, 전쟁의 확대 여부를 둘러싸고 속도와 방향에 대해 이견이 있었다. 이시하라 간지가 주도하는 1930년대 중반의 육군 참모본부는 전쟁의 불확대를 기본방침으로 설정했다. 그는 중일전쟁에 대해서는 신중한 생각을 갖고 있었는데, 1935년에 작성한 의견서에서 일본의 대외 팽창에 대한 구상을 다음과 같이 제시했다.

현재 국책의 중점은 만주국의 국가체제를 완성하여 소련의 극동 공세를 단념시키는 것에 있다. 이를 위해 육군은 개전 초기에 극동 소련군에 일격을 가할 수 있는 수준의 병력을 대륙에 배치한다. 해군은 미국을 상대로 서태평양의 제해권 확보가 가능한 수준의 해군력을 보유한다. 정부는 항공기 산업의 발전에 주력하고, 연료 문제 해결 수단을 모색한다. 그사이 북지(北支)와 남양(南洋)에서 경제적·문화적 영향력을 증대하고, 북방의 위협을 제거한다. 그리고 이를 기반으로 중국 남양을 향한 적극적인 국책을 수행한다.[4]

이 글에는 북방에서 소련의 위협에 먼저 대처하는 것이 중요하다는 육군의 선북진·후남진 구상이 잘 드러나 있다. 우선은 소련군에 대응할 수 있는 체제를 갖추는 데 주력하되 확전에 앞서 경제적·문화적 영향력을 증대해야 한다는 점과 더불어, 해군 역시 서태평양 제해권 확보에 필요한 군사력을 유지해야 한다는 점을 분명히 하고 있다. 다만 중국과 남양에 대해 적극적인 정책을 펴기 위해서는 북방의 위협을 제거하는 것이 선행되어야 한다고 보았다.

반면, 해군의 기본방침은 남양 또는 남방으로의 팽창이었다. 북방의 위협에도 대비해야 하지만, 남방에 대해서 미국, 영국, 네덜란드 등의 압박에 대항할 수 있는 해군 군비를 갖추어야 한다는 북수남진을 주장했다. 해군 측에서는 대소전을 위해 육군 군비를 우선 확보해야 한다는 이시하라 등의 주장에 제동을 걸면서, 미국에 대항할 수 있는 조속한 군비 확장을 강조했다. 일본의 국제연맹 탈퇴 이후 남양군도의 전략적 중요성을 강조하기 위해 해군이 '바다의 생명선'이라는 구호를 내세웠다. '내남양'이라고도 불렸던 남양군도는 '외남양'에 해당하는 필리핀, 프랑스령 인도차이나, 타이, 말레이, 보르네오, 술라웨시, 네덜란드령 인도네시아, 뉴기니 등지를 대상으로 하는 경제적·군사적 진출을 위한 거점으로 설정되어 있었다.[5]

해군성은 『바다의 생명선』(1933)이라는 계몽적인 책자를 발행했으며, 해군성이 감수를 한 〈바다의 생명선 우리 남양군도〉라는 영화가 일본 전역에서 상영되었다. 시중에서도 비슷한 제목의 책들이 연이어 출판되었다. 해군은 '만주가 북방 대륙의 정면에 위치하는 국방 제일선이라면 남방 해양의 정면에서는 남양군도가 국방의 제일선이다'라고 주장했다.[6] 조선에도 그런 분위기가 전해졌다. 1933년 10월 31일자 『조선일보』에는 일본이 "남해의 생명선이라고 하여 세계에 향하여 버티고 있는 이 이남양(裏南洋, 내남양: 인용자)의 군도"와 그 섬에 체류하는 조선인의 현황을 소개하는 기사가 실렸다.[7]

1933년 국제연맹 탈퇴 이후 남양군도 문제는 일본 각계에서 뜨거운 관심거리였다. 그러나 1935년 일본의 위임통치가 계속 유지될 것이 확실해지자, 남양군도 문제에 관한 신문 기사, 잡지 논설이 빠르게 감소했다. 이 당시 평균적인 일본인에게 남양군도는 조선이나 타이완 같은 식민지와 크게 다르지 않았다. 태평양의 위임통치령은 남양군도나 내남양이라고 불리는 경우가 많아졌다.[8]

1930년대 중반 이후 남진과 함대 확장을 주장하는 '함대파'가 해군의 주도권을 장악했다. 이것을 계기로 만주와 중국을 대상으로 하는 육군의 북진론에 대응하기 위해 적극적인 남진정책을 모색하기 시작했다. 그 가운데 두뇌 역할을 담당한 것이 1935년 7월에 발족한 대남방연구회(對南方研究會)였다. 함대파 계열 중견 장교들의 주도로, 군령부 차장을 장으로 삼고 군령부와 해군성 소속 막료 20명으로 구성된 이 연구회의 목적은 남방 침투를 위해 구체적인 계획을 마련하는 것이었다. 이후 이 조직은 일본 해군의 정책 형성에 막대한 영향력을 행사했다. 그들의 최종 목표는 네덜란드령 인도네시아를 일본의 세력 범위에 포함하는 것이었다. 만성적인 연료 공급 불안으로 고통받고 있던 해군에게 이 지역의 석유 자원은 절대적인 가치를 갖고 있었기 때문이다.[9]

육해군은 1936년 초에 육군과 해군이 각각 적국으로 상정한 소련과 미국을 모두 주적으로 삼는다는 데 타협했다. 하지만 단일 국가를 상대로 하는 단기 결전 전략이 기본이라고 본 군령부와 여러 국가를 상대로 장기 지구전을 전제로 생각한 참모본부 간에 의견이 대립되었다. 이 논의 결과로 제정된 '1936년 국방방침'은 해군이 주장한 대로 미국과 소련을 모두 주적으로 삼되, 단일 국가를 상대로 한 단기 결전을 전제로 하여 제정되었다. 육군과 해군의 요구를 모두 반영한 이 '국책대강(國策大綱)'은 같은 해 6월에 성안되어 8월 7일 5상회의(五相會議)에서 「국책의 기준(國策の基準)」으로 결정되었다.[10]

한편, 참모본부의 이시하라 간지는 북진과 남진은 연동하는 것으로 보았으며 궁극적으로는 미국과의 군사적 충돌까지 염두에 두고 있었지만, 실력을 바탕으로 준비가 될 때까지는 중일전쟁을 확대해서는 안 된다고 생각했다. 그는 1936년 6월에 「국방국책대강(國防國

策大綱)」을 기안했다. 여기서 '일본은 동아(東亞)에 가해지는 백인의 압박을 배제할 실력을 획득하여 소련과 영국을 아시아에서 몰아내고, 동아의 보호지도자로서 지위를 확립한 다음, 하늘이 내린 사명인 지나(支那) 신건설을 행하며, 그것을 통해 다가올 미국과의 대결승전에 대비해야 한다'는 구상을 제시했다.[11] 국방국책을 둘러싸고 육해군의 의견이 대립하는 가운데, 육군의 독자적인 국방국책을 무색했던 것이다. 우선순위와 군비의 증강 수준을 둘러싸고 군부 내에서 의견이 충돌했지만, 일본의 국가적 이익을 확보하고 강화하기 위해 채택해야 할 정책이나 방향성에 대해 근본적으로는 이견이 없었다.

2)「국책의 기준」과 남진론

남진론은 1930년대 중반 '국책'의 형태로 등장했다. 군부의 입김이 강해진 히로다 고키(広田弘毅, 1876~1948) 내각의 군사정책과 경제정책을 모두 포괄하는 체계적인 남진정책이 1936년 8월 11일 각의에서 통과된 「국책의 기준」으로 본격화된 것이다.[12]

일본 정부는 「국책의 기준」에서 외교와 국방을 통해 동아시아 대륙에서 일본의 지분을 확보하는 동시에 남방 해양으로 진출하는 것이 '근본국책'임을 명시했다. 군사적 자원과 외교적 수단을 함께 사용하되 북방 소련의 위협을 없애기 위해서는 만주와 조선에 주둔하는 병력을 보강하는 등 국방 군비를 충실히 하고, 일만지(日滿支) 삼국의 제휴를 긴밀히 하여 경제발전을 도모하며, 외교적 수단을 통해 영국 및 미국과의 관계를 관리하는 것을 기본방향으로 삼았다.

남양과 남방 특히 일본이 위임통치하고 있던 남양군도 너머에 있는 도서부 동남아시아에 대해서도 일본의 경제적 발전을 도모하기 위해 "다른 나라에 대한 자극을 피하면서 점진적, 평화적 수단에 의해 우리 세력의 진출을 꾀하여 만주국의 완성과 더불어 국력의 충실 강화를 기"해야 한다고 명기했다. 남양·남방에 대한 군사력 정비 방안도 별도로 제시되었다. 육군이 극동에서 소련에 대항하기 위해 군비를 강화해야 했다면, 해군은 미국 해군에 맞서 서태평양의 제해권을 충분히 확보할 수 있도록 병력을 정비해야 한다고 했다. 이를 위해 "국방 및 산업에 필요한 중요 자원 및 원료의 자급자족 방책을 확립하도록 촉진"해야 한다는 내용이 포함되었다. 미국과의 군사적 충돌 가능성에 대비해 해군은 남방에서 군비를 확충해야 하겠지만, 우선은 외교적·경제적 수단을 이용해서 점진적으로 진출하겠다는 방책을 확인할 수 있다.[13]

군사적으로나 경제적으로나 남양 방면의 중요성을 강조하면서도, 이미 이 지역에서 이권을 갖고 있는 서구 열강과 충돌할 수 있다는 우려에 관해서는 신중한 태도를 보였다. 군사적·정치적으로는 북방을 중시하는 상태에서, 경제적으로 중요성이 커진 남방에 대한 경제적 진출의 필요성 또한 확인했다. 일본 정부로서는 당면한 북진정책을 완성하기 위해서라도 남방정책, 다시 말해 대미정책을 수립해야 하는 상황에 처했다. 그래서 서태평양에서 제해권을 확보하기 위한 방책의 일환으로서 자원과 원료 확보를 촉진해야 한다는 내용을 담았다.

「국책의 기준」이 발표되고 대외정책을 둘러싼 논의가 비등하자, 식민지 조선에도 일본에서 벌어지고 있던 북진과 남진 사이의 논쟁이 소개되었다. 1936년 11월 29일자 『조선일보』는 "일본에서는 국제관계가 절박해지는 때마다 늘 이 남진정책과 북진정책이 재검토"되었는데, 그것이 다시 논의되고 있다면서 '북수남진론'과 그에 대한 반론을 소개하는 글을 실었다. 요약하면 다음과 같다.

1880년대 후반 "일본 조야(朝野) 간에는 일본의 발전을 위하여 북으로 가느냐 남으로 가느냐 하는 이 중대 기점에 서서 북진? 남진? 하고 논쟁하다가 결국 일청·일로 양역(兩役)으로써 소위 북진대륙정책을 굳게 세워가지고 오늘날과 같이 만주국과 북중(北中)에 특수관계를 맺었다". 그런데 북진정책에 성공했지만 방향을 남으로 바꾸어 남진책을 취하자는 논자가 나타났다. 만주와 북중국은 상품시장으로서는 가치가 있지만 원료 생산지로서는 풍부하지 못하다는 것이 그 이유였다. 또한 북진정책을 강화하는 한 중국과의 관계는 악화할 것이고 미국, 영국, 소련과의 관계도 악화할 우려가 있다. 따라서 "차라리 방향을 전환하여 북수남진책을 취하는 것이 온당"하다. 남쪽은 면적으로는 만주 및 북중국에 필적하고 인구는 적으며, 석유, 양모, 철, 고무, 석탄 등 천연자원이 풍부하다. 따라서 "대륙정책은 그늘로 가는 것이고, 남진정책은 햇볕 나는 데로 가는 것과 같다". 이런 주장에 대한 반대 의견 또한 제시되었다. "소위 남진이라는 것은 제국주의적 발전 즉 영토적 야심을 의미하는 것이라고 하면 그것은 천만부당"하다. 남진은 영국, 미국, 프랑스와 충돌을 야기할 우려가 있고 나아가 "남양제도의 공일병(恐日病)을 증진시켜 예기치 못한 결과를 낳을지도 모른다". 또한 "북수(北守)라는 것은 소극적 방위를 의미하는 것일 터이나, 방위에 소극적이라는 것은 없다. 언제든지 적극적이라야 한다". 그러므로 "남진을 구태여 반내하는 것은 아니지만" "북수남진책에는 찬동하기 어렵다"라는 내용이었다.

이 칼럼을 작성한 이갑섭은 "일본에 이런 논쟁이 있다는 것을 소개한 것으로서, 그 어느 설이 현재 지도적 지위를 가졌느냐는 것은 우리가 보아 아는 바와 같다"고 끝을 맺었다. 우선순위에서 남진론이 앞자리를 차지하지는 못했지만 본격적으로 목소리를 내기 시작한 당시 상황을 반영하고 있는 것이다.[14]

남진에 대한 고려가 공식적으로 논의되기 시작했지만, 온건하고 외교적인 절차를 따라야 한다는 사실이 거듭 강조되었다. 1937년 4월 13일자 『조선일보』는 네덜란드령 인도네시아와 말레이반도를 시찰하고 돌아온 일본의 신임 네덜란드 공사가 네덜란드 부임을 앞두고 한 발언을 전했다. 즉, 기사에서는 현지에서 갈등과 충돌을 불러일으킬 수 있는 남진론과는 거리를 두면서, "일본의 남진책은 평화적 의도하에 실시할 것"이라는 공사의 말을 특별히 부각했다.[15]

한편, 만주사변을 주도했던 참모본부의 이시하라 간지는 당분간 국제정세를 보아가면서 만주국 완성과 국방체제의 개선에 주력해야 한다면서 확전에 반대했다. 그는 대규모 병력을 장기간 파견해서 싸우지 않는 한 중국을 항복시킬 수 없을 것이라고 보고 전쟁을 확대해서는 안 된다고 주장했다. 반면, 육군 수뇌부는 중일전쟁의 승리를 낙관하면서 적은 병력으로 단기전을 통해 간단하게 중국을 굴복시킬 수 있을 것으로 판단했다.[16] 육군 수뇌부와 관동군은 대중국 작전을 어렵게 여기지 않았기 때문에, 관동군 중심의 주전파는 대중국 전쟁을 감행했다. 하지만 예상과 달리 완강한 저항에 부딪히면서 중일전쟁은 전면전으로 확대되고 장기화되었다.

중일전쟁 발발과 이어진 확전으로 인해 소련에 대항해 육군 군비를 먼저 강화하자는 이시하라의 국방 구상은 실현되지 못했다. 이시하라의 구상은 일본이 아시아에서 패권을 차지하는 데 최대이자 최후의 적을 미국으로 보고, 미국에 대항할 수 있는 국력을 키우기 위해 필요한 단계적 시책을 담은 것으로, 피할 수 없는 결전을 준비하기 위한 장기적 외교·군사 전략이었다. 일본이 동아시아의 지도자가 되어야 한다는 국책에 대해서는 모두 동의했다. 하지만 소련, 영국, 미국의 압박을 배제하고 아시아의 패권을 장악하는 과정에 대해서는 의견이 일치되지 않았던 것이다.

북진을 밀어붙인 관동군 내부에서도 소련이나 중국 외에 미국이나 영국 등 구미 제국과의 전쟁을 대비해야 하며, 그것을 위해 "화란(和蘭, 네덜란드: 인용자) 및 남양제도에 대한 시책의 연구"가 필요하다는 목소리가 있었다.[17] 그렇지만 북방의 현안이 쉽사리 해결되지 않은 채 확전이 거듭되면서 남방에 대한 시책을 논의하고 준비할 여력이 없었다. 군부 내부에서는 중일전쟁의 조기 해결을 남진의 전제조건으로 보는 견해도 있었지만, 오히려 남진을 중일전쟁의 해결 수단으로 보는 견해 역시 중첩되어 있었다. 정부 내에서도 중일전쟁과 남진의 관계에 대한 상반된 의견이 엇갈리고 뒤섞였다.[18]

육군은 유럽에서 독일과 이탈리아가 영국을 제압하는 기회를 이용해서 싱가포르를 점령한다면, 미국은 영국을 지원하지 않을 것이며 태평양에서도 참전하지 않을 것으로 예상했다. 그러나 그들의 계산과 달리 미국이 일본에 대해 반격할 가능성은 언제나 남아 있었다. 일본이 동남아시아 지역으로 남진하는 것은 이 지역에 구축되어 있는 미국과 영국의 식민질서를 파괴하는 행위였기 때문이다. 반격에 대비하기 위해서는 중일전쟁을 조기에 해결해야 했다. 한편, 해군에도 남진 즉 동남아시아에 대한 침공을 중일전쟁을 해결하기 위한 수단으로 보는 인식이 있었다. 하지만 해군은 무력을 통한 남방 문제 해결에 대해 신중한 입장이었다. 남방을 무력으로 점령할 수 있다고 하더라도 해상 교통로와 수송 능력을 확보하지 않는 한 강제점령 구상을 실현할 수 없다는 지적이 해군 내에서도 나왔다.

하지만 중일전쟁을 해결하기 위해서라도 남방의 군사적 안정과 자원 확보가 점점 더 중요해지고 있었다. 다른 한편으로, 태평양 상황이 악화하면서 주적인 미국을 겨냥하는 북수남진론이 빠르게 부상했다. 일본은 미국의 무역 제재와 점점 커지는 잠재적 위협 앞에서 미국과의 물리적 충돌이 불가피하다고 여기게 되었던 것이다. 결국 중일전쟁의 전면화와 장기화는 일본군으로 하여금 사태를 일단락 짓기 위해서라도 남진을 서두르게 만든 요인이 되었다. 그로 인해 일본은 북쪽과 남쪽 모두에서 패배하게 되면서 퇴출되는 운명으로 치달았다.

3) '동아 신질서'에서 '대동아공영권'으로

1938년 11월 3일 고노에 후미마로(近衛文磨, 1891~1945) 총리대신은 장기화되고 있는 중일전쟁을 수습하기 위해 「동아 신질서 건설 성명」을 발표했다. 일본은 "동아에서 영원한 안정을 확보할 수 있는 신질서의 건설"을 바라고 있으며 중일전쟁의 목적도 여기에 있다는 것, 그런 "신질서 건설은 일만지(日滿支) 삼국이 서로 제휴해 정치, 경제, 문화 등 제반 영역에 걸쳐 서로 돕는 연계관계를 수립하고 그것을 근간으로 동아에서 국제정의의 확립, 공동방공(共同防共)의 달성, 신문화의 창조, 경제 결합의 실현을 기하는 것"이니, 중국도 일본이

추구하는 '동아 신질서 건설의 임무'에 동참하라고 요구했다.[19]

1938년 11월 30일 어전회의(御前會議)에서는 「일지신관계조정방침(日支新關係調整方針)」을 결정했다. 즉, "일만지 3국은 동아에서 신질서 건설의 이상 아래 상호 선린으로 결합하고 동양평화의 구축을 공동의 목표로" 하며, 그것을 위해 "호혜를 기초로 하는 일만지 일반 제휴 가운데 선린우호, 방공(防共) 공동방위, 경제제휴 원칙"(고노에 3원칙)을 설정하겠다고 천명했다. 별도로 제시된 「일지신관계조정요항(日支新關係調整要項)」의 주된 내용은 "일지(日支)가 협동하여 방공을 실행"하기 위해 "일본은 소요 군대를 북지(北支) 및 몽강(蒙疆)의 요지에 주둔"시킨다는 것이었다.[20] 동아 신질서 건설을 강조하면서, 일본, 만주, 중국 등 3국이 공산주의에 공동으로 대응하기 위해 북중국과 몽골(몽고)의 요지에 일본군을 주둔시키겠다는 내용이었다. 고노에 내각은 중일전쟁의 조속한 수습을 기대하면서 '동아 신질서 건설'을 내세웠다. 일본과 만주, 중국이 참여하는 공동질서를 형성하겠다는 것으로, 공산주의에 대한 공동대응을 특별히 강조했다. 당시에도 북방과 남양·남방을 포괄하는 이데올로기는 명시적으로 제시되지 않았다.

이런 기획에는 중국과의 협력을 강조하는 일본 내의 동아연맹론 또는 동아협동체론 같은 이념이 영향을 끼쳤다. 그것은 아시아 여러 민족의 연대와 협력을 강조하는 일종의 정치적 이상주의였다. 관념적으로는 남방의 여러 민족까지도 포괄하고 있었지만 그것이 아직 표면적으로 제시되지는 않았다. 하지만 관념적으로나마 남양·남방까지 아우를 수 있는 '동아 신질서'라는 광역 이념이 등장했던 것이다. 그것은 이념의 자연스러운 내적 전개에 따른 것이 아니라, 증대하고 있던 군사적 · 정치적 요구에 대응하고자 하는 실용적이고 현실적인 압박이 강하게 작용한 결과였다.[21]

중국에서 전쟁이 답보 상태를 보이고 있는 가운데, '일만지(日滿支)'로 이루어진 블록경제만으로는 현실적으로 일본의 자급자립이 불가능했다. 그럴수록 '동아 신질서' 같은 이념의 필요성, 일본과 만주, 중국과 몽골을 아우르되 그것을 넘어서서 남양 · 남방까지를 대상으로 하는 이데올로기의 필요성이 절실해졌다. 그에 따라 동남아시아를 이미 장악하고 있는 구미 제국으로부터의 해방 문제가 공공연하게 거론되었다. 중일전쟁이 확대되는 이상 현실적으로도 미국과 영국 등 구미 열강과의 충돌이 불가피해지고 있었다. 결국 1940년대에 접어들자 해군은 물론이고 육군까지 포함한 군부가 일제히 남진의 필요성을 적극적으로 제창하게 되었다.[22]

중국과의 전면전이 장기화되면서 육군 수뇌부는 중국에서 병력 철수까지 고려해야 하는 상황으로 몰렸다. 하지만 제2차 세계대전을 시작한 독일이 1940년 5월 유럽에서 연승하자 그 정세를 이용해서 중일전쟁을 승리로 이끌고 나아가 독일에 의해 점령당한 네덜란드와 프랑스 등이 지배하는 동남아시아로도 남진할 수 있겠다는 구상이 가시화되었다.[23] 그에 따라 '남방권익(南方權益)'을 일본의 '생명선(生命線)'이라고 중시하면서 그것을 실현하기 위한 조치들을 모색했다.[24]

남방으로의 진출을 모색하는 가운데 1940년 7월 22일 제2차 고노에 내각이 출범했다. 곧이어 7월 26일 각의에서 「기본국책요강」이 결정되었다. 여기서 일본 · 만주 · 중국을 중심으로 하되 남양 · 남방까지 포함하여 자급적 블록경제를 확립한다는 '대동아 신경제질서',

'대동아공영권' 건설을 근본방침으로 설정했다. 그에 따라 참모본부는 중일전쟁을 서둘러 해결하고 이어서 남방 문제를 해결한다는 방침을 「시국처리요강」에 담았다. 독일 및 이탈리아와 결속을 강화하고 소련과는 협상을 통해 타협책을 모색하되, 전시 군비를 강화하여 전쟁 태세를 정비한다는 것이 기본구상이었다.

참모본부는 영국·프랑스·네덜란드의 식민지인 남방 지역을 점령하여 현지의 풍족한 군수자원을 확보하고자 남진책을 적극적으로 구상했다. 그것은 미국과 영국에 대한 경제적 의존에서 벗어나 자급자족 경제를 확립하고, 군비 강화를 통해 소련과 미국에 대항하기 위한 방안이었다. 해당 지역을 점령하여 서구 열강이 중국 장제스(蔣介石, 1887~1975)를 지원하기 위해 이용하는 '원장 루트(援蔣 route)'를 차단하는 것은 중일전쟁을 빠른 시일 내에 해결하기 위해서도 필요했다.[25]

주요 군수자원을 미국과 영국에 의존하고 있는 일본으로서는 자원이 풍부한 동남아시아 지역을 지배하고 있는 영국과 네덜란드를 추방하는 것이 미국과 결전을 치르기 전에 이루어야 할 과업이었다. 서구 세력을 몰아낸 다음 일본의 지도 아래 동아시아 각 국가 및 각 민족을 결집하기 위해서는 아시아 해방의 후원자로서 일본을 부각해야 했다. 그것을 위해 내건 이념이 '대동아공영권'이었다.

일본이 '아시아 해방'을 강조하면서도 인도차이나를 지배하고 있던 프랑스에 대해서는 별다른 언급이 없었다는 것이 흥미롭다. 일본과 프랑스는 1920년대 이래 우호적인 외교관계를 지속하고 있었고, 1940년 6월 독일이 파리를 점령한 이후 들어선 비시(Vichy) 정권은 일본에 대해 협조적이었다. 동남아시아에서는 프랑스 역시 영국이나 네덜란드와 다를 바 없는 침략적 서구 제국이었지만, 일본이 추방해야 할 서구 세력으로 거론되지는 않았던 것이다. 이것을 통해서도 일본이 내걸었던 '아시아 해방'이라는 명분이 국익을 위해 편의적으로 동원된 구호에 불과했다는 것을 확인할 수 있다.

고노에 내각의 '대동아공영권' 구상은 남방의 자원 지대를 일본의 경제적·군사적 권역으로 포함하려는 데 목적이 있었다. 그러나 해당 지역을 군사적으로 공략하더라도 적절한 해상 수송 능력과 수송 루트의 안전성 확보 없이는 목적을 이룰 수 없다는 것이 결정적 한계였다. 실제로 일본군은 1942년 싱가포르를 함락한 이후 남방 도서를 점령하고 군사기지를 구축했지만 미군의 공격으로 병참과 보급을 확보할 수 없어 파국에 이르렀다.

일본의 '대동아공영권' 건설 선언과 더불어 황국 일본을 맹주로 하여 '아시아인의 아시아'를 건설하자는 이른바 '팔굉일우(八紘一宇, 천하가 한집안이라는 뜻)'의 선전이 본격화되었다. 이 구도에는 북방의 중국 대륙을 중심으로 한 팽창정책의 체계와 그것의 하위 체계로서 남양·남방이 명확하게 위치하고 있다. 이제 남양·남방을 대륙과 분리해 독자의 해양 지역으로 파악하는 인식은 소멸되었다. 이 시점에서 '대동아권'의 범위는 남양·남방 전체, 즉 메이지 시기 남진론에서 주요 대상으로 삼았던 내남양만이 아니라 제2대 타이완총독이었던 가쓰라 다로가 구상한 중국 대륙의 남쪽 연안과 그 외연에 해당하는 외남양, 나아가 대륙부 동남아시아까지 포괄하게 되었다.

2. 동남아시아 침공과 '남방 작전'

1) 일본군의 프랑스령 인도차이나 진주

중일전쟁이 난항에 빠진 가운데 미국, 영국, 프랑스는 버마와 인도차이나에서 중국 국민당 정부가 있는 충칭(重慶)으로 이어지는 원조를 통해 일본과 싸우는 장제스를 원조했다. 일본으로서는 중일전쟁을 종결지으려면 이 '장제스 지원 루트'인 원장 루트를 봉쇄해야했다. 그렇게 하려면 연합군과의 무력 충돌을 피하기 어려웠다. 더욱이 1939년 7월 26일 미국이 미일통상항해조약(美日通商航海條約)의 파기를 선언(1940년 1월 26일 실효)하면서, 일본은 무력 충돌을 향해 한 걸음 더 나아가게 되었다. 중일전쟁을 매듭짓고 동남아시아의 자원을 이용하기 위해서는 연합군을 상대로 전쟁을 도발해 군사적으로 점령해야 하는 상황으로 몰리고 있었다. 일본은 동남아시아를 점차 경제적·정치적·군사적 요충지로 바라보게 되었다.

1939년 11월 일본군은 장제스 군대를 포위하기 위해 중국 남단의 하이난섬에 상륙했다. 영국과 프랑스에 대해서는 원장 루트의 봉쇄를 요구했다. 일본 국내에서도 전쟁 동원을 강화하면서 반미·반소 감정을 자극하고, 대동아공영이라는 장밋빛 이념을 유포하면서 동남아시아에 대한 침략을 정당화했다. 독일·이탈리아와의 제휴도 연합군과의 무력 충돌을 감행하도록 밀어붙인 요인이었다. 유럽에서는 나치 독일이 1940년 5월에서 6월에 걸쳐 네덜란드와 프랑스를 점령했으며 그로 인해 동남아시아 각국과 식민지 종주국의 관계가 느슨해지면서 일본이 개입하기에 유리한 상황이 조성되었다.

참모본부는 자원이 풍부한 동남아시아 지역을 점령하여 자족적인 블록경제권을 구축할 목적으로 남진정책을 구상했다. 그런데 중일전쟁의 수습과 동남아시아로의 남진은 서로를 선결 과제로 삼고 있었다. 그런 점에서 일본 군부의 남진계획에는 근본적인 모순이 내재해 있었던 것이다.

일본은 프랑스가 나치 독일에 항복한 뒤에 성립된 비시 정권을 승인했다. 비시 정권이 임명한 프랑스령 인도차이나의 식민당국은 충칭으로 물자가 반입되는 경로인 베트남과 중국 사이의 국경 폐쇄 및 감시를 위해 군사사절단이 입국할 수 있도록 허용해달라는 일본의 요구를 수용했다. 1940년 8월에 이미 비시 정부는 프랑스령 인도차이나에 일본군이 주둔하는 것을 승인했던 것이다.[26] 장제스에 대한 물자 원조를 저지하기 위해 베트남 북부 하노이로 파견된 육군의 군사감시단 위원장 니시하라 잇사쿠(西原一策, 1893~1945) 소장과 프랑스 측의 교섭은 순조롭게 진행되었다. 그런데 이런 와중에 현지 지도를 이유로 도쿄에서 하노이로 간 참모본부 작전부장 도미나가 교지(富永恭次, 1892~1960)가 본국의 허락 없이 독단적으로 참모총장의 지시를 꾸며 남지나방면군(南支那方面軍) 제5사단을 움직였다. 일본군은 북부 베트남으로 무력 진주를 감행했고, 현지에서 무력 충돌이 발생했다.[27]

일본은 기본적으로 동남아시아를 대상으로 성급하게 무력을 동원하기보다는 우호적 관계를 유지하면서 자원 확보에 힘을 기울였다. 해군 역시 남방 문제의 평화적 해결을 강조하면서 대미 군비 증강에 힘을 기울이고 있었다. 그런데 육군이 삼국동맹 조인을 며칠 앞둔 1940년 9월 23일 본국 정부의 허가도 없이 프랑스령이었던 북부 베트남으로 무력 진주했던 것이다. 미국과 영국이 장제스 정부에게 제공하는 원조를 차단해 중일전쟁을 해결하겠다는 것을 명분으로 삼았다. 결국 일본은 프랑스령 인도차이나 정부와 협정을 맺고 일본군을 주둔시켰다. 이렇게 해서 일본은 동남아시아에 대해 군사적 남진정책을 효과적으로 추진할 수 있는 토대를 마련했다.

1941년 1월 30일, 대본영정부연락회의(大本營政府連絡會議)는 프랑스령 인도차이나와 타이에 대한 방침을 결정했다.[28] "불가피하다면 프랑스령 인도차이나에 대해 무력을 행사한다"는 방침을 세웠으면서도, "영국과 미국을 대상으로 한 남방 문제를 격화시켜 소용없는 마찰이 생기지 않도록 유의할" 것을 명기했다.[29] 이제 '남방 문제'가 대미 · 대영 문제와 연결된다는 것이 명백해졌다.

일본군이 남방으로 진출하기 위해서는 북방의 안전 확보가 필수적으로 전제되어야 했다. 일본은 독일, 이탈리아와 삼국동맹을 체결하고, 외교협상을 통해 소련과도 4국 동맹을 구축할 계획을 세웠다. 1941년 4월 13일에 체결한 일소중립조약은 그 성과였다. 일본이 남진하여 미국이나 영국과 충돌하게 될 경우 배후에서 소련이 위협하지 않도록 만들기 위한 조치였다. 이렇게 일본은 북쪽으로부터의 위협을 제어하면서 남쪽에서 연합국과의 무력 충돌을 감행하는 방향으로 나아갔다.[30]

1941년 4월 17일에 대본영육해군부는 「대남방시책요강(對南方施策要綱)」을 개정했다. "대동아공영권 건설의 도상에서 제국이 당면한 대남방 시책의 목적은 제국의 자존자위(自存自衛)를 위해 속히 종합국방력을 확충하는 데 있"으므로, 이를 위해 "프랑스령 인도네시아 및 타이와 군사, 정치, 경제에 걸쳐 긴밀한 경제관계를 확립"하고 "네덜란드령 인도네시아와 긴밀한 경제관계를 확립"하며, "기타 남방의 모든 국가와 정상의 통상관계를 유지하기 위해 힘쓰"겠지만, "타개할 방책이 없으면 제국은 자존자위를 위해 무력을 행사한다"라고 하여 무력행사로 기울어진 방침을 재확인했다.[31] 남부 베트남과 타이, 인도네시아로의 진출에 대해서도 관심이 커졌다.

그렇지만 일본의 남진정책은 아직 구체화되어 있지 않았다. 미국과의 교섭도 역시 추이를 예단하기 어려웠고, 미국의 군사 개입에 대해서도 뚜렷한 대비책이 없었다. 일본의 정책은 독일이 주도하는 유럽의 전황에 종속되어 있었다. 독일과 소련이 전쟁을 벌이게 될 경우를 생각해 소련과의 전쟁 등 북방 문제에 대비해야 했고, 그것을 기회로 삼아 프랑스와 네덜란드가 동남아시아에서 갖고 있는 자원을 확보하는 방안도 고려해야 했다. 북방정책과 남진계획, 강온책을 둘러싸고 일본 군부 내의 고민도 깊어졌다.

1941년 6월 22일 독일이 소련을 공격했다. 일본은 즉각 남부 프랑스령 인도차이나(지금의 베트남 남부) 진주를 검토했고, 해군성도 진주를 강력히 주장했다. 결국 6월 25일 대본영정부연락회의 간담회에서 「남방시책촉진에 관한 건(南方施策促進に關する件)」을 정하고 남부 프랑스령 인도차이나로의 진주를 결정했다.[32] 중일전쟁에 매진하면서 남방으로 진출한다는 방침에 따라 7월 남부 프랑스령 인도차이나로 진주하라는 명령이 하달되었다. 수송선을 타고 하이퐁 항구에 도착한 일본군은 하이퐁 앞바다에서 2~3일 동안 정박하면서 기다렸다. 파리에서는 독일군에 협력하는 비시 정권에 대해 가토 소토마쓰(加藤外松, 1890~1942) 대사가 교섭을 진행했다. 7월 21일 비시 정권의 프랑수아 다를랑(François Darlan, 1881~1942) 부총리는 최종

적으로 일본 정부의 요청에 굴복할 수밖에 없다고 말하고, 일본이 요구하는 프랑스령 인도차이나 진주를 인정하며 군사적 반격을 가하지 않을 것을 약속했다. 하노이에서는 일본의 프랑스령 인도차이나 군사감시단 위원장 스미타 라이시로(澄田睞四郎, 1890~1979)와 프랑스령 인도차이나 총독이 군대 진주에 따른 세부 사항에 합의하고, 일본군의 평화적 진주를 결정했다. 7월 23일 현지 육해군 부대에 진주 명령이 하달되었고 일본군은 수송선을 이용해 사이공(지금의 호찌민) 등지로 상륙했다. 7월 28일부터 31일까지 근위 사단과 독립혼성 제21여단으로 편성된 제25군이 상륙하여 프랑스군이 사용하던 막사에 주둔했다.[33] 이렇게 일본군은 '자존과 자위를 위한 정당방위'라고 주장하면서 남부 프랑스령 인도차이나로 진군했다. 나치 독일에 협력적이었던 비시 정권의 관할 아래 있던 인도차이나 주둔 프랑스군과 무력 충돌은 없었다. 일본은 8월에 추가로 군대 진주와 비행장 이용을 요구했다. 프랑스령 인도차이나의 식민당국은 9월 22일 일본군의 주둔과 비행장 사용에 관한 협약을 체결했으며, 일본군 2만 5,000명의 주둔과 비행장 3곳의 사용을 허용했다.

이 시점에도 일본의 목표는 미국의 참전을 저지하는 것이었다. 물론 그것을 위해서는 유럽에서 독일과 이탈리아가 영국을 점령해야 했고, 배후에 있는 소련의 위협을 제어해야 했다. 문제는 이 모든 것이 일본이 자력으로 해결할 수 있는 과제가 아니라 독일을 주축으로 하는 유럽의 전황에 의해 좌우되는 사안이라는 점이었다. 일본의 구상은 독소 개전을 이용하되 미국의 참전을 봉쇄하고 소련을 다독이면서 남진을 감행해 '대동아공영권'을 만드는 것이었다.

프랑스의 비시 정부와 그 산하의 현지 식민정부는 일본군의 남부 프랑스령 인도차이나 진주를 묵인했다. 일본군의 진주는 군사적 충돌 없이 이루어졌다는 면에서 성공적이라고 볼 수도 있었다. 그런데 영국과 네덜란드, 무엇보다 미국의 반발은 일본의 예상을 넘어선 것이었다. 미국이 보복에 나서지 않을 것이라는 일본의 예상과는 달리 미국은 즉각 자국 내 일본 자산을 동결하고 석유 수출을 금지하는 등 강경한 경제봉쇄로 대응했다. 중국과의 장기전에다 동남쪽에서는 미국 및 영국과 대치, 북쪽으로는 소련에 포위되면서 일본은 사방에서 동시에 군사적 충돌을 감당해야 하는 상황에 처했다. 이와 같은 전개는 일본의 남진이 얼마나 안이한 결정이었는지 확인시켜준다. 이런 상황에서 1941년 10월 16일에 고노에 후미마로 내각이 퇴진하고 이틀 뒤에 도조 히데키(東條英機, 1884~1948) 내각이 성립했다. 일본으로서는 미국의 경제봉쇄에 굴복하여 동남아시아에서 철수할지, 무력으로 점령지를 확대하면서 경제봉쇄를 돌파할지 결정해야 했다.[34] 그것은 일본 국국주의가 강행했던 선택들이 도달한 막다른 골목이었다.

2) 네덜란드령 인도네시아와 일본

1930년대에 접어들어 영국과 네덜란드의 식민지였던 남아시아와 동남아시아 각지에 일본 상품의 수출이 급증했다. 그 때문에 일본과 영국, 네덜란드 사이에 통상 마찰이 발생했다. 전통적으로 이 지역은 식민지 본국인 영국과 네덜란드의 주요 수출 시장이었기 때문이다. 세계공황의 영향으로 네덜란드령 인도네시아에서는 보호주의가 강화되었고, 일본의 과도한 수출 증대에 대한 우려가 커졌다. 이

문제를 해결하기 위해 1934년 일본과 네덜란드령 인도네시아 정부 사이에 통상교섭이 진행되었다.[35] 인도네시아 측은 수출 제한을 요구하며 일본 정부가 희망하는 수출과 투자 확대, 해운협정 체결, 일본인 입국 제한 해제 등을 거절했다. 결국 회의는 결렬되었지만 그 뒤에도 일본과 네덜란드는 그런대로 우호적인 관계를 유지했다. 일본과 인도네시아의 통상 역시 큰 문제없이 지속되었다

1936년 6월에는 일본과 네덜란드 해운회사 사이에 화물 적하에 관한 합의가 성사되었다. 자원 확보를 추구하면서도 열강을 자극하지 않도록 점진적이고 평화적으로 접근한다는 기조에 따라 일본 정부는 1936년 7월에 「남양척식주식회사령(南洋拓植株式會社令)」을 공포, 시행했다. 본점은 남양군도에 두고 남양군도를 비롯해 외남양까지 포함하는 남양에 대해 척식사업을 추진하는 국책회사를 설치하기 위한 조치였다.[36] 그에 따라 1936년 11월에 설립된 남양척식주식회사는 제당업에 편중된 남양군도 경제를 정비하는 한편, 외남양 방면으로 본격적인 진출을 모색했다. 남양과의 교역을 위해 이미 남양해운주식회사(1935. 7. 6.)가 설립되어 있었으며, 통상이 확대됨에 따라 남양알루미광업회사(1937. 6. 7.), 남양기선주식회사(1938. 11. 29.) 등이 순차적으로 설립되었다. 1930년대 중·후반에 일본이 동남아시아에서 가장 중시했던 교역 대상지는 난인(蘭印) 즉 네덜란드령 인도네시아였다.[37]

1937년 4월 9일에는 바타비아(지금의 자카르타)의 일본 총영사 이시자와 유타카(石沢豊, 1896~1965)와 네덜란드령 인도네시아 정부의 하르트(Hart) 상관이 양측의 무역 증진을 위해 이시자와-하르트협정(Ishizawa-Hart Agreement)에 조인했다.[38] 일본은 네덜란드 무역회

사의 동아시아 통상망을 배려하는 등 동남아시아 외교에서 협조적인 자세를 취했다. 그 이유는 일본이 동아시아에서 헤게모니를 유지하기 위해서는 유럽 열강의 추인을 얻는 것이 여전히 중요했기 때문이다. 적어도 1930년대 후반까지 일본에게 동남아시아에 대한 외교는 동아시아 지배에 비해서는 부차적인 위치에 있었다.[39]

중국에서의 전쟁이 쉽사리 해결되지 않는 가운데 1939년 가을에 유럽에서 제2차 세계대전이 발발했다. 그해 12월 28일 외무대신, 육군대신, 해군대신 등 3대신이 결정한 「대외시책방침요강(對外施策方針要綱)」에서는 '대외시책의 중점'으로 "네덜란드에 대해서는 네덜란드령 인도네시아에 관한 해당 국가의 불안을 고려하면서 우리 측이 진출할 수 있도록 유도하고, 특히 이 방면에서 우리의 소요 물자 획득에 편의를 얻기 위한 시책을 취"하도록 했다. 무력 충돌은 피하되 경제 자원을 확보하는 데 초점을 두었던 것이다.[40]

이듬해인 1940년 5월 10일 나치 독일이 네덜란드 본국을 침공했다. 네덜란드령 인도네시아의 상황도 어떻게 변할지 모른다는 우려가 커지던 참이었다. 일본 정부는 같은 해 4월 15일과 5월 11일 두 차례에 걸쳐 아리타 하치로(有田八郎, 1884~1965) 외무대신 명의로 '일본은 네덜란드령 인도네시아의 상황 변화를 우려한다'는 내용의 성명을 발표했다. 영국과 미국이 네덜란드를 적극적으로 지원하는 것을 막는 동시에, 독일이 인도네시아를 지배하는 것 또한 경계하려는 목적이었다. 다른 한편으로 일본 해군 일부에서 제기되고 있던 적극적 남진론 즉 '인도네시아를 점령하자'는 주장을 견제하려는 의도도 포함되어 있었다.[41]

시국이 급변하자 네덜란드령 인도네시아의 석유에 대한 일본의 관심이 커졌다. 세계 경제가 블록화되는 가운데 남방의 석유를 입수하지 못할 경우 일본은 경제적·군사적으로 심각한 위기에 빠질 우려가 있었기 때문이다. 일본은 쌀과 고무, 석유를 확보하기 위한 남방 진출은 자존과 자위를 위해 불가피하며, 남방 자원의 확보는 일본에게는 사활이 걸린 문제라고 인식했다. 일본으로서는 석유, 고무, 주석 같은 군수물자를 확보하는 것이 절대적 과제였다. 일본 정부는 1940년 5월 20일에 네덜란드령 인도네시아에 대해 중요 물자 13품목의 대일 수출 확대를 요청하여 동의를 얻어냈다.[42]

3) 남방 작전

유럽에서 독일의 진격이 계속되는 가운데 1940년 7월 27일 대본영정부연락회의(어전회의)에서 「세계정세의 추이에 따른 시국처리요강(世界情勢ノ推移ニ伴フ時局處理要綱)」을 결정했다.

프랑스령 인도차이나에 대해서는 장제스 지원 루트 차단과 그것을 위한 협조를 요구하고 일본이 필요한 자원을 획득하며, 네덜란드령 인도네시아에 대해서는 외교적 수단을 사용하여 중요 자원을 확보하기 위해 노력하기로 했다. 남양군도 중에 독일령 및 프랑스령 섬도 외교적 방법에 의해 일본이 영유한다는 방침을 정했다. 특히 주목되는 것은 "남방에서 기타 모든 국가에 대해서는 우호적 조치를 통해 우리 공작에 동조하도록 하"되 "지나사변(중일전쟁: 인용자) 처리가 이미 종료될 경우에는 대남방 문제 해결을 위해 "정세가 허락하는 한 호기를 포착하여 무력을 행사한다"고 하여 남방에 대해 무력을 행사하기 위한 준거를 명기했다. "지나사변 처리가 아직 끝나지 않은 경우"에도 "제3국과 개전에 이르지 않는 한도에서" 유리한 상황이라면 역시 "무력을 행사"할 가능성을 열어놓았다.[43]

이 결정 이전에 이미 군부는 신속한 자원 확보를 위해 필요할 경우 동남아시아에서 무력을 행사할 수 있다는 방침을 거듭 확인한 상태였다.[44] 그런데 7월 27일 어전회의 결정은 동남아시아에서 무력 전쟁의 개시를 의미하는 '남방 작전'을 일본 정부 차원에서 공식화했다는 것을 의미한다.

외교적 수단을 이용해 네덜란드령 인도네시아에서 중요 자원을 확보한다는 방침에 따라 제2차 고노에 내각은 바타비아에서 네덜란드령 인도네시아 정부와 제2차 통상교섭을 시작했다. 석유 등 군수 물자를 안정적으로 공급받기 위해서였다.[45] 일본군이 북부 베트남으로 무력 침공을 감행한 때는 바로 제2차 통상교섭을 시작 직후인 1940년 9월이었다. 유럽에서는 네덜란드가 본토를 나치 독일에게 점령당하고 영국 런던에 망명 정부를 설치한 상태였다.

일본 정부는 네덜란드령 인도네시아에 대해서 무력행사 없는 국익 추구를 도모했다. 1940년 10월 25일 일본 각의는 다음과 같이 「네덜란드령 인도네시아 경제발전을 위한 시책(對蘭印經濟發展の爲の施策)」을 발표했다.

세계 신질서의 진전에 따라 경제권(經濟圈) 발생의 필연성 및 일본·독일·이탈리아 삼국조약에 기반하여 네덜란드령 인도네시아에서 황국의 지위를 확인하며 공존공영의 대국적 입장을 기초로 하여 속히 네덜란드령 인도네시아[蘭印]와 경제적으로 긴밀한 관계를 도모한다. 그것을 통해 풍부한 자원을 개발 이용하고, 황국을 중심으로 하는 대동아경제권의 일환으로서 내실을 거둘 것을 기약하며, (…) 네덜란드령 인도네시아 경제가 구미 경제블록에 의존해 있는 상태를 청산하고 대동아경제권의 일원이라는 입장을 취하게 할 것, (…) 황국이 필요로 하는 중요 물자를 가급적 대동아권 내에서 확보하여 영미로부터 자원 독립을 도모하기 위해 네덜란드령 인도네시아에 대해 공동개발을 제의할 것.[46]

네덜란드령 인도네시아와 구미 경제 사이의 경제적 의존관계를 청산하게 만들고, 일본이 주도하는 대동아경제권으로 끌어들여 현지에서 풍부한 자원을 공급받는 것은 일본이 미국과 영국에 대한 자원 종속에서 벗어나는 길이었다. 이 시기에 진행된 교섭에서 일본은 강경한 태도를 취하면서도 경제협상이 결렬되는 것만은 피하고자 했다. 그러나 네덜란드 측의 경계심이 고조되면서 1941년 6월 17일 제2차 '일란회상(日蘭會商)'은 일부 지역의 석유 채권을 일본에 제공하고 재교섭 의사를 서로 확인하는 수준에서 사실상 결렬 상태로 종료되었다.

그런데 그다음 달에 일본군이 남부 프랑스령 인도차이나로 진주하자 네덜란드령 인도네시아 측에서는 일본과의 경제협정을 파기했다. 미국과 영국도 즉각적인 보복에 나섰다. 1941년 7월 25일에 미국은 재미 일본 자산을 동결했고, 그 이튿날에는 영국이 영국령 말라야반도와 영국령 인도[英印]의 일본 자산을, 그 이튿날에는 네덜란드가 네덜란드령 인도네시아의 일본 자산을 동결했다. 8월 1일에 미국은 대일 석유 수출 금시 소지까지 내렸다. 이렇게 되자 동남아시아의 자원, 특히 네덜란드령 인도네시아에서 석유를 확보하기 위해서라도

미국과의 무력 충돌을 피하기 어렵게 되었다.[47]

9월 6일 어전회의에서 「제국국책수행요령(帝國國策遂行要領)」을 결정했다. 일본 정부는 미국, 영국, 네덜란드 등 각국이 일본에 대해 취하는 공세를 이유로 '남방에 대한 시책'을 정했다. 즉 "제국은 자존자위를 완수하기 위해 대미(對米)[대란(對蘭)] 전쟁을 피하지 않기로 결의"하며 "10월 하순까지 전쟁 준비를 완료한다"는 내용이었다. 그것과 병행해서 미국 및 영국에 대해서는 외교 경로를 이용해 일본의 요구를 전달하되 10월 상순까지 일본의 요구가 관철되지 않으면 곧장 개전하기로 했다.[48] 11월 1일 대본영정부연락회의에서 결정된 「제국국책수행요령」에서도 "제국은 현하의 위기 국면을 타개하고 자존자위를 완수하며 대동아의 신질서를 건설하기 위해 차제에 대미영란(對米英蘭) 전쟁을 결의"했다는 것을 재확인했다. 또한 구체적인 "무력 발동 시기를 12월 초순으로 정"했다.[49]

대본영정부연락회의는 11월 20일에 「남방점령지행정실시요령(南方占領地行政實施要領)」을 결정했다. 이것은 "점령지에 대해 곧장 군정을 실시하고 치안 회복, 중요 국방 자원의 급속한 획득 및 작전군의 자활 확보에 공헌"하기 위한 방침으로, "점령지 영역의 최종적 귀속 및 장래의 처리에 관해서는 별도로 정"하겠다고 밝혔다.[50] 미국, 영국, 네덜란드에 대한 개전 이후 일본군이 점령하게 될 동남아시아 현지에 적용하기 위한 행정실시요령이었다.

1941년 9월 이후 일련의 상황 전개를 통해 확인할 수 있듯이 1941년 11월까지도 네덜란드는 미국, 영국과 함께 일본의 전쟁 대상에 포함되어 있었다. 그러나 마지막 단계에서 네덜란드를 제외했다. 네덜란드를 대상으로 개전할 경우 일본에 절대적으로 필요한 인도네시아의 석유기지가 파괴될 수 있다는 우려가 제일 중요한 이유였다. 중일전쟁이 난항을 겪는 가운데 일본으로서는 사활이 걸려 있는 군수자원의 확보와 관련해 네덜란드와의 통상협상 결렬은 치명적이었다. 그런 상황에서 내려진 미국의 석유 금수 조처는 전쟁을 촉발한 결정적 시발점이 되었다.

12월 8일 일본은 미국과 영국에 대해 전쟁을 개시했다 비록 선전포고 대상에서는 제외되었지만 네덜란드령 인도네시아에 대해서도 일본군의 작전이 시작되었다. 일본제국의 '자존자위를 완수하기 위해서' 이 지역이 반드시 대동아경제권에 포함되어야 했기 때문이다.

4) 영국령 말라야, 필리핀, 진주만 공습

미국과의 외교교섭이 실패로 돌아가면서 협상의 여지가 사라지자 일본은 태평양전쟁으로 치달았다. 일본 시간으로 1941년 12월 8일 오전 1시 30분 영국령 말라야의 송클라 방면에서 일본군이 상륙을 개시했다. 하와이의 진주만을 공격하기 2시간 전이었다. 오전 2시 15분 영국령 말라야의 코타바루 해안에 상륙부대가 도착했다.[51] 일본군은 맹렬한 포격을 퍼붓고 육군을 상륙시켜 영국군 진지를 맹공했다. 동시에 공군은 영국령 말라야와 싱가포르에 있는 영국군 비행장을 융단 폭격했다. 이어 해군의 주도로 진주만의 미국 함대를 기습 공격했다. 한편, 이날 타이완기지에서 발진한 일본 육군 폭격기와 전투기 수백 대가 필리핀 루손섬 마닐라 부근의 미군기지에 폭탄을 투하했다.[52]

일본군은 영국령 말라야, 필리핀 루손섬, 하와이 진주만 세 곳에 대한 동시 공격을 통해 인도네시아로 가는 경로를 확보하는 동시에, 미국 태평양함대의 주력을 제거하여 미군이 일본군의 동남아시아 공략을 방해하지 못하도록 하고자 했다.[53] 1941년 12월 10일 대본영정부연락회의는 "이번 전쟁은 지나사변을 포함하여 '대동아전쟁'이라고 부른다. 12월 8일 오전 1시 30분부터 전시로 한다"고 결정했다.[54] 공격의 서전(緖戰)을 승리로 장식한 일본은 1942년 전반의 수개월 동안 동남아시아 각지에서 미국, 영국, 프랑스, 네덜란드 군대를 제압했다. 일본은 서구 제국의 식민 상태에 놓여 있는 동남아시아를 점령하면서 '아시아 해방'이라는 명분을 내걸었다. 중국과 계속 전쟁을 치르는 와중에 만주에서는 소련과 대립하고 태평양에서는 미국, 동남아시아에서는 영국 및 네덜란드와 싸우는 상황을 자초했다. '대동아'의 '공영'이 아니라 아시아 전역이 '전쟁'의 수렁으로 빠져들었다. 이른바 '대동아전쟁'이 시작되었다.

전쟁을 시작한 참모본부가 수립한 계획의 핵심은 아시아에서 서구 열강의 근거지를 섬멸한 다음 중요한 자원 지역을 점령하겠다는 '남방 작전'이었다. 자원을 확보하기 위해 공략해야 할 지역은 대륙부 동남아시아와 도서부 동남아시아를 거쳐 서태평양 일대까지 걸쳐 있었다. 1942년 4월까지 일본군은 미국령 필리핀, 영국령 말라야, 네덜란드령 인도네시아 등 남방의 주요 지역 대부분을 점령하는 데 성공했다. 초기의 전과는 일본군으로 하여금 확전과 공세를 지속하게 만들었다. 그러나 1942년 6월 미드웨이 작전이 실패하면서 전쟁의 주도권은 미국에 넘어갔으며, 일본은 승리할 가망이 없는 전쟁의 늪으로 빠져들었다.[55]

5) 싱가포르 함락과 화교 학살

태평양전쟁을 개시하면서 대본영은 '남방의 요충지를 공격하라'고 명령했다. 이에 남방군(南方軍) 예하 부대는 필리핀, 버마, 네덜란드령 인도네시아, 영국령 말라야 작전에 돌입했다.[56] 참모본부는 싱가포르를 공략하기 위한 영국령 말라야 작전에 정예부대를 투입했다. 일본군은 동남아시아 각지로 침공해 들어갔다.

동남아시아 내륙에서 영국령 말라야반도에 이르는 경로는 육군이 맡았고, 서태평양제도, 호주, 뉴질랜드 등 태평양은 해군이 담당했다. 1941년 12월 8일 개전 직후 일본군은 말라야반도 북부의 주요 도시를 점령했고, 1942년 1월 11일에는 쿠알라룸푸르에 입성했다. 일본군은 계속 진격했다. 1942년 1월 말에 일본군과 전투를 벌이던 영국, 인도, 호주 군은 말라야반도와 싱가포르를 연결하는 긴 둑을 이용해 싱가포르로 퇴각한 다음 둑을 폭파했다. 2월 8일부터 '싱가포르 요새 방어전'이 시작되었다. 싱가포르는 일본군에 완강하게 저항했지만 2월 15일에 결국 점령되고 말았다. 일본 육군이 함락에 나섰던 싱가포르는 영국령 말라야반도 최남단에 있는, '동양의 지브롤터'라고 불리는 전략 요충지였다. 동남아시아에 대한 서구 식민지배의 심장부로 비유될 정도로 영국의 아시아 지배를 상징하는 거점이었다.[57]

영국령 말라야는 페낭·싱가포르·말라카 등 해협 식민지, 4개의 술탄국으로 구성된 말레이국 연방, 그 밖의 지역으로 구성된 비연방 말레이국으로 이루어져 있었다. 중일전쟁과 인도 민족주의운동의 영향으로 이 지역의 중국계 화교들은 진주한 일본군에 거세게 저항했다. 그에 반해 말레이인의 대응은 상대적으로 강하지 않았다. 일본군은 영국으로부터 말라야반도를 해방시켰다고 선전했지만 화교들의 집요한 저항에 시달렸고, 그것이 반일 화교에 대한 가혹한 탄압으로 이어졌다.[58]

일본 육군은 군사상의 요충지 확보라는 점에서나 명분으로 내세운 아시아 해방이라는 점에서나 싱가포르를 특별히 중시했다. 싱가포르 함락은 일본 본토에서 대대적인 환호를 불러일으켰다. 싱가포르 공략 과정과 함락 소식은 식민지 조선에도 널리 알려졌다. 1942년 2월 16일자『매일신보(每日新報)』는 싱가포르 함락 소식을 1면에 대서특필하고 다음과 같은 사설을 실었다(〈그림 3-1〉 참조).

난공불락의 신가파(新嘉坡, 싱가포르: 인용자)도 15일 드디어 함락되었다. 신가파의 공략전은 개전 벽두의 대전승과 함께 이번 '대동아전쟁' 중의 최대 경이(驚異)이니 요새의 공략은 난중지난사(難中之難事)로서 (…) 영제국이 장구한 시일과 막대한 비용을 던져 세계 무비(無比)의 견루(堅壘)를 축성(築成)하여 어떠한 공격에든지 우(優)히 1개년 저항을 할 수 있다고 호어(豪語)하든 (…) 대요새를 적전 상륙을 개시한 지 단 7일에 완전히 함락시킨 것은 신속과감 충용무비의 황군만이 비로소 가능한 일이니 이 위대한 전과는 정(正)히 세계 전사(戰史)를 진감(震撼)시키는 일대 파천황적 신기록이다.[59]

일본은 '영제국의 대요새' 함락 소식을 일본에 의한 아시아 해방과 '대동아공영권'의 현실화를 의미하는 것으로 선전했다. 식민지 조선의 시인 노천명은 싱가포르 함락 소식을 듣고 감격에 겨워 2월 16일 밤에 써내려간 「씽가폴 함락」이라는 축시를 발표했다.[60]

그림 3-1. "신가파 함락"

싱가포르 함락 소식을 대서특필한 1942년 2월 16일자 『매일신보』 1면.

아세아의 세기적인 여명은 왔다

영미(英米)의 독아(毒牙)에서

일본군은 마침내 신가파(新嘉坡)를 뺏어내고야 말았다

동양 침략의 근거지

온갖 죄악이 음모되는 불야의 성

씽가폴이 불의 세례를 받는

이 장엄한 최후의 저녁

씽가폴 구석구석의 작고 큰 사원들아

너의 피를 빨아먹고 넘어지는 영미를 조상(弔喪)하는 만종(晩鐘)을

울려라

얼마나 기다렸던 아침이냐

동아 민족은 다 같이 고대했던 날이냐

오랜 압제 우리들의 쓰라린 추억이 다시 새롭다

일본의 태양이 한번 밝게 비치니

죄악의 몸뚱이를 어둠의 그늘 속으로

끌고 들어가며 신음하는 저 영미를 웃어줘라

점잖은 신사풍을 하고

가장 교활한 족속이여 네 이름은 영미다
너는 신사도 아무것도 아니었다
조상을 해적으로 모신 너는 같은 해적이었다

쌓이고 쌓인 양키들의 굴욕과 압박 아래
그 큰 눈에는 의혹이 가늑히 깃들여졌고
눈물이 핑 돌면 차라리 병적으로
선웃음을 쳐버리는 남양의 슬픈 형제들이여

대동아의 공영권이 건설되는 이날
남양의 구석구석에서 앵글로색슨을 내모는 이 아침

우리들의 내놓는 정다운 손길을 잡아라
젖과 꿀이 흐르는 이 땅에
일장기가 나부끼고 있는 한
너희는 평화스러우리 영원히 자유스러우리

얼굴이 검은 친구여!
머리에 터번을 두른 형제여!
잔을 들자
우리 방언(邦言)을 서로 모르는 채
통하는 마음 굳게 뭉쳐지는 마음과 마음

종려나무 그늘 아래 횃불을 질러라

낙타 등에 바리바리 술을 실어 오라

우리 이날을 유쾌히 기념하자

식민지의 시인은 영국과 미국의 동양 침략을 엄중하게 비판하면서 일본군의 싱가포르 함락을 "양키들의 굴욕과 압박 아래" 놓여 있던 "남양의 슬픈 형제들"의 해방이라고 장엄한 목소리로 칭송했다. 일본군의 침공으로 "남양의 구석구석에서 앵글로색슨을 내"몰고 "일장기가 나부끼고" "대동아의 공영권이 건설되"었다며 이날의 승리를 찬양했던 것이다.

동남아시아에서 군사적·정치적 우위를 차지하게 된 일본은 이 일대의 주석, 고무, 석유 등 원자재를 확보할 수 있게 되었다. 일본은 싱가포르를 점령한 뒤에 그 이름을 '쇼난도(昭南島)'로 바꾸었다. 또 싱가포르를 포함해서 육군 점령지인 말라야와 수마트라 지역에 대해 제25군 군정부가 군정을 실시하도록 하고, 지방기구의 하나로 쇼난(昭南)특별시를 설치하여 쇼난(싱가포르)을 동아시아 지배를 위한 중심지로 삼고자 했다.[61]

일본군은 서구 열강으로부터 아시아를 해방시켰다는 거창한 명분과는 반대로 싱가포르를 제압한 뒤 일본에 저항한 화교를 비밀리에 집단 처형했다. 싱가포르의 화교들은 영국군에 소속되어 일본군에 맞서 완강하게 싸웠기 때문이다. 항일화교의용군에 참여했던 싱가포르 거주 화교 청년은 물론이고 평범한 민간인을 비롯한 중국인

성인 남성을 모두 소탕했다. 군부가 세운 숙청 계획에 의해 처형된 화교의 수는 5,000~6,000명으로 알려져 있지만, 화교 측에서는 4만 명이라고 주장한다. 일본군이 싱가포르를 점령했을 당시 발생한 행방불명자 가운데 다수가 일본군에 의해 학살된 것으로 추정하기도 한다. 이런 사실을 들어 싱가포르 정부는 1962년 4월 일본 정부에 보상을 요구했다. 그로부터 5년 뒤인 1967년 9월 일본 정부는 싱가포르 정부와 말레이시아 정부에 각각 5,000만 싱가포르 달러(약 29억 엔)를 보상했고, 이것으로 학살 사건은 형식적으로 일단락되었다. 그러나 당시 이런 학살 사실을 전혀 몰랐던 일반 일본인 병사들은 자신들이 아시아 민족의 해방을 염원하며 싸운다고 믿었다.[62]

3. 동남아시아 점령과 지배

1) 동남아시아 점령

일본군의 동남아시아 공략 작전은 1941년 12월 8일에 시작되어 1942년 5월 중순까지 일단 성공적으로 전개되었다. 동남아시아 지역 작전 총사령부인 남방군은 1942년 5월 18일 동남아시아 공략 작전 완료를 선언했다. 일본군의 점령으로 동남아시아는 역사상 처음으로 단일 정부의 지배 아래 놓였다. 이 지역을 통치하던 영국, 네덜란드, 미국의 서구 제국이 밀려났으며, 인도차이나는 명목상으로만 프랑스가 지배할 뿐이었다. 유일한 독립국이었던 타이도 일본군의 주둔을 인정했다.[63]

일본군의 남방 작전이 순조롭게 진행된 이유는 우선 영국령 말라야반도와 필리핀, 하와이에 대한 기습 작전이 성공을 거두면서 개전 초기 제공권과 제해권을 일본이 완전히 장악할 수 있었기 때문이다. 일본은 병력을 효율적으로 배치하면서 서구 제국의 군대를 차례로 격파했다. 미국과 영국은 본국에서 증원군을 파견할 수 없는 상황인데다가, 식민지 현지 군대는 병력과 장비가 부실하고 군기까지 떨어져 패퇴했다.[64] 싱가포르에서는 현지 화교들이 격렬하게 저항하기도 했지만, 서구 열강의 식민지배에 대해 반감을 가지고 있던 현지 주민들은 일본군을 반겼다.

동남아시아 각국에서는 1920~1930년대에 민족주의운동과 단체의 활동이 이루어졌다. 각국 사정에 따라 서구 제국에 대한 인식과 대응에 차이가 있었는데, 일본군이 '아시아 해방'이라는 명분을 내세우고 동남아시아 각지로 침공해 들어옴으로써 문제가 더욱 복잡해졌다. 일단 유럽 열강의 패배와 항복은 동남아시아 각지에서 민족주의적 각성과 자신감을 고양했다. 오래 기간 서양 제국의 식민지배를 받아온 이 지역 전역에서 그와 같은 현상이 나타났다. 일본군의 힘을 빌려 서구 제국을 몰아내는 것은 그들에게 매력적인 선택지였다. 하지만 같은 아시아 국가라고 해도 일본 또한 무력을 앞세우고 들어온 외세라는 점은 다르지 않았다. 일본군과 제휴하거나 적극적인 친일을 통해 독립의 길을 모색하는 세력이 나타났다. 한편에서는 일본군에 맞선 저항운동도 있었는데, 처음 저항이 일어난 곳은 일본군의 일차적 공격 목표였던 영국령 말라야와 필리핀이었다. 1930년대 후반 이후 항일 조직 강화에 힘썼던 공산당이 저항의 주력이었다.[65]

일본은 프랑스령 인도차이나를 가장 먼저 공략했다. 동남아시아에 대해 무력 동원 가능성을 확인한 '남방 작전'을 수립한 직후인 1940년 9월, 일본 육군은 본국 정부의 승인도 없이 베트남 북부로 진주했다. 그리고 1941년 6월 독일과 소련의 전쟁이 시작되자 곧바로 베트남 남부로 진주했다. 비시 정권하의 프랑스 식민정부는 무력 충돌을 피하고자 일본군을 인도차이나에 주둔하게 했다. 1942년 12월 8일 말라야반도를 공격하기 이전에 베트남은 이미 일본군의 지배 아래 놓여 있었던 것이다. 오랫동안 프랑스의 식민지배를 받아온 베트남인들은 프랑스의 항복을 보고 자신감을 갖게 되었다. 그렇지만 전쟁이 장기화되자 일본군의 식량 징발로 인해 베트남인들은 식량 부족에 시달리며 극심한 고통을 겪었다.[66]

프랑스령 인도차이나에서는 일본군이 직접 지배를 하지 않고 형식적으로는 프랑스의 지배를 계속 인정했기 때문에 프랑스 식민 행정부와 일본군 사령부가 공존했다. 그러나 유럽에서 연합군이 프랑스를 되찾자 프랑스령 인도차이나의 식민당국이 일본을 배반하고 공격하지 않을까 염려하게 되었다. 일본군은 1945년 3월 9일 프랑스령 인도차이나 전역에서 프랑스 행정관료와 군인을 체포·감금하고 프랑스의 식민체제를 종식시켰다. 그러고는 라오스, 캄보디아, 베트남의 반프랑스적이며 친일적인 인사들에게 접근하여 입헌군주정 형태의 독립정부를 구성하게 했다. 그러나 그것은 수세에 몰린 일본이 내세운 괴뢰정부에 불과했다.[67]

북부 베트남과 중부 베트남은 1945년 3월 11일 바오다이(Bao Dai, 保大, 1913~1997) 왕이 통치하는 입헌군주체제의 베트남왕국으로 독립을 선언했나. 8월 14일에는 남부 베트남(코친차이나)도 독립했다. 캄보디아에서는 일본에 의존적이었던 시아누크(Norodom

Sihanouk, 1922~2012) 왕이 3월 13일 명목에 불과한 독립을 선언했다.[68] 프랑스령 인도차이나에 속해 있던 라오스는 사정이 약간 달랐다. 이곳에 일본군이 진주한 것은 전쟁 막바지인 1945년 초였다. 당시까지도 프랑스의 영향력이 유지되었기 때문에 루앙프라방의 왕실은 친프랑스적 태도를 지속했다. 그러나 프랑스의 위세가 약화된 상황에서 베트남과 타이 사이에 위치한 라오스는 타이의 압박에 시달렸다. 루앙프라방의 왕 역시 1945년 4월 8일 일본군과 제휴하여 독립을 선언했다.[69]

동남아시아 국가 중에서 유일하게 식민지 상태에 있지 않았던 타이는 일본에 대해 협조적이었다. 일본으로서는 장제스 지원 루트를 봉쇄하기 위한 말라야·버마 작전에 성공하려면 중립국 타이를 통과해야 했으며, 그 뒤에 이어질 작전을 위해서도 타이의 협력이 필요했다.[70] 일본은 타이에 대해서도 군사는 물론이고 정치·경제까지 아우르는 전면적 결합을 추구했다. 타이를 동남아시아에서 세력을 확대하기 위한 전략적 중추로 이용하고자 했기 때문이다.

타이는 1938년경부터 영국·프랑스와 거리를 두면서 일본으로 기울기 시작했으며, 1940년에 결정적으로 가까워졌다. 타이의 피분 (Phibun) 정권은 1940년 10월 일본군의 북부 베트남 진주를 인정했으며, 일본이 싱가포르를 공략할 때 타이 영토를 사용하는 것을 허락하기로 밀약을 맺었다. 그 대신 일본은 타이와 프랑스령 인도차이나 사이의 국경분쟁을 타이에 유리한 형태로 중재하기로 약속했다.[71] 타이는 1906년 프랑스의 압력 때문에 국경을 맞대고 있는 캄보디아에 바탐방과 시엠레아프(시엠립)를 넘겨주어야 했다. 일본이 진군해오자 타이는 일본에 접근하여 이 두 지역의 수복을 도모했다. 타이 정부는 '대동아공영권'을 추구하는 일본에 협조하는 한편, 범타이 제국을 꿈꾸며 주변국에 대한 팽창을 추구했다. 일본의 도움으로 타이 군대는 바탐방과 앙코르와트를 제외한 시엠레아프를 다시 점령할 수 있었고, 나아가 실지 회복을 외치며 라오스, 버마 등과도 전쟁을 벌였다.[72]

1941년 12월 21일 일본과 타이는 공수동맹조약(攻守同盟條約)을 체결했다. 이 군사동맹조약의 전문에 양국은 "동아에서 신질서 건설이 동아 흥융의 유일한 방도이며 또한 세계평화를 회복하고 증진하기 위한 절대 조건이라는 것을 확신"한다고 밝혔다. 이어서 양국의 상호 독립 및 주권 존중을 기초로 동맹을 설정하고, 제3국과 무력 분쟁이 일어나면 동맹국으로서 정치적·경제적·군사적 방법으로 상호 원조하며, 공동으로 수행하는 전쟁에서 단독으로 휴전·강화해서는 안 된다고 명기했다.[73] 이어 1942년 1월 25일에 타이는 일본 측에 서서 영국과 미국에 선전포고를 했다.[74]

영국의 식민지였던 버마에 대한 일본군의 공격은 1942년 1월 초순에 시작되었다. 일본군은 3월 8일에 랑군(지금의 양곤)을 점령했고, 5월 1일에는 만달레이를 점령한 다음 계속 북상하여 5월 중순 영국군 및 인도군과 버마 정부군을 인도로 몰아냈다. 버마 북동부 샨고원에 영국군을 지원하기 위해 주둔해 있던 중국군을 윈난(雲南) 지역으로 몰아내고 마침내 버마 북부를 통과하는 '원장 루트' 봉쇄에 성공했다.[75] 일본군의 제안으로 일본 등지에서 군사 훈련을 받은 아웅산(Aung San, 1915~1947) 등 버마 독립군의 핵심 세력도 전투에 참가했으며, 1942년 일본군이 버마에 진주하자 일본군과 제휴했다. 버마 역시 1943년 8월 1일 일본군의 지원을 받아 독립을 선언했다. 그러나 정부에 참여했던 아웅산은 일본이 세운 괴뢰정부를 이탈하여 1944년 8월 반파시스트 조직을 결성하고 버마 군대를 지도하여 일본군과 전쟁을 벌였으며, 영국군의 버마 귀환을 지원했다.[76]

싱가포르 점령으로 영국령 말라야 전역 또한 일본의 수중에 들어갔다. 타이의 협조 속에 일본군은 북부로 순조롭게 진격했고, 침공의 공식 목적으로 내걸었던 '원장 루트' 봉쇄까지 성공했다. 또 다른 목적인 자원 확보를 위해서 가장 중요한 곳은 역시 네덜란드령 인도네시아였다. 일본은 네덜란드를 줄곧 전쟁 대상으로 설정했다가 1941년 12월 8일 선전포고 대상에서 제외했다. 하지만 네덜란드령 인도네시아에 대해서는 곧이어 군사 작전을 개시하였다. 광대한 지역의 여러 섬 가운데 군사·정치적 요충은 수도 자카르타가 있는 자바섬이었다. 수마트라섬과 보르네오섬에 비해 자바섬은 인구가 집중되어 있고 네덜란드의 식민지 행정기구도 이곳에 있었다.

네덜란드는 일본의 기습 공격 직후 일본에 선전포고를 했다. 그러나 본국이 나치 독일에 점령당하고 정부는 영국으로 망명해 있는 상태에서 인도네시아 현지 군사력으로 일본의 신속한 진공을 막는 것은 역부족이었다. 일본군은 1941년 12월 15일 브루나이 침공을 시작으로 유전 지대를 차례로 확보했다. 1942년 2월 10일에는 자원의 보고라고 알려진 보르네오섬을 함락했으며, 2월 27일에 자바섬 수라바야 해안에서 자바방위연합군 함대를 격파했다. 3월 1일 북쪽 해안으로 상륙한 일본군은 수도 자카르타를 점령했다. 네덜란드는 3월 8일 일본군에 전격 항복했다. 일본군은 네덜란드령 인도네시아 전역을 점령함으로써 주요 곡창 지대이자 세계적 석유 생산 지역을 확보했다.[77] 네덜란드에 대해 반감이 컸던 인도네시아 민중의 환영을 받으며 일본군은 자바로 들어갔다. '아시아의 해방자'를 자처하면서 네덜란드를 격파한 일본에 대해 현지 주민의 기대는 높은 편이었다. 350년간 네덜란드의 식민지배 아래 있던 인도네시아인들은 곳곳에서 봉기해 네덜란드인을 비롯해 유럽인들을 살해했고, 일본군을 환영했다. 진주한 일본군은 네덜란드인들을 강제수용하는 한편, 수카르노(Sukarno, 1901~1970) 같은 인도네시아 민족주의 지도자들을 석방하고 협조를 요청했다. 그들은 일본군에 협조하면서 군대를 양성하고 행정에도 참여했다.[78] 일본은 인도네시아에 대해서도 회유책의 일환으로 1944년 9월에 이른바 '고이소(小磯) 성명'을 통해 가까운 장래에 독립을 부여하겠다고 발표했다. 그러나 그것이 실현되기 전에 일본이 항복 선언을 하게 된다.

1941년 12월 8일 진주만 기습 몇 시간 뒤에 일본군은 필리핀에 대해 군사 작전을 시작했다. 공격 첫날 마닐라 북쪽의 클라크(Clark) 공군기지가 공습을 받아 미군기들이 대부분 파괴되었다. 일본군은 루손섬 북부 지역과 바탄섬으로 공격 부대를 파견했다. 1941년 12월 22일 루손섬에 상륙을 개시한 일본군은 마닐라로 향했다. 맥아더(Douglas MacArthur, 1880~1964)가 지휘하던 '미 극동군'은 그들을 저지할 수가 없었고, 일본군은 1942년 1월 2일 마닐라에 입성했다.[79] 케손(Manuel L. Quezon, 1878~1944) 대통령이 이끄는 필리핀 전시 내각은 마닐라를 떠나 마닐라 앞 해상의 코레히도르(Corregidor) 요새로 이동했지만, 계속 전세가 악화하자 결국 호주를 거쳐 5월에는 미국으로 망명했다. 미군은 동남아시아 최전방 기지였던 필리핀을 방어하기 위해 분투했다. 하지만 맥아더의 사령관직을 승계한 웨인라이트(Jonathan M. Wainwright, 1883~1953) 장군이 1942년 5월 6일 일본군에 항복함으로써, 일본은 공식적으로 필리핀을 점령했다.[80] 필리핀에는 1934년 미국-필리핀협정에 따라 자치정부인 필리핀연방공화국이 들어서 있었기 때문에,[81] 일본군의 '대동아공영권' 홍보나 일본 군정에 대해 협조적이지 않았다. 일본은 현지 주민의 호응을 얻고 지배의 효율성을 높일 목적으로 필리핀의 독립을 보장하고 위성정부 수립 계획을 세웠다. 1943년 9월 25일 국회가 개원했고, 10월 14일에 새로운 공화국이 출범했다. 물론 일본군의 통제 아래 있는 위성정부였기에 필리핀 내의 반일 저항은 오히려 증가했다.[82]

서구 열강에게 지배당해온 아시아의 '해방자'를 자처한 일본의 침공에 대해 대부분의 동남아시아 국가들은 초기에 환영을 표했다. 버마, 베트남, 인도네시아 등지의 독립운동 세력은 독립에 대한 기대를 품고 일본에 협조했으며 공동작전을 도모하기도 했다. 현지를 점령한 일본군은 반일 세력을 탄압하는 한편, 소수 병력을 가지고 점령지를 통치하기 위해 유화정책도 펼쳤다. 친일 세력을 양성하기 위해 노력했고, 일본군의 병력 소모를 최소화하기 위해 버마와 필리핀에서는 독립과 자치를 인정하면서 친일적인 대리정부를 세웠다. 그러나 말라야반도와 인도네시아 등 자원 조달을 위해 긴요한 지역에 대해서는 형식적 독립조차 허용하려 들지 않았다. 또한 점령 초기부터 일본군이 인적·물적 자원 수탈에 매진했기에 현지 주민은 서둘러 지지를 거두어들였으며, 진주 초기에 협력했던 각국의 독립운동가들도 항일로 돌아섰다.[83]

2) 일본군의 점령정책

동남아시아에서 유일한 독립국이었던 타이는 군사적으로 개입하는 일본과 협력하면서 나름대로 국익을 추구했다. 타이는 일본의 지원을 받으며 프랑스령 인도차이나를 압박하여 빼앗긴 영토를 회복했으며, 영국과 미국에 선전포고를 했다. 그러나 여타 동남아시아 각국의 반정부 활동가들은 자국의 식민정부를 먼저 타도해야 할지 아니면 정부와 협력해서 침략군인 일본을 몰아내야 할지 결정해야 했다.[84] 일본이 '자신들의 민족주의와 독립에 대한 바람을 이해해줄 수 있는 아시아의 동료'라는 시각이 있었기에, 열강의 지배에 대해 반감이 강할수록 일본의 진주를 환영하는 분위기가 컸다. 하지만 다른 한편으로 조선이나 타이완에 대한 식민지배, 중일전쟁 과정에서 일본이 중국에서 저지른 군사행동 등을 이유로 '일본을 잠재적 위협'으로 보는 견해 역시 지식인들 사이에 형성되었다. 1930년대 말부터 일본의 침공이 본격화된 1940년대 초에 걸쳐 동남아시아 각국의 일본에 대한 인식은 분열되었다.

개전을 준비하면서 일본은 동남아시아 지역에 대한 점령정책의 기본골격을 정했다. 1941년 11월 20일 대본영정부연락회의에서 결정한 「남방점령지행정실시요령」에는 미국, 영국, 네덜란드와 무력충돌을 일으켜 동남아시아 현지를 점령한 다음 그곳에서 실시할 행정방침의 골자가 정리되어 있다. 핵심 개요는 일단 점령지에 대해 군정을 실시하겠다는 것과 군정 실시의 세 가지 원칙으로 현지의 치안회복, 중요 국방 자원의 급속한 획득, 자활 확보를 제시했다.[85] 기본적으로는 군정을 통해 현상을 유지하면서도 점령 목적을 달성하겠다는 방침이었다. 이 단계에서는 아직 각각의 점령 지역에 대한 최종적인 귀속이나 처리 방안은 정해져 있지 않았다.

태평양전쟁 개전 이래 일본은 동남아시아 지역을 차례차례 점령해나갔다. 점령 지역에 대해 일본 정부가 채택한 통치 유형은 크게 세 가지로 나뉜다.[86] 첫째, 동남아시아 유일의 독립국이었던 타이와는 동맹 형태를 유지했다. 1941년 12월 21일, 일본과 타이는 양국의 상호 독립과 주권을 존중하며 군사적으로 서로 원조한다는 내용을 담은 동맹조약을 체결했다.

둘째, 프랑스와 포르투갈에 대해서는 종주국으로서의 통치권을 인정하고 이중 지배의 형태를 취했다. 프랑스령인 베트남, 라오스, 캄보디아와 포르투갈령인 티모르가 여기에 해당한다. 그러나 연합군에 의해 프랑스 비시 정권이 몰락한 뒤인 1945년 3월 일본군은 프랑스령 인도차이나 처리라는 형태로 프랑스를 몰아내고 이 지역에 괴뢰정권을 수립했다. 한편, 포르투갈과는 1941년 10월 13일에 항공협정을 체결하고, 사실상 일본의 식민지였던 남양군도의 파라오섬과 동티모르의 수도 딜리를 연결하는 항로를 개설했다. 일본은 티모르를 거점으로 삼아 호주에 대한 군사 작전을 펼칠 가능성을 고려하고 있었다.

셋째, 영국령 버마, 말라야, 싱가포르, 미국령 필리핀, 그리고 네덜란드령 인도네시아에 대해서는 직접 군정을 실시했다. 이후 전황과 국제정세의 변화에 따라 이 지역들에 대해서는 직접 통치 지역으로 확보하거나 또는 필요에 따라 형식적이지만 만주국 같은 형태의 괴뢰국을 세우는 방식으로 방침을 달리했다. 그것에 따라 버마는 1943년 8월에, 필리핀은 같은 해 10월에 독립을 선언했다. 하지만 서구 열강으로부터 독립했다는 것을 의미할 뿐이었으며, 실질적으로는 일본군의 지도를 받도록 되어 있었다.

반면, 영국령 말라야, 싱가포르, 네덜란드령 인도네시아 일대는 일본 영토로 영구 확보하고 자원 공급을 위한 개발과 민심 파악 및 회유에 주력했다. 일본 정부가 1943년 5월 말 어전회의에서 결정한 「대동아정략지도대강(大東亞政略指導大綱)」에는 영국령 말라야와 싱가포르, 네덜란드령 인도네시아를 "제국 영토로 결정하고 중요 자원의 공급지로서 적극 개발하며 민심 파악에 노력"해야 한다는 방책이 확정되어 있었다.[87] 그런데 전쟁을 수행하기 위해서는 인적·물적 자원의 보고인 인도네시아의 협력이 절대적으로 필요했기 때문에, 현지의 반감을 피하기 위해 인도네시아를 일본의 영토로 영구 확보하겠다는 결정을 대외적으로 공표하지는 않았다.

일본의 점령으로 인해 영국과 네덜란드 등 서구 열강의 경제와 연결되어 있던 동남아시아의 경제는 교역이 중단되면서 물자 부족에 시달리게 되었다. 일본 군정은 점령지의 금융기관을 폐쇄한 뒤 현지 통화와 등가의 군표를 발행하는 등 화폐정책을 매개로 점령 지역을 통치하고자 했다. 그러나 현물이 절대적으로 부족한 가운데 발행된 일본군의 군표는 심각한 인플레를 초래했다. 더욱이 '현지 자활'이라는 명목으로 미곡의 강제공출까지 자행했기 때문에 현지 주민들은 심한 인플레이션과 암거래, 물자 부족으로 힘겨운 생활고에 시달려야 했다.[88]

일본은 전쟁 수행에 필요한 물자와 인력을 조달하기 위해 분투했다. 그 목적을 달성하려면 현지 주민의 지지와 협조가 필수적이었다. 그래서 서구 제국의 영향을 제거하고 '대동아공영권' 이념을 홍보하는 다양한 문화정책을 실시했다. 또 일본어 보급과 교육을 위해서도 노력했다. 미국의 지배를 받았던 필리핀에서도 일본 군정은 현지 주민의 협력을 얻어내기 위해 일본어 학교를 개설하고 일본어 신문과 잡지, 서적, 방송 보급에 힘썼다. 포스터와 전단지, 책과 잡지, 선전 영화와 라디오 방송 등 다양한 선전 매체를 활용해 '대동아공영권'이라는 신질서의 의미를 이해하고 수용하도록 만들고자 했다. 또 아시아인으로서의 자각을 강조하면서 영어 사용을 금지하는 등 미국의 영향력이나 서구에 의존적인 사상을 제거하고자 했다. 그러나 일본군이 실시한 문화정책은 상호 이해를 증진하는 데 목적이 있었던 것이 아니었기 때문에 현지 주민에게는 일방적이고 억압적인 강제로 다가갔다.[89]

점령지의 통치 현황이 비교적 풍부하게 연구되어 있는 인도네시아 사례를 통해서도 그 구체적인 모습을 짐작할 수 있다. 일본군은 1942년 3월 자바와 수마트라를 점령한 이후 약 3년 반 동안 군정을 실시했다. 구 종주국 네덜란드는 개입하지 않았던 기층 사회를 전쟁 수행에 동원하는 과정에서 역설적으로 민족주의의 저변을 확장하는 결과를 낳았다. 네덜란드 식민권력의 정통성을 파괴했을 뿐만 아니라, 주권국가로 독립하려는 국민적 욕구를 강화했기 때문이다. 다른 한편으로는 면화 재배, 기계 방적, 제지, 축산 가공을 비롯한 통조림 공업, 시멘트 제조 등에 근대적 기술을 적용해서, 일본인에 대해 현지인들이 갖고 있던 기존 이미지와는 차별화된 문명화되고 근대적인 이미지를 제시하기도 했다. 하지만 그것은 전쟁에 긴박되어 있는 일과성 이미지였다.[90]

유럽 경제권과 단절되면서 물자 부족에 시달리는 가운데 총동원

체제로 끌려들어간 인도네시아에서도 물자 징발과 함께 노동자 강제징용과 징집이 광범하게 이루어졌다. 일본군은 현지 주민의 저항을 최소화하고 자발적 협조를 이끌어내기 위해 수카르노 같은 엘리트 민족주의자를 앞세워 동원운동을 전개했다. 당시 강제징용된 현지인들은 일본어 발음 그대로 '로무샤(勞務者, 노무자)'라고 불렸는데, 인구가 밀집된 자바에서는 일본에 협조하는 민족주의자들의 설득에 떠밀려 많은 사람이 '로무샤'에 자원하여 강제노역에 동원되었다. 그 밖에도 자원 확보 대상으로 지목된 곳에서는 노동력 강제징발과 인신 구속, 일본군 '위안부' 동원과 임의 처형 등의 전쟁범죄가 자행되었다.[91]

일본군은 처음에 병력과 노무자 동원을 위해 네덜란드어를 금지하고 일본어를 공용어로 사용하는 정책을 실행하고자 했다. 그러나 그것이 불가능하다는 것을 깨닫고 인도네시아 각지를 연결하는 일종의 '링구아 프랑카(lingua franca)'[92]였던 인도네시아어(말레이어)를 정비하고 근대화하여 준공용어로 삼는 정책을 폈다. 한편, 이슬람교도가 9할이나 되는 인도네시아인들에게 천황이 있는 도쿄[皇居]를 향해 궁성요배를 하도록 강요하는 등 전시체제기의 황국신민화 정책으로 인해 마찰이 빚어졌다.[93]

일본군은 네덜란드령 인도네시아를 자바와 수마트라, 그리고 해군이 지배하는 기타 식민지로 3분할했다. 이런 분할 통치는 1920년대부터 형성되고 있던 인도네시아 민족주의와 민족 감정을 자극해 통일에 대한 지향을 강화했다.[94] 일본군은 기층 사회를 자극하여 그 에너지를 전쟁에 이용하기 위해 구 종주국 네덜란드와는 상반된 점령정책을 채택했다. 청소년과 여성, 그리고 네덜란드 지배 당시 정치적 발언이 억압되었던 이슬람교도 등 다양한 사회계층을 동원하고자 했다. 제2차 세계대전 이전 네덜란드는 약 4만 명의 병력을 활용하여 본국 인구의 13배 규모에 달하는 인도네시아를 통치했다. 반면, 일본군은 3년 반의 점령 기간 동안 격렬한 저항에 부딪혔으며 15만 명에 달하는 병력을 투입했으나 결국 패퇴하고 말았다.[95]

동남아시아 현지에 주둔한 일본군은 황민화를 핵심으로 하는 일본화 교육을 강제하면서 공포정치를 자행했다. 주둔군인 육군 사령관이 현지의 민정 책임자가 되었으며, 그들은 현지 주민들에게 일본어를 사용하게 하고 일본의 문화와 관습을 그대로 따르게 했다. 아시아 사람들에게 일본 역시 서양 제국과 다를 바 없는 침략자였던 것이다.[96]

일본군이 점령했던 동남아시아에서도 많은 여성이 전쟁 중에 일본 군대를 위한 성노예로 동원되었다. 공식적으로 그 수를 집계하는 것은 불가능하지만 피해 여성들은 다양한 경로를 통해 당시의 피해 사실을 증언해왔다. 그러나 일본의 사과나 보상을 받기는커녕 진상 조사조차 제대로 이루어지지 못하고 있는 실정이다. 일본군 지역사령부는 1942년 3월 인도네시아에 위안소 개설을 결정하고 처음에는 타이완 주둔 일본군 사령부를 통해 타이완 여성을 보냈다. 그러나 전황이 어려워지면서 해상 운송로가 막히게 되자 인도네시아 현지에서 여성을 동원하였다. 1942년 5월 일본 해군이 작성한 문건에는 인도네시아 각지에 설치된 위안소에 대해 언급되어 있다.[97] 당시 일본군은 '쇼난도(싱가포르)'나 도쿄에서 학업을 계속할 기회를 주겠다면서 자바 등지에서 어린 여학생들을 모아 성노예로 동원했다. 일본군이 주둔했던 각지의 위안소로 동원된 여성들은 전쟁이 끝나고도 고

향으로 돌아가지 못했을 뿐 아니라 자신들이 겪은 일을 증언할 기회
조차 제대로 갖지 못한 채 현지에서 생을 마감한 경우가 대부분이
었다.[98]

4장

'대동아공영권' 구상과 파탄

1. '대동아공영권'이라는 화려한 궤변

1) '대동아공영권'의 공식화

'대동아공영권'은 서구 제국의 식민지배로부터 아시아를 해방시켜 일본의 지도 아래 다 같이 자급자족을 실현하고 세계평화에 공헌하는 새로운 국제질서를 만들겠다는 구상이다. 일본·만주·중국으로 이루어진 일만지(日滿支) 경제블록과 중요 자원의 공급지인 동남아시아, 그리고 미국에 맞서기 위한 국방권으로서 서태평양을 포괄하는 광역 아시아를 범위로 한다. '대동아전쟁'은 그런 세계질서를 만들기 위해 일본이 일으킨 전쟁이며, 아시아인들은 당사자로서 일본에 협조하여 물적·인적 자원을 총력을 다해 제공하도록 강요받았다.

 '대동아공영권'이라는 표현이 처음 공식석상에 등장한 것은 1940년 8월 1일 일본 외무대신과 외무성 담당 기자단의 기자회견에서였다. 그 직전인 7월 26일에 제2차 고노에 내각이 '남진'을 국책으로 선언했고, 그에 근거하여 마쓰오카 요스케(松岡洋右, 1880~1946) 외무대신이 기자회견 자리에서 "일만지를 일환으로 하는 대동아공영권"이라는 표현을 사용했던 것이다.[1]

 그에 앞서 1938년 육군성 직원 이와쿠로 히데오(岩畊豪雄)와 참모본부의 호리바 가즈오(堀場一雄) 소좌가 작성한 「국방국책안(國防國策案)」에는 '동아공영권'이라는 단어가 나온다. 이 구상에 이미 일본을 중심에 둔 '자존권', '방위권', '경제권'이 위계적으로 계층화되어 있다. 여기에는 동남아시아가 '방위권'으로, 인도와 호주를 포괄하는 지역이 자원을 공급하는 '경제권'으로 설정되어 있어, 나중에 공식화된 '대동아공영권' 구상과는 차이가 있다.[2] '대동아'라는 표현은 1938년 「동아 신질서 건설 성명」 당시 '동아 신질서'와 같은 의미로 사용된 '대동아 신질서'에서 나타난다.[3] 비슷한 시기에 앞다퉈 등장한 '동아 신질서', '대동아 신질서', '동아공영권'이라는 개념의 공간 범위가 1940년 7~8월을 거치면서 남방권까지 포괄하는 '대동아공영권'이라는 용어로 공식 정리되었던 것이다.

 '대동아'의 중심은 일본이었지만, 동남아시아에 대한 침공과 점령을 통해 '대동아'는 물화된 공간을 가리키는 지시어가 되었다. 물론 '외지'였던 식민지 조선의 사람들도 '대동아전쟁'의 막심한 피해자였다. 그렇지만 식민지였던 타이완과 조선은 '대동아공영권'의 최상위 지도국인 일본에 포함되어 있었기 때문에, 논리적으로는 일본이라는 국가를 구성하는 존재로서 만주국이나 중국, 동남아시아와는 완전히 다른 위치에 배치되었다. 제국 일본이 제시하는 '대동아공영권'이라는 구도에는 식민지 조선을 위한 별도의 자리가 마련되어 있지 않았고, 마련될 필요도 없었다. 일본인이면서 동시에 식민지인이었던 조선인에게 '대동아공영'이라는 구상은 '동화'를 향한 이상과 '차별'이 엄연한 현실이 끝없이 충돌하는 허상의 세계였다. 그래서 이 구상과 관련해서, 특히 서구의 식민지배를 받던 동남아시아에 대한 일본의 통치와 독립 문제는 식민지 조선에 적지 않은 파열음을 불러일으켰다.[4]

'대동아공영권' 구상에 대한 일반적인 이해는 군국주의 일본이 광역 아시아에서 경제적·군사적 이권을 확보하고 침략전쟁을 정당화하기 위해 만들어낸 허구적 명분이라는 것이다. 그것은 근대 일본이 무리한 대외 팽창 과정에서 구성하고 만들어낸 역설이자, 아시아 전역을 휩쓸었던 잔혹한 전쟁과 수탈을 합리화하고 아시아인들을 효율적으로 동원하기 위해 내걸었던 슬로건이었다. 또한 일본제국이 군사적으로 점령한 동아시아, 남양군도, 동남아시아 등 광역 아시아를 통치하기 위해 구상했던 대일본제국의 공간적 구조이자 체계이기도 하다. 거기에는 역사적으로 형성된 일본의 아시아 인식이 녹아 있고 정치적·군사적으로 계산된 지배 방책도 포함되어 있다. 다른 한편으로 '대동아공영권'은 '탈아론'에서 출발한 근대 일본이 다양한 '아시아주의'를 거쳐서 도달한 아시아 인식의 최종 형태였다. 물론 군부가 주도하는 전쟁 상황에 떠밀려서 현실을 기만하는 가운데 만들어진 구상이기에 그것은 실현될 수 없는 자기모순적 궤변이기도 했다.

2) 북방 문제와 남방 문제의 결합

서구 열강에 종속된 동남아시아 경제체제는 천연자원과 쌀이 주축을 이루었다. 선진자본국들이 필요로 하는 주석, 석유, 구리, 철광석, 니켈 등의 광산물과 고무, 팜유, 설탕, 차 등의 농산물이 미국령 필리핀군도와 네덜란드령 인도네시아제도, 영국령 말라야반도에서 생산되었다. 이 자원들은 구미 열강과 일본 등에 수출되었다. 한편, 프랑스령 인도차이나반도의 메콩 삼각주 지구, 동남아시아에서 유일한 독립국이었던 타이의 차오프라야 삼각주, 영국령 미얀마의 이라와디 삼각주에서는 주식인 쌀이 생산되었다. 이 쌀은 광물 생산 지역 등으로 공급되었다. 이처럼 동남아시아의 교역은 자원과 쌀의 교환을 중심으로 이루어졌다.[5]

일본은 메이지 초기부터 남방 진출을 모색했다. 당시에는 군사적인 성격이 아니라 소규모 경제활동이 중심이었다. 상업을 위주로 남방과의 교역이 이루어졌으며 차차 그 규모가 커졌다. 일본 기업 중에는 일찍부터 동남아시아의 자원에 관심을 갖고 원자재를 활용하기 위해 현지에 진출해 기업활동을 펼치는 경우도 있었다. 예컨대 미쓰이(三井)물산은 1893년 싱가포르에 지점을 개설했으며, 1906년에는 일본 기업이 영국령 말라야반도의 고무산업에 참여했다. 1932년 통계에 따르면, 영국령 말라야반도에서 생산되는 고무의 양은 41만 3,000톤에 달했다. 또한 동남아시아 현지에서 채굴되는 철광석은 일본의 하치만(八幡)제철소로 공급되어 일본 제철산업에 크게 기여했다.[6] 이처럼 남방의 자원에 대한 관심은 메이지 초기부터 꾸준히 이어져왔다. 1930년대에 접어들어서는 만주사변을 이용해 대공황의 위기를 타개함과 동시에 동남아시아 지역과의 무역을 확대했다. 종래 구미의 상품시장이었던 동남아시아에 대해 일본은 상품 수출을 확대했는데, 특히 군수공업을 유지하기 위해 일본 상품을 동남아시아에 팔고 그 수출대금으로 철광석, 석유, 고무 등 전략 물자를 수입했다.[7] 전통적으로 일본이 외남양이라고 불렀던 도서부 동남아시아 일대는 풍부한 '자원' 공급처로 일찍부터 주목의 대상이었다.

그러나 동남아시아에 대해 무력 사용을 고려하고 나아가 군부 주도로 '대동아권'이라고 하는 군사적·경제적 광역 블록을 공식화하는 과정이 메이지 초기 이래 지속된 경제 교류의 직접적 결과는 아니었다. 1910년대 중반 이후 분출되었던 '남양 붐'이 가라앉자 남양에 대한 관심은 잠복 상태에 접어들었다. 그러다가 해군이 주도해온 남진론이 1936년 「국책의 기준」에 정식으로 포함되면서 다시 남진론이 주목받게 되었다.

중일전쟁 개전 이후 예상과 달리 전쟁이 난항에 빠지면서 남진론은 더욱 현실화되고 구체화되었다. 그에 따라 남진 구상이 차차 무르익었고, 1940년 7~8월에 '대동아공영권'으로 공식화되었던 것이다. 그러므로 1940~1941년의 '남진'은 어디까지나 중일전쟁이 순조롭게 처리되지 못한 결과로서 등장하게 된 것이었다. 그런 점에서 남방정책은 메이지 시기 이래 1930년대 중반까지 경제 분야 중심으로 이루어진 상업적 '남방 관여'의 역사와는 다른 맥락에서 수립되었다. 민간이 주도해온 기존의 경제 교류와는 무관하게, 전쟁을 유리하게 이끌고 자원을 확보하기 위해 남방을 점령해야 한다는 발상에서 나온 임기응변의 대응책이었던 것이다.[8]

육군이 중심이 되어 중일전쟁에 이르기까지 북진정책을 추진해온 일본은 전쟁이 장기화되자 북방 문제를 해결하기 위해서라도 남방정책을 새로 모색해야 하는 상황에 처했다. 동남아시아의 자원 획득과 제해권 확보는 중요했지만 서구 열강과의 군사적 충돌이나 과도한 갈등은 피해야 했다. 그래서 1938년 말에 일본과 만주, 중국의 제휴를 강조하는 동시에 남방까지 시야에 넣은 '동아 신질서 건설'을 내세웠던 것이다. 아직 남방을 명시적으로 포괄하지는 않았지만, '동아 신질서' 또는 '대동아 신질서'가 동남아시아로 확장되는 것은 기정사실이 되었다.

1940년 4월 22일에 정리된 「제2차대외시책방침요강(第二次對外施策方針要綱) 안(案)」에서는 "구주전쟁의 제2차 단계에 대처하는 제국의 대외시책은 의연하게 남양을 포함"한다고 하면서 남방 모든 지역에 대한 시책방침을 다음과 같이 밝히고 있다.[9]

1. 제국이 목표로 하는 동아 신질서를 완성하기 위해, 또 제국의 도의적 목적을 수행하기 위해 무엇보다 신속한 남양 자원의 확보 및 동아 제 민족의 해방이 필요불가결한 중요 조건이므로, 이른바 대내 및 대외 시책으로써 가능한 빨리 남양을 동아 신질서에 포함하도록 노력한다.
2. 현재 주권국 이외의 나라가 남방 제 지역에 정치적으로 개입하고자 할 경우에는 적절한 대책을 강구하는 외에, 최악의 경우에 실력행사를 결의하고 그 준비에 유감이 없도록 해야 한다.
3. 네덜란드에 정치 사정의 변화가 있는 경우에 네덜란드령 인도네시아는 제국이 지도하는 독립국의 체제를 채택하도록 도모하고, 또 정세상 그것이 불가능한 경우라고 하더라도 결국 제국이 위의

방침을 수행하는 데 장애를 가져올 수 있는 체제가 실현되는 것은 극력 저지해야 한다.

이처럼 1940년 4월 시점에 신속한 남양 자원의 확보를 위해 남양을 '동아 신질서'에 포함한다는 구상이 이미 구체화되었다. 남양 확보를 위해 최악의 경우에 무력 사용을 불사할 것이며, 유럽 전황이 변화되어 네덜란드가 독일에 점령될 경우에 대비해 네덜란드령 인도네시아를 확보하기 위한 준비도 시작했다. 7월 27일 어전회의에서는 유리한 정세를 이용하여 무력행사를 불사한다는 내용이 포함된 "대남방 무력행사"에 관한 준거를 결의했다.[10] 그렇지만 공식적으로는 여전히 우호적 수단과 외교적 노력을 통해 동남아시아에서 필요한 자원을 확보한다는 것이 기본방침이었기 때문에, 네덜란드령 인도네시아와도 중요 자원 확보를 위한 통상교섭을 계속 진행했다.

일본은 북방과 남방을 포괄하는 '대동아공영권'을 구축함으로써 인구와 식량 문제, 시장 확보와 원자재 부족 문제 등을 일시에 해결하고자 했다. 아울러 필요할 경우 무력으로 서구 열강을 제압하고 아시아에서 군사적·경제적 패권을 장악하는 것 역시 적극적으로 고려했다. 이 시점에서 '대동아공영권' 구상은 광역 경제권 구축이라는 경제적인 측면을 넘어서 동아시아 지역의 군사적 방위체제 구축으로 집약되어갔다.

대본영은 1940년 11월 13일 「지나사변처리요강(支那事變處理要綱)」에서 중국에 대해 항일정책을 포기하고 일지(日支) 선린우호 관계를 수립하여 일본과 공동으로 동아의 방위에 나설 것, 또 동아 공동방위를 위해 필요하다고 인정되는 동안 중국은 몽골과 북중국 3성뿐 아니라 "해남도 및 남중국 연안 특정 지점에 함선부대의 주둔"을 인정하라는 요구 조건을 제시했다.[11] 이렇게 해남도와 남중국 연안을 주둔지로 요구한 것은 중일전쟁의 처리와 '방공(防共)'이라는 공동과제를 중심으로 몽골과 북중국 등을 대상으로 하는 '북진'만이 아니라 '남진' 즉 남방 문제까지 결합하는 단계에 이르렀다는 것을 의미한다.[12] 이 시점에서 일본 정부에게 북진정책과 남진정책은 별개로 분리되지 않았다. 일본은 이제 동남아시아를 지배하고 있는 서구 열강과의 무력 충돌 가능성을 현실적으로 고려하지 않을 수 없게 되었다.

미국의 경제봉쇄령으로 인해 일본은 동남아시아를 포함하는 경제블록 건설의 필요성을 절감하게 되었다. 이에 우선 일만지(日滿支)가 공수동맹을 맺고 나아가 프랑스령인 인도차이나와 일본에 협조적인 타이를 이용해 세력권을 확대하고자 했다.[13] 제2차 세계대전으로 동남아시아에 생긴 서구 열강의 통치 공백을 이용해 일본은 남방 진출을 본격화했다. 일본에서 남진론은 여러 갈래로 나뉘었고 그 역사도 오래되었지만, 대체로 경제적 교류에 한정된 것이었기 때문에 서구 열강의 지배 아래 놓여 있는 동남아시아에서 일본의 영향력은 미약했다. 하지만 미국과 영국의 경제봉쇄 때문에 원자재뿐 아니라 시장 확보까지 모두 어려워지자 일본은 군사력을 동원한 남진을 통해 난제를 해결하고자 했다. 종래에 '남진론'은 육군과의 경쟁구도에서 해군이 주도해왔다. 그러나 이제 육군까지도 '남진론'으로 전환했고 적극적으로 남진정책을 주장하고 관련 계획을 수립하기 시작했다. 중일선생이 상기화되는 가운데 일본 군부는 육군과 해군을 막론하고 대미 전쟁 불사론을 외치면서 남방으로의 진출을 추진했다.

'남방 문제'와 '북방 문제'를 분리할 수 없게 되자 서구 제국의 압제로부터 아시아를 해방시키는 것이 일본을 지도국으로 하는 '대동아권'의 '공영'을 위해서 필수적인 조건이 되었다. 그것은 무력 충돌까지 불사해야 겨우 시도할 수 있는 과제였다. 중일전쟁 종결이라는 북방 문제와 동남아시아의 자원 확보라는 남방 문제가 연계되면서 일본은 연합국과의 전쟁으로 치달았다. 그것을 위해 일본이 내건 기치가 '아시아의 공영'이었다는 사실은 역설적이다. 일본에게 절실했던 것은 아시아의 평화가 아니라 전쟁을 수행하기 위해서 필요한 자원이었기 때문이다. 그것을 확보하기 위해 의지했던 수단 역시 무력 침공이었다.

3) 대남방 국책

일본 정부는 1940년 7월에 필요할 경우 동남아시아에 대해 '무력을 사용'하여 전쟁을 개시하겠다는 '남방 작전'을 수립했다.[14] 하지만 이 시점에서 제3국과의 무력 충돌 가능성에 대해서는 여전히 신중한 태도를 취했다. 외교적이고 우호적인 수단을 사용한다는 원칙 또한 강조했다. 그런데 중일전쟁을 끝내기 위해서라도 남방 문제를 해결해야 한다는 결단에 내몰리게 되자, 미국·영국과 전쟁을 하게 된다면 역시 남방에서 개시하게 되리라는 예측에 이르렀다.

대본영육해군부는 전쟁 준비를 진전시켜 1941년 6월 6일 「대남방시책요강」을 결정했으며, 6월 25일에는 이것을 대본영정부연락회의에서 확정했다. 여기에 "대동아공영권 건설의 도상에서 제국이 당면한 대남방 시책의 목적은 제국의 자존자위를 위해 속히 종합 국방력을 확충"하는 것이며, 이를 위해 "프랑스령 인도차이나, 타이 사이에 정치, 경제에 걸쳐 긴밀한 결합관계를 설정"한다. 또 "네덜란드령 인도네시아와 긴밀한 경제관계를 확립"하고 다른 나라와도 통상관계를 유지하되 가능한 외교적 시책에 따르는 것을 원칙으로 한다. 그러나 서양 제국의 금수 조치로 일본의 자존이 위협을 받거나 군사적 위협이 가중되면 "제국은 자존자위를 위해 무력을 행사"하기로 했다.[15]

9월 6일 어전회의에서 결정된 「제국국책수행요령」에서 제시된 '남방에 대한 시책'에도 일본의 자존과 자위를 위해 미국 및 네덜란드와 전쟁을 피하지 않겠다는 내용이 포함되었다. 구체적으로는 10월 하순까지 전쟁 준비를 완료하기로 했다.[16] 11월 1일 대본영정부연락회의에서 결정되고, 11월 5일 어전회의를 통과한 「제국국책수행요령」에서는 마침내 "대동아의 신질서를 건설하기 위해" 미국·영국·네덜란드와의 전쟁을 일으킬 것을 결의했다.[17]

1941년 말 대미 개전을 준비하면서 일본 정부는 이 전쟁의 기본 성격을 필수 자원 획득전으로 규정했다. 전쟁의 목적으로는 다음 세 가지를 선언했다. 첫째는 제국 생존권(生存圈)의 획득 즉 자존자위의 필요에 따라 실력으로 적성 국가의 포위진을 돌파한다. 둘째 영국, 미국, 네덜란드의 장제스 지원 행위를 발본적으로 근절한다. 셋째 대동아의 부흥과 융성, 또는 대동아의 항구적 평화와 안정을 이룬다. 이것이 일본 정부 내에서 개전의 명목을 정리한 골자였다.[18] 따라서 동남아시아가 이 전쟁의 주된 무대가 되지 않을 수 없었다.

개전 결정에 이르는 과정에서 드러나듯이 북방 문제와 남방 문제는 결합되었고, 일본은 남방의 자원 획득을 절체절명의 과업으로 설정했다. 무력행사를 동반하는 '대남방 국책 수행'을 국시로 삼게 된 상황에서 미국과의 타협이나 조정은 불가능해지고 있었다.[19] 일본의 계획대로 중일전쟁에서 군사적으로 중국을 제압할 수 있었다고 하더라도 방대한 중국의 영토와 일본의 제한된 자원을 감안할 때 그런 상태가 안정적이고 영구적으로 지속될 가능성은 희박했다. 일본은 독일의 우세와 승전이 이어지는 유럽의 전세를 활용해 중일전쟁을 해결하고, 소련의 남하를 저지하는 동시에 남방을 공략하기로 했다. 유럽의 식민지배 아래 놓여 있는 동남아시아 각국의 지지를 끌어내기를 기대하면서 일본은 '아시아 해방'과 '대동아공영권'이라는 이데올로기를 내세웠던 것이다.

동남아시아 기습 이후 일본군이 승리하며 기세등등하게 진군하던 1942년 1월, 도조 히데키 총리대신은 제국의회에서 행한 연설을 통해 '대동아공영권' 건설을 국내외에 선포했다.

제국이 현재 수행하고 있는 대동아전쟁 지도의 요체는 대동아에서 전략 거점을 확보하는 동시에, 중요 자원 지역을 우리의 관리 통제 아래 두어 우리의 전력(戰力)을 확충하고 (…) 미영 양국이 굴복할 때까지 밀어붙이는 것입니다. (…) 대동아공영권 건설의 근본방침은 (…) 대동아의 각 국가 및 각 민족이 각각 자기 자리를 차지하고 제국을 핵심으로 하는 도의에 바탕을 둔 공존공영의 질서를 확립하고자 하는 것입니다. (…) 이번에 새로 이 건설에 참가하게 된 지역은 자원이 매우 풍부함에도 불구하고 최근 100년 동안 미국과 영국 등에게 극히 가혹한 착취를 당했고, 그로 인해 문화 발전이 심하게 저해된 지역입니다. 제국이 이 지역을 획득해 인류 역사상 신기원을 긋는 새로운 구상 아래 대동아의 영원한 평화를 확립하고 나아가 맹방(盟邦)과 함께 세계 신질서의 건설을 이루고자 하는 것은 정말 전례가 없는 대사업입니다.[20]

이처럼 일본은 발전이 지체된 동남아시아를 미국과 영국의 가혹한 착취로부터 해방시켜 '대동아공영권'을 건설하겠다는 명분을 국내외에 거듭해서 선포했다. 일본의 정책은 기본적으로 전쟁 수행과 긴밀하게 연결된 국익 실현에 초점이 맞추어졌을 뿐, 막상 동남아시아에 대한 이해는 부족했다. '남방권은 지리적으로나 민족적으로나 복잡하다. 문화와 역사도 복잡하여 올바른 질서가 형성되지 못했다. 이런 남방권에 대한 영국, 미국, 네덜란드의 지배는 자신들만을 위한 것이었고 남방권을 위한 100년 계획이 없었다. 그들을 제거하고 새로운 질서를 가져오려는 것이 대동아전쟁의 목적이다. 이 전쟁을 통해 남방권 주민은 황국의 새로운 지도를 맞이하게 되었다'는 것이 동남아시아를 대하는 인식의 전제였다.[21]

서전의 승리에 흥분하고 고양된 일본에서는 '남진열'이 끓어올랐다. 메이지 시기에 집필된 저서들이 1942년에 '대동아공영권' 구상과 남진론의 선구자로 각광을 받으며 다시 부각되었다.[22] 대남방 전쟁은 내용상 메이지 시기 이래의 상업적 남진론과 직접적으로 연결되어 있지 않았다. 민간에서 회자되던 '남양론'이나 동남아시아 현지와의 교류와는 별개로, 중일전쟁의 추이에 따라 내몰리게 된 군사적 결정이었다. 비록 자존자위를 위한 정당방위라면서 침략을 합리화했지만 실실석인 복적은 현지의 자원 약탈이었다. 그러나 막상 전쟁을 시작하고 현지를 점령하게 되자 일본 국내에서는 남진열이 고조되었고 새롭게 전개되는 상황을 메이지 시기 이래의 남진론과도 연결해 역사적 의미를 부여하려는 움직임까지 나타났던 것이다.

전쟁 초기의 흥분과 기대에도 불구하고 '공존공영의 질서' 구축이라는 일본의 선전은 실현될 수 없었다. 전황이 끝도 없이 악화하는 가운데 1943년 5월 29일 대본영정부연락회의와 5월 31일 어전회의에서는 「대동아정략지도대강(大東亞政略指導大綱)」을 결정했다. 여기서 정해진 '방침'은 "대동아전쟁을 완수하기 위해 제국을 중핵으로 하는 대동아의 제 국가, 제 민족을 결집하기 위한 정략 태세를 다시 정비 강화하고 전쟁 지도의 주도성을 견지하며 세계정세의 변화에 대처"할 것, "정략 태세의 정비는 제국에 대한 제 국가, 제 민족의 전쟁 협력 강화를 주안으로 하며, 특히 지나문제를 해결"할 것으로 압축되었다. 이와 같은 기본방침 아래 각국에 대한 대책을 구체적으로 제시했는데, 타이와 프랑스령 인도차이나에 대해서는 기존의 방침을 유지하고 버마와 필리핀은 서둘러 독립시킨다는 것, 그 밖의 점령지역인 "말라야, 수마트라, 자바, 보르네오, 술라웨시는 제국 영토로 결정하고 중요 자원의 공급지로서 적극 개발하며 민심 파악에 노력"할 것이라고 정리했다.[23]

여기에는 점령한 여러 지역 가운데 가장 중요한 자원 공급지인 영국령 말라야와 인도네시아 지역에 대해서는 일본의 직할령 즉 사실상의 식민지로 삼겠다는 방침이 담겨 있다. 그렇지만 해당 지역들을 직접 통치하겠다는 결정을 대외적으로는 공표하지 않는다는 단서를 달았다. 현지의 반발을 불러일으킬 것이 뻔했기 때문이다. 독립국인 타이, 그리고 프랑스 식민정부를 인정하고 있던 프랑스령 인도차이나에서는 기존 상태를 유지하고 버마와 필리핀은 독립을 시킨

다음, 독립국의 형식을 갖춘 각국 지도자를 일본으로 불러 모아 '대동아공영권' 확립을 대내외에 알리겠다는 '대동아회의(大東亞會議)' 계획도 이 결정에 포함되어 있었다. 직할령의 대상으로 설정된 영국령 말라야와 네덜란드령 인도네시아는 독립국이 아니기 때문에 '대동아회의'의 초청 대상에 포함되지 않았다.

일본은 남방 점령 이후에도 해결하지 못한 '중국문제'에 계속해서 시달리는 가운데, '대동아공영권'에 속하는 각 국가와 민족의 전쟁 협력을 독려하기 위해 필요와 조건에 따라 차별화된 정략 태세의 정비를 시도했다.

2. '대동아공영권'의 범위와 구조

1) '대동아공영권'의 범위

1970년대 접어들어 일본에서는 동남아시아 지역 연구가 본격화되었다. 대표적인 동남아시아 지역 연구자인 정치학자 야노 도루(矢野暢)는 '대동아공영권'은 거창한 구상이나 계획이 없는 '공허한 개념'이었다고 단언했다. 일본 군부가 남진 노선을 국책으로 채택하면서 1940년 후반기에 '대동아공영권'이라는 표현이 정부 차원에서 공식화되었지만, 당시의 남진정책은 일정한 계획 없이 상황에 내몰리는 임기응변의 연속이었다고 평가했다. 상황에 대한 객관적 인식이 부족했기 때문에 오히려 대담하고 노골적인 정책 구상이 나왔다는 것이다.[24]

'대동아공영권'은 동북아시아와 동남아시아, 인도와 호주까지를 포함하는 광대한 지역을 블록화하여 일본의 생존 권역으로 삼으려는 구상이었다. 그것을 합리화하기 위해 서구 열강에 대항하는 지리적, 인종적, 문화적 차이를 동원하여 '아시아 해방'을 명분으로 내걸었다. 그것은 해당 지역에 대한 일본군의 군사적 침공을 정당화하기 위한 구호이기도 했다. 또 중일전쟁을 서둘러 처리하기 위해 선택할 수밖에 없었던 우회로였으며, 북방의 주적인 소련의 남하를 예방하고 억제하여 일본의 안보를 보장받고자 한 군사·안보적 권역의 성격도 갖고 있었다. 동남아시아 지역에 대해서는 자원 공급 등 경제적 가치가 집중적으로 부각되었다.

그렇기 때문에 '대동아공영권'을 체계적이고 정교하게 만들어진 구상으로 가정하고 그 의미를 해석하려는 것이 오히려 이해를 어렵게 만들 수 있다. 지금까지 보았듯이 일본의 군부와 정부는 전황에 따라 시책을 결정했으며, 예상이나 기대에 어긋나는 상황에 대응하기 위해 애초의 구상을 변화시켰다. '동아 신질서', '대동아 신질서', '동아공영권', '대동아공영권'이라는 명칭에서도 그런 혼돈을 읽을 수 있다. 이 명칭들은 문맥과 상황에 따라 가리키는 대상이나 내용이 조금씩 달랐다. 궁극적으로 미국에 대한 대응을 의미하는 '남방 작전'도 중일전쟁의 전개 및 유럽의 전황에 연동되면서 구체화되었다.

제1부에서 소개했듯이 일본에서는 메이지 시기부터 '남양'에 대한 사고와 논의가 시작되었고 국내외 정세에 따라 변화를 거듭했다. 그러나 1940년대 동남아시아 침공은 역사적으로 있었던 '남진론'이나 민간의 남방 '진출'과는 무관하게 감행된 것이었다. 그러나 거듭해서 승리를 거두고 동남아시아 일대를 일본군이 점령하게 되자 '남

진열'이 일본을 휩쓸게 되었다. 이러한 상황에서 메이지 시기 이래의 '남진론'을 다시 끌어와 역사적 연속성과 이념적 의미를 부여하려는 시도가 나타났던 것이다.

1940년대에 일본이 '대동아권'을 구상할 때 인식한 군사적·정치적 공간은 중일전쟁의 연장선에서 팽창 대상으로서 삼았던 '남방'보다 훨씬 광역이었다. 육군성에서 1940년 3월에 작성한 연구 문서에서 그 윤곽을 파악할 수 있는데, 대동아권의 범위를 다음과 같이 제시했다.

> 본 연구에서 대동아권이란 일만지(日滿支) 지역, 네덜란드령 인도네시아와 영국령 말라야를 중심으로 하는 동남아시아 지역(네덜란드령 인도네시아, 영국령 말라야, 버마, 타이, 프랑스령 인도차이나, 필리핀)과 영국령 인도 지역, 호주 지역 등 네 지역을 포함한다. 앞의 둘은 동아공영권이라고 하고, 뒤의 둘은 영국령 인도·호주권이라고 하기도 한다. 전자가 대동아권의 중핵권이며, 후자가 그 외곽권이다.[25]

이 시점에서 '대동아권'은 일본을 중심으로 하여 동심원으로 확대한 최대 크기의 원으로 상정되었다. 일본 육군이 주도했던 북진 대상 지역인 만주와 중국, 그리고 현실적으로 침공의 필요성이 부각된 동남아시아 전역을 포함한 지역을 동아공영권이라고 하여 '대동아권'의 중핵으로 삼았고, 인도와 호주를 외곽권으로 설정했다. 일본의 식민지인 조선과 타이완은 '대동아권'의 최상위 핵심인 '일본'에 포함되어 있었다.

육군성이 이 연구 문서를 작성한 시점은 일본 육군이 '남진론'으

로 전환하면서 남진정책을 적극적으로 모색한 시기와 일치한다. 이와 같은 연구들을 토대로 1940년 7~8월에 '대동아공영권'이라는 용어가 일본 정부 차원에서 공개적으로 공표되었던 것이다. 이 시점에 일본 정부가 '대동아공영권'의 지리적 범위를 어떻게 설정했는지 유추할 수 있는 자료가 있다. 1940년 9월 4일 총리대신과 육군대신, 해군대신, 외무대신의 회의에서 결정되고, 9월 19일 대본영정부연락회의를 통과한 「일독이 추축 강화에 관한 건(日獨伊樞軸強化に關する件)」의 비밀 규정에는 다음과 같은 내용이 포함되어 있다.

> 독일, 이탈리아와의 교섭으로 황국의 대동아 신질서 건설을 위한 생존권으로 고려하는 범위는 일만지(日滿支)를 근간으로 하고, 구 독일령 위임통치 제도(諸島), 프랑스령 인도차이나 및 프랑스령 태평양 도서(島嶼), 타이, 영국령 말라야, 영국령 보르네오, 네덜란드령 인도네시아, 버마, (호주, 뉴질랜드) 및 인도 등으로 한다. 단 교섭상 우리 측이 제시하는 남양 지역은 버마 동쪽의 네덜란드령 인도네시아, 뉴칼레도니아 이북으로 한다.[26]

이 내용에 이어 네덜란드령 인도네시아에 대해서는 일본의 "정치적·경제적 우월적 지위를 인정해야 한다"는 내용을 별도로 명기했다. 동남아시아 각국 중에 필리핀이 빠져 있는 것은 미국을 의식했기 때문이다. 미국과의 외교적 타결을 완전히 포기하지 않았던 이 시점에는 필리핀을 제외했지만, 미국 및 영국과 전쟁을 개시한 뒤에는 필리핀 역시 일본의 관할권으로 포함했다.[27]

'대동아공영권'을 대외적으로 공표한 시점에 동맹을 체결한 독일과 이탈리아에게 인정해달라며 제시한 '대동아 신질서 건설을 위한 일본의 생존 권역'은 만주와 중국, 남양군도, 동남아시아, 호주와 뉴질랜드, 그리고 인도까지 포괄하는 넓은 지역으로, 앞에서 육군성이 구상한 '대동아권'과 일치한다. 삼국동맹을 체결한 상대 국가에 대해 "세계의 신질서 건설에 관한 공통의 입장을 인식하고 남양을 포함하는 동아에서 일본의 생존권"을 존중받을 목적으로 이 권역을 제시했던 것이다.[28] 그러므로 이때 최대치로 설정된 '대동아권'이 이후 구체화된 '대동아공영권'으로 그대로 전환되지는 않았다. 중핵권과 외곽권으로 구성된 '대동아권'에 대한 논의는 구상을 구체화하는 과정에서 일만지와 동남아시아 지역 즉 '중핵권'으로 집중되어갔다.

2) '대동아공영권'의 구조

'대동아전쟁'을 통해서 형성될 '대동아'의 새로운 질서는 군부의 주도로 경합했던 남진론과 북진론을 초월하는 새로운 세계질서였다. 일본이 자신감에 차 있던 1942년 9월에 해군성 조사과에서 제출한 「대동아공영권론」(1942년 9월 1일자)이라는 보고서에는 '대동아공영권'의 질서에 대한 구상을 짐작할 수 있는 단서가 제시되어 있다. 이 보고서는 앞에서 소개한 1943년 5월 31일자로 어전회의에서 결정된 「대동아정략지도대강」의 구상과도 매우 유사하다.

이 보고서에 수록된 내용을 정리해보면 '대동아공영권'은 5개의 권역으로 이루어져 있다. 구체적으로 ① 지도국, ② 독립국, ③ 독립보호국, ④ 직할령, ⑤ 권외국의 주권 아래 있는 식민지(프랑스령 인도차이나, 포르투갈령 티모르)로 나뉜다. 이들은 지도국인 일본을 정점으로 해서 위계적인 질서를 형성한다. 각각에 속하는 민족과 국가를 살펴보면, 일본의 식민지인 조선과 타이완은 ① 지도국에 속한다. 중화민국(난징南京 국민정부)과 만주국, 타이는 ② 독립국에 해당한다. 여기서 말하는 '독립'은 절대주권을 가진 국가라는 의미가 아니라 일본이 매개하는 지도에 복종하는 것을 전제로 하는 독립이다. 그 아래에 버마, 필리핀, 자바로 이루어진 ③ 독립보호국이 자리한다. 그들은 대외적으로 '독립국'이라고 선전할 수 있지만 실제로는 지도국 일본의 종주권에 복종하는 불완전한 독립국이다. 이런 구도를 전제로 1943년 8월과 10월에 버마와 필리핀은 명목상으로나마 '독립'을 했다. ④ 직할령은 지도국 일본이 직접 영토로 삼고 통치하는 곳인데, '대동아 방위의 중요 전략 거점 및 후배지'를 가리킨다. 영국령 말라야 외에 수마트라, 칼리만탄, 술라웨시와 자바까지 아우르는 오늘날의 인도네시아 전역을 '제국 영토'로 결정했다. 한편, 프랑스령 인도차이나와 포르투갈령 티모르에 대해서는 원래 해당 지역을 지배하고 있던 서구 열강의 주권을 그대로 인정해서 ⑤ 권외국의 주권 아래있는 식민지로 설정했다.[29]

이러한 다섯 권역을 ① 지도국과 여타 국가들 사이의 지배와 피지배 관계라는 관점에서 유형별로 나누면 크게 3가지 범주로 정리할수 있다. 첫째는 ① 지도국과 ② 독립국과의 관계로서 동남아시아 유일의 독립국이었던 타이와의 관계처럼 형식적일지언정 국가와 국가간의 동맹을 체결한 경우이다. 일본과 타이는 1941년 12월 21일 일태공수동맹조약(日泰攻守同盟條約)을 체결하여 양국의 독립 및 상호주권을 존중하며 동맹을 설정하고 동맹국으로서 정치적·경제적·군사적으로 상호 원조를 약속했다. 두 번째 범주는 ① 지도국과

⑤ 권외국의 주권 아래 있는 식민지와의 관계로, 현지를 지배하던 구식민지 종주국과 일본이 이중 지배를 하는 형태이다. 프랑스령 인도차이나에 속하는 베트남, 라오스, 캄보디아와 포르투갈령 티모르가 여기에 해당한다. 그러나 1945년 3월에 일본군은 인도차이나에서 프랑스를 축출하고 괴뢰정권을 세웠다. 세 번째 범주는 ① 지도국과 ③ 독립보호국 및 ④ 직할령과의 관계로서 일본이 직접 현지에서 군정을 실시한 경우이다. 여기에는 버마와 필리핀처럼 형식적이지만 독립을 부여한 ③ 독립보호국과 영국령 말라야와 싱가포르, 네덜란드령 인도네시아처럼 일본이 영구적으로 자국 영토로 삼고자 했던 ④ 직할령이 해당한다. 일본은 점령 이후 군정을 실시했던 ③ 독립보호국 버마와 필리핀에 대해 1943년 8월과 10월에 각각 독립을 선언하게 했다. 이것은 '만주국'처럼 독립국의 형식을 갖추고는 있지만 실질적으로는 일본군의 지도를 받았다. ④ 직할령에 해당하는 지역은 1943년 5월 31일 어전회의에서 결정한 「대동아정략지도대강」에서도 영구적인 확보 대상으로 명기했다. 당시에는 네덜란드령 인도네시아도 직할령에 포함되어 있었다.[30] 그러나 인적·물적 자원의 보고인 인도네시아의 협력 없이는 전쟁을 수행할 수 없다고 판단했기 때문에 일본은 1944년 7월 "대동아전쟁 완수에 기여하기 위해 제국은 가급적 서둘러 동인도의 독립을 용인하고 그것을 위해 바로 독립 준비를 촉진 강화하"겠다는 결정을 내렸다. 독립 시기는 명시되지 않았다.[31] 이 내용이 1944년 9월 7일 신문에 보도된 이른바 '고이소 성명'이었다.[32] 그렇지만 일본이 항복한 1945년 8월 15일까지도 인도네시아의 독립은 성사되지 못했다. 지금까지 소개한 '대동아공영권'의 횡적 구조를 그림으로 나타내면 〈그림 4-1〉과 같다.

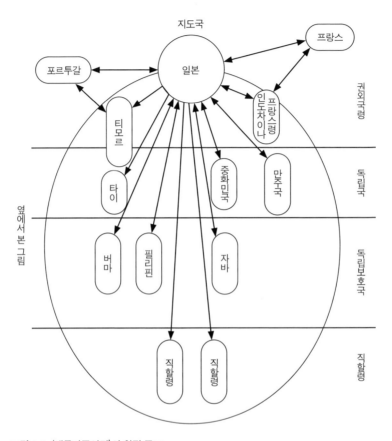

그림 4-1. '대동아공영권'의 횡적 구조

1942년 9월 일본 해군성 조사과의 보고서 「대동아공영권론」에서 구상한 '대동아공영권'의 횡적 구조.

출처: 後藤乾一, 1995, 『近代日本と東南アジア: 南進の'衝擊'と'遺産'』, 岩波書店. p. 188에 의거 재작성.

한편, '대동아공영권'을 구성하는 권역 가운데 ⑤ 권외국의 주권 아래 있는 식민지에 해당하는 포르투갈령 티모르는 일본이 남양군도와 호주에 대한 군사 작전 수행을 위해 특별히 중시한 지역이었다. 그런 이유로 이 일대에 대해 1930년대부터 '호아지중해(濠亞地中

海)'라는 지역 개념이 일본에서 사용되었는데, 인도네시아 동부 해역과 호주 북부 연안에 둘러싸인 해역을 가리킨다. '호아지중해'는 이 지역 중앙에 위치하고 있는 티모르를 향한 남진, 더 나아가 호주에 대한 일본의 대응과 관련되어 있다. '호아지중해'가 가리키는 곳은 1910년대 이래 일본 지배 지역인 남양군도(내남양)에서 더 남하하여 도서부 동남아시아(외남양)와 접하고 있는 주변 지역을 포괄한다. 1930년대에는 '내남양' 또는 '안쪽 남양'의 범위를 이렇게 확장시켜 인식하기도 했다. 이곳은 외진 변경이었지만, 1930년대부터 1940년대 전반에 걸쳐 국제관계의 초점이 되었고, 군사적으로도 민감한 지역으로 부상했다. 하지만 '호아지중해'라는 지역 개념은 전적으로 일본의 전략적 요청에 따라 파생된 개념이며, 지정학적 색채가 너무 강해서 일과성 개념에 불과한 것이라는 평가를 받는다.[33]

〈그림 4-2〉는 ① 지도국=일본과 각 국가 사이의 상호관계를 나타낸 것이다. '대동아공영권'에 속하는 모든 국가와 지역은 기본적으로 ① 지도국=일본과의 '개별 관계'만이 허락된다. ② 독립국이나 ③ 독립보호국, ④ 직할령과 ⑤ 권외국의 주권 아래 있는 식민지 사이에 직접 관계는 설정되어 있지 않다. ① 지도국=일본의 개입 없이 각 국가가 직접 관계를 맺는 것은 '제국'의 지도적 지위를 위태롭게 할 수도 있기 때문이다.

'대동아공영권'을 구성하는 각 요소에 대해서는 일본을 중핵으로 해서 단일한 '일체적 자각'을 공유할 것을 요구했다. 해군성 조사과의 보고서는 일본의 '지도 매개'를 중시한 것은 물론이고, 거기에서 너 나아가 서구적 원리에 대한 아시아적 원리의 우위성을 역설했다. 서구적 개념의 독립은 '모든 민족의 원심적 분열'을 가져올 뿐이므로

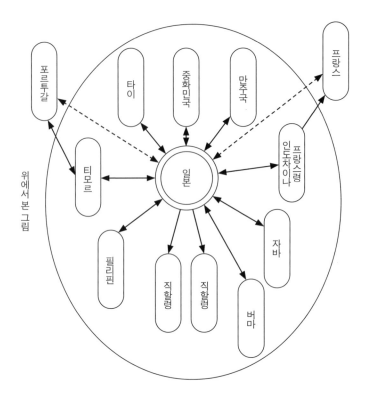

그림 4-2. 위에서 본 '대동아공영권'의 구조
1942년 9월 일본 해군성 조사과의 보고서 「대동아공영권론」에서 구상한 '대동아공영권'의 구조.
출처: 後藤乾一, 1995, 『近代日本と東南アジア: 南進の'衝擊'と'遺產'』, 岩波書店, p. 188에 의거
재작성.

'대동아공영권'에서는 아시아적인 '구심적 통치' 자체가 진정한 해방
이라고 하는 발상이었다. '제국의 지도 아래' 각 구성 요소가 '각각의
능력, 가치, 척도에 어울리는 지위를 부여받으며 더욱이 전체로서 유
기적인 통일'을 유지하는 것이 바람직한 '대동아 신질서'의 모습이라
는 것을 강조했다.[34]

　'대동아공영권'의 질서구조에서 일본은 공영권의 중핵이자 지도

국의 지위를 차지한다. 여기서는 일본과의 2국 관계를 기본으로 하는 수직적 질서 관계가 형성되었으며, 이 질서에 포함되어 있는 각국에게 수평적이고 자율적인 상호관계는 허용되지 않았다. 각국은 일본의 지도에 따라 '일체적 자각'을 공유하면서 간접적으로 연결되어 주어진 역할을 감당해야 했다.

3) 피할 수 없는 균열과 '일본 외교의 과오'

'대동아공영권'을 지정학적으로 이해하는 것은 그 침략적 성격을 합리화하는 효과를 낳는다. 일본은 섬나라이기 때문에 대륙으로 나아갈 수밖에 없다는 논리는 영토 확장을 위한 일본의 제국주의적 팽창을 불가피한 것으로 정당화하는 것과 마찬가지이다. 여기에 민족의 번영과 쇠퇴에 따라 영토가 확장되거나 축소된다는 민족 국경론이 결합되면 우수한 민족이 열등한 민족을 침략하여 지배하는 것은 자연스러운 현상이 되며 별 문제가 되지 않는다. 바로 이런 성격의 '일본지정학' 확립에 중요한 역할을 한 인물이 고마키 사네시게(小牧實繁, 1898~1990) 교토제국대학(이하 '교토제대') 교수이다. 그는 '동아의 다민족과 다문화를 흡수하고 포용할 수 있는 이념 혹은 사상적 일체감, 그리고 서구와 차별화할 수 있는 동양적인 세계관과 질서가 내포된 일본지정학'을 확립하고자 했다. 거기에는 아시아의 지리적 근접성과 동문동종, 황도(皇道) 사상이 내포되어야 했다.[35]

이런 일본지정학의 일차 피해자는 한반도였지만, 그 범위는 만주와 중국을 거쳐 급기야는 동남아시아와 서태평양 지역으로까지 확장되었다. 그 관념은 군국주의와 결합되어 "고도국방국가는 국가의 생활력을 적극적으로 보증하기 위해 광역권을 설정하고, 자급자족의 경제체제를 확보하려고 하는 절대적 필요성 때문에 다른 많은 지역을 지배하고, 이렇게 하는 것에 의해 오히려 보다 높은 의미에서 국가 생활의 조화를 요구하는 것이다. (…) 국가는 그러한 방향에서 영역의 확대를 지향하는 것이 당연하다"라는 주장으로 정리되었다.[36] 고마키 사네시게는 1942년에 "독일지정학이 미영을 수괴로 하는 금융자본주의 국가에 의한 세계의 구질서를 타파하고 신질서를 건설하는 신무기가 될 수 있다는 점에서 옛날 개념인 탐험 등과는 본질적으로 다르며, 일본지정학은 황도 일본정신을 근본으로 삼아 일본과 주변 국가들을 위한 올바른 국책 방향을 제시하는 데 그 사명이 있다"고 주장했다.[37] 그가 제시한 일본지정학은 경제적·군사적인 일본의 대외 팽창을 일본 중심의 황도주의 이데올로기와 결합해 미화한 것이라고 할 수 있다. '대동아공영권'은 그런 황도주의적 일본지정학의 또 다른 모습이었다.

태평양전쟁 개전 직후 도조 히데키 총리대신은 제국의회 시정연설에서 동남아시아는 "자원이 매우 풍부함에도 불구하고 최근 100년 동안 미국과 영국 등에게 극히 가혹한 착취를 당했"다고 하면서 일본제국이 그곳을 착취로부터 해방할 것이라고 주장했다. '대동아공영권' 구상은 이렇게 아시아에 대한 일본의 우월감과 맹주의식에도 또한 기대고 있었다.[38]

하지만 일본을 중핵으로 하는 '대동아공영권'이라는 동심원 질서의 핵심에 자리하고 있는 목적은 '자원 획득'이었다. '대동아공영권'의 전제 조건은 "공업국가인 일본을 중심으로 원료 및 식량 자급을 충족할 수 있는 범위인 근린 여러 지역을 최소한의 필요 지역으로 포함하지 않으면 안"되었다.[39] 일본은 '대동아공영권'을 자급자족체제로 만들기 위해 주요 자원의 획득과 개발에 관심을 가졌으며, 자원 개발과 관련 없는 공업의 육성은 고려하지 않았다. 군정 기간 동안 식료품 등 생활물자는 자급자족을 원칙으로 삼았다. 그럼에도 불구하고 '대동아공영권' 경제의 붕괴를 피할 수는 없었다. 자급자족체제를 구축하기 위한 핵심 조건인 선박의 부족 때문이었다. 군수물자의 수송을 위해 선박을 동원했는데, 군사적 패배가 이어지면서 선박 부족 문제가 점점 심각해졌다. 광역의 '대동아공영권' 경제는 원활한 무역과 순조로운 수송에 의해서만 유지될 수 있었다. 그런데 공습으로 일본 본토의 공산품 생산에 차질이 생긴 데다 전세가 악화하면서 일본으로의 자원 수송이 전면 중단되고, 현지의 생산도 중단되었다. 그에 따라 '대동아공영권' 경제는 빠른 속도로 초토화되었다.[40]

일본은 동남아시아 국가들에 대해 말로만 독립을 부여한다고 하고서 실제로는 일본의 자원 공급처로 이용하는 데 골몰했다. 해방자를 자처한 일본은 1943년 11월 5일과 6일에 '대동아회의'를 개최했다.[41] 일본 정부가 도쿄에서 주최한 동남아 각국의 정상회의로, 일본을 비롯해 만주국, 중화민국(난징 국민정부), 타이, 버마, 필리핀 등 6개국이 참석했다. '대동아공영권'의 질서구조에 빗대어보면 ① 지도국인 일본, ② 독립국인 만주국, 중화민국, 타이, ③ 독립보호국이었다가 독립을 선언한 버마와 필리핀으로 구분할 수 있다.

아시아 각국에서 지도자급 친일 인사들이 이 회의에 참가했으며, 11월 6일에는 「대동아공동선언(大東亞共同宣言)」을 발표했다. 그 내용은 '자국의 번영을 위해 타국가, 타민족을 억압하고, 특히 대동아를 착취하고 예속화하고자 하는 미국과 영국 때문에 대동아전쟁이 일어났다'는 것, 이에 "대동아 각국은 서로 제휴하여 대동아전쟁을 완수하고 대동아를 영미의 질곡에서 해방시켜 그 자존자위를 완전하게 하고", "대동아를 건설하여 세계평화 확립에 기여하자"는 것이었다. 그것을 위해 '서로 협동하고 상호 간의 자주독립과 전통을 존중하며 호혜적으로 긴밀하게 제휴하자'는 등의 5원칙을 채택했다.[42] 「대동아공동선언」에서는 미국과 영국은 착취자이며 아시아를 예속시켜 전쟁의 원인을 제공했고, 일본은 아시아의 해방자이자 '대동아' 건설을 위한 지도자라는 종래의 주장이 반복되었다.

대동아회의는 아시아에서 일본 세력의 우위를 획책하기 위한 국제적 이벤트이자 역사상 최초로 유색인종만이 모인 정상회의였다.[43] 회의 참가 자격이 형식상의 독립국가였기 때문에 네덜란드령 인도네시아와 영국령 말라야 등 일본이 직접 통치하면서 영유하고자 했던 지역은 초청받지 못했다. 일본은 점령 초기부터 인도네시아 등지에 대해 명백한 영유 의사를 갖고 있었다. 대외적으로 공표만 하지 않았을 뿐, 1942년 후반에서 1943년 봄 사이에 그 방침을 확정했다. 그런데 버마와 필리핀이 명목상의 독립을 선언하게 한 뒤, 이들을 포함해 6개국을 독립국 자격으로 대동아회의에 초빙하면서, 인도네시아에는 알리지조차 않았다. 일본은 인도네시아의 민심 이반을 막기 위해 대동아회의가 끝난 직후 별도로 수카르노 등 지도자를 일본으로 초빙했다. 이때에도 대동아회의 내용은 정식으로 전달되지 않았기 때문에 일본에 대한 인도네시아 지도자들의 불신이 깊어졌다.[44]

영국령 말라야, 싱가포르, 네덜란드령 인도네시아 등지를 영구적으로 '영유'하려던 일본의 기도는 영토적 팽창에 대한 집착을 보여준다. 「대동아공동선언」을 통해 '대동아 각국이 인종적 차별을 철폐

하고 문화적 교류와 자원 개방을 통해 세계평화와 발전에 기여하겠다'고 선언했지만,[45] 그 선언의 주체로 초청되지 못한 아시아 각국에게 '자주독립'을 내건 그 선언은 역설적이게도 '대동아공영권' 구상의 자기모순을 노골적으로 직면하게 만들었다. 거기에는 조선처럼 지도국=일본의 일부여서 하나의 국가로 호명될 자격조차 얻지 못한 식민지도 포함되었다. '대동아전쟁의 완수와 시급한 대동아 건설'을 위해 기획한 국가적 이벤트는 '대동아공영권' 내부에 엄존하는 균열을 가시적으로 드러낸 사건이었다.

1945년 3월 9일 일본군은 프랑스령 인도차이나 전역에서 프랑스 관료와 군인을 체포하고 프랑스 지배를 종료시켰다. 전세가 밀리자 기존에 구 종주국의 권한을 인정하면서 이중 지배 형태를 유지하던 방식을 포기하고 친일정권을 수립했던 것이다. 일본은 전황이 불리해지는 가운데 군사적 패전을 만회하고 동남아시아에 친일 세력을 심어놓기 위한 최후의 조처에 매진했다. 프랑스령 인도차이나에 속해 있던 캄보디아가 3월 13일 독립했고, 4월에는 라오스가 독립했다.[46] ① 지도국을 중핵으로 '대동아공영권'의 위계적 질서구조를 이루는 ② 독립국, ③ 독립보호국, ④ 직할령, ⑤ 권외국의 주권 아래 있는 식민지 가운데 ⑤에 해당하는 인도차이나를 프랑스로부터 독립시킨 것이었다(〈그림 4-2〉 참조). 또 1945년 4월 29일에 미군이 필리핀을 점령하자 일본군은 인도네시아에서 민족 대표들로 구성된 독립준비기구를 만들었다. 노골적으로 패망으로 내몰리게 되자 일본은 인도네시아의 독립을 승인하겠다는 계획을 발표했다.

1930년대 중반까지도 '무력 남진'은 일본 정부의 적극적인 선택지가 아니었다. 그렇지만 침략적 북진론과 북진정책에 대한 국제적 비난을 회피하고 군사적 열세를 만회하기 위해 남진을 채택하게 되었다. 또한 그것을 위한 이념으로서 아시아의 '해방'을 내걸면서 국제사회의 칭송을 기대했다. '대동아공영권'은 북진=침략, 남진=해방이라는 이미지를 전유하고 확대한 것이었다. 하지만 일본은 '대동아'의 맹주가 될 수는 없었다. 동심원으로 확대되어나가는 '대동아공영권'은 남방의 '자원 획득'을 위해 만들어낸 억설에 지나지 않았다. 동남아시아에 대한 일본의 점령정책에서 알 수 있듯이, 일본이 내건 명분의 실체는 곧 드러났다.[47] 전황이 나빠지면서 「대동아공동선언」에서 내걸었던 '모든 나라의 공영과 세계평화를 위한 대동아 건설' 같은 궤변도 사라졌다.

일본은 동남아시아에 대해 상호 존중과 호혜를 말하면서도 사실상 '속국'으로 인식했다. 그러한 인식이 축적되면서 기형적으로 비대해진 이념은 그것에 반비례해서 허구적 억설이 되어갔다. '대동아공영권'은 북진정책과 남진정책이 결합하여 만들어낸, 일본이 주도하여 건설할 새로운 세계이자 질서였다. 하지만 동심원이 비대해질수록 명분을 유지하기는 더 어려워졌고, 기만 위에 구상된 질서는 실현되기도 전에 해체되었다. '대동아공영'이라는 거짓된 이상주의는 안으로부터 균열과 파탄에 직면하게 되었다.

패전 뒤에 일본 외무성은 일본이 전쟁을 회피할 수 없었던 이유를 분석하여 1951년 4월에 「일본 외교의 과오(日本外交の過誤)」라는 제목의 보고서를 작성했다.[48] 1931년 만주사변부터 패전에 이르기까지의 일본 외교를 '작위 또는 부작위에 의한 과오의 연속'으로 정리하고 8개 항목의 요인을 제시했다. 그 가운데 제6항이 프랑스령 인도차이나 진주와 네덜란드령 인도네시아와의 교섭, 즉 남진에 관한

사항이었다.[49]

우선 1940년 9월의 북부 베트남[북부 불인北部佛印] 진주를 치명적 잘못으로 들었다. 중일전쟁을 위해 장제스 원조 루트를 차단할 목적으로 진주했지만 효과는 없었고, 오히려 전쟁으로 가는 관문이 열렸다. 일본의 예상과 달리 미국은 강경한 대응을 채택하여, 진주 직후인 9월 26일에 설철(屑鐵, 쇠 부스러기)과 철광석 금수를 단행했다. 이보다 앞서 1940년 4~5월 동남아시아에 대한 '현상 유지'를 강조하는 아리타 하치로 외무대신의 성명은 미국이나 영국이 네덜란드령 인도네시아를 지배하지 못하도록 하려는 의도에서 발표된 것이었지만, 대내적으로는 해군을 견제하려는 의도도 있었다. 그러나 유럽에서 독일이 전승을 거두는 상황을 활용하여 1941년 7월에는 남부 베트남[남부 불인南部佛印]에 진주했는데, 이것 역시 무리한 남진이었다. 결과적으로 '대동아공영권'이라는 이념에 스스로 도취되어 미국, 영국, 네덜란드 등의 전쟁 의지와 보유 전력을 과소평가했다고 보았다.

일본 경제를 영미 경제권에서 분리해 독일, 이탈리아와 결합하고 일본의 독자적 블록경제권을 만들어내려는 것은 무모한 계획이었다. 그런 선택의 일차적 책임은 군부에 있다는 것이 패전 직후 일본 외무성의 의견이었다. 그것은 샌프란시스코 강화조약 체결 이후 새로운 일본 외교는 미국과의 동맹을 중심으로 삼아야 한다는 당시 외무성의 분위기를 반영한 것이었다.

제3부

근대 일본의 남양 연구와 남양학

5장

아시아주의와 남양 연구

1. 일본의 내셔널리즘과 아시아주의

1) '흥아'와 '탈아'

근대 일본의 내셔널리즘을 방어적인 것과 공격적인 것으로 분류하는 관점은 1940년대 말부터 1950년대 초반에 형성되었다. 패전 이후 미국의 점령 통치와 냉전체제하에서 전후의 '혁신' 내셔널리즘을 정당화하기 위해서는 양자를 구분할 필요가 있었다. 아시아 각국에 대한 침략이나 영미와의 절망적인 전쟁을 자행하게 만든 공격적인 '초국가주의'와는 달리, 민주주의와 결합한 건전한 내셔널리즘의 존재를 환기하려는 의도였다. 그것은 청일전쟁이나 러일전쟁 당시의 방어적 내셔널리즘과 그 이후의 공격적 초국가주의를 구분하는

관점이었으며, 이후 일본에서 반복적으로 재생산되었다.[1]

그것과 동일한 구도가 아시아주의 논의에도 적용된다. 방어적 내셔널리즘과 공격적 내셔널리즘을 구별하듯, '연대'의 아시아주의와 '침략'의 아시아주의를 구별하는 것이다. 그것은 물과 기름처럼 명확하게 구분되어 있는 것이 아니라 아시아주의 안에 뒤섞여서 병존하고 있었다. 그런데 서로 연대하여 서구 열강에 대항하자는 아시아주의가 러일전쟁을 계기로 일본맹주론과 결합되면서 공격적인 아시아주의로 구성되었다. 특히 미국에서 배일법(排日法)이 만들어지는 등 일본과 서구와의 관계가 껄끄러워지는 1910~1920년대에 본격적으로 등장했다.

19세기 말 일본은 서구 문명을 적극적으로 받아들여 열강과 대등한 일본의 지위를 인정받고자 하는 탈아론을 지향했다. 하지만 서구 열강의 압박과 인종적·문화적 편견과 맞닥뜨리면서 황인종과 아시아에 대한 자의식이 나타났다. 그렇다고 해서 아시아의 일원으로서, 아시아와 함께 서구와 대결한다는 연대의식이 주된 것은 아니었다. 메이지 시기 이래 일본에서는 '아세아(亞細亞)'라는 표현이 일반적으로 사용되었는데, 특정한 지리적 범위를 구체적으로 가리키기보다는 서구에 대응한다는 맥락적 의미가 강했다. 1930~1940년대에 등장하는 '동아(東亞)'라든가 '대동아(大東亞)' 같은 명칭도 19세기 말 이래 사용된 '아세아'를 계승하고 있는 셈이다.

1877년 일본에서 한국, 중국, 일본의 지식인들이 진아회(振亞社)를 조직했다가 1880년에 '흥아회(興亞會)'로 이름을 바꾸었는데, 이 단체는 지식인들이 '흥아(興亞)'를 논하는 일종의 사교기관이었다. 그런데 '아시아 민족을 위해 무엇을 해야 하는가'를 둘러싸고 회원들 사이의 대립이 표면화되면서, 1883년에 '아세아협회(亞細亞協會)'로 개명했다. 초창기 사교기관으로서 흥아회는 다양한 인사가 참여할 수 있는 개방적인 조직이었다. 그런데 조선에서 수구파와 개화파, 친중파와 친일파 사이의 대립이 심화되면서 그와 같은 정치 상황에 대해 일본인 회원의 관심이 커졌고, 개화당을 원조하여 조선의 내정을 개혁하는 것이 '흥아의 방책'이라는 분위기가 생겨났다. 그 때문에 일본인과 중국인 회원 간 의견이 충돌하게 되었고, 그것을 계기로 중국인 측에서 아세아협회로 개명할 것을 제기했던 것이다.[2]

이처럼 한중일 지식인이 참여하여 아시아의 근대화를 지향하고자 했지만 각국의 구체적인 상황 전개에 따라 애초에도 희박했던 '아시아 연대'의 구체적인 의미가 바뀌었다. 일본에서 '아시아 연대'는 조선의 개화 세력 즉 친일파에 대한 원조를 의미하였다. 또한 그것을 일본보다 뒤처져 있는 조선을 진보시키는 문제로 인식하게 되면서 일본이 아시아의 지도자라는 의식도 강화되었다. 갈수록 공동의 목표를 지향하는 아시아를 상정하기 어려워졌다. 당초 일본에서는 서구 열강의 압박에 공동으로 대응하면서 아시아의 진보를 추구하자는 '흥아'와 적극적 서구화를 통해 구미 열강과 어깨를 나란히 하자는 '탈아'의 주장이 상호 대립하면서 병존하고 있었다. 그런데 1880년대 이후 각국의 긴박한 상황 전개와 관련 세력의 재편 와중에 혼재되어 있던 '아시아 연대'의 지향과 아시아에 대한 '지도국 일본'이라는 의식이 분화되는 계기들이 만들어졌다.

1880~1890년대 일본에서 '아세아'는 정치적 의미에서 아시아 내부로 향한 것이 아니라 구미에 대한 요구에 초점을 맞추고 있었다. 이후 '열강은 아시아에 간섭하지 말라'는 '아시아 먼로주의'의 내용

도 실질적으로는 조선에 대한 일본의 배타적 이권을 주장하려는 협소한 목적을 가진 것이었다. 1898~1899년 중국에 대한 열강의 이권 획득 경쟁이 더욱 치열해지자, 이런 국제적 상황에서 일본도 서구와 마찬가지로 제국주의적 팽창을 지향할 수밖에 없다는 인식이 확산되었다. 당시 일본 대외정책의 현실적 과제는 서구 열강 가운데 어느 나라와 손을 잡아야 일본의 국익에 도움이 될 것인지를 모색하는 일이었다.[3] 갈수록 아시아와의 연대를 모색할 수 있는 기반은 취약해지고 있었다.

러일전쟁 이전까지 일본의 당면 과제는 러시아에 대항해 조선에서 지배권을 확보해야 한다는 '조선문제'였다. 이런 상황 때문에 1898년 3월 일본 정부는 러일 양국이 만주와 한반도에서 각각의 특수이익을 상호 인정하자는 '만한교환론'을 러시아에 제안하기도 했다. 하지만 러일전쟁의 승리로 일본에서는 조선과 중국에 대한 우월감이 일거에 고조되었다.

다른 한편으로 서구에서는 러일전쟁을 계기로 '황화론(黃禍論)'이 고조되었다. 미국에서는 일본인 이민 배척운동이 등장하는 등 서구 열강 사이에 일본의 부상을 견제하는 분위기가 노골적으로 생겨났다. 그 영향으로 1905년 초에는 한중일 3국의 연방제를 주장하는 '동아연방론(東亞連邦論)' 같은 주장이 나왔다.[4] 구상 자체는 3국 사이에 연방제도를 만들자는 단순한 내용이었지만 문제는 주장의 근거였다. 서구 열강에 맞서 '동아'의 국가들끼리 연맹해서 황인종의 안위를 스스로 강구해야 한다고 하면서, 중국과 조선은 자립이 불가능하므로 일본이 지도성을 발휘해야 한다는 논리를 내세웠던 것이다.[5] 러일전쟁에서 이겼음에도 불구하고 일본은 한국병합을 실현하기까지 영국, 미국, 프랑스, 심지어는 러시아까지 포함한 서구 열강의 이해를 구해야 하는 처지였기 때문이다.

그럼에도 불구하고 러일전쟁 이후에도 기본적으로 일본 내부에서는 '탈아'의 기조가 유지되었다. 도쿠토미 소호도 일본이 청나라나 러시아와 전쟁을 일으킨 이유를 오직 문명과 관련지어 설명하고자 했다. 그는 "동아를 아군으로 황인종을 이끌고 백인종에 대항하려는 것이 아니"며, "구주인보다 앞서 아시아 정벌을 도모하려는 것은 더더욱 아니다"라고 하면서 "오로지 자위(自衛)를 위"해 전쟁을 하는 것이며, 문명화된 열강과 발맞추어 "문명사회가 공유하는 경복(慶福)을 얻으려"는 것이라고 주장했다.[6] 그는 일본이 비록 지리적으로는 아시아에 있지만 문명적으로나 인류 공통의 보편적 인도주의에서나 서구 열강과 대등한 국가라는 것을 증명하고자 했고, 서구 역시 그런 관점에서 일본을 대우해주기를 요구했다. 그러나 그가 보기에 "불행하게도 백인의 사해동포주의는 우리 일본제국에는 해당되지 않"았다.[7] 그래서 일본은 향후 "다른 동아시아 여러 나라에도 서구의 개화 성과를 거두게 하는 한편 인종 할거를 떠나" "동서문명의 융합자, 황백인종의 조화자로 나서" "진짜 문명을 실현하는 데 앞장"서야 한다고 주장했다.[8] 그는 1910년대 중반에 '아시아 먼로주의'를 제창하면서도 일본은 "아세아에서 백인을 구축해야 한다는 편협한 의견을 갖고 있"는 것이 아니라 백인의 간섭과 "백벌의 발호를 배척할" 뿐이라고 주장했다.[9]

도쿠토미 소호가 여러 사설과 논단을 통해 내세웠던 주장을 보면, 서구화를 통해 자기를 증명하고자 했던 '탈아론'의 기조를 유지하는 한편으로 거기에서 서서히 이탈할 수밖에 없는 내적 모순을 읽어낼 수 있다. 19세기 말에서 20세기 초에 걸쳐 일본은 두 차례 전쟁에서 승리함으로써 서구와 대등한 위치에 설 수 있는 능력을 증명했다고 인식했다. 하지만 서구 열강은 사실상 그것을 인정하지 않았고 심지어 일본을 견제하고 배척하였다. 이러한 상황에서 도쿠토미 소호는 '문명의 융합자', '인종의 조화자' 같은 주장을 하며 혼돈으로 빠져들었던 것이다. 당시 일본은 황인종으로서 서구와 대결하겠다는 인식에까지 도달하지는 않았지만 적어도 아시아의 일원으로서 아시아를 대표하겠다는 방향으로 선회하기 시작했다.

2) 아시아주의

앞서 2장 3절의 「남북병진론과 도쿠토미 소호」에서 밝혔듯이 도쿠토미 소호는 1910년대 초·중반이 되면 '백벌 타도'를 명시적으로 주장하고 서구 열강과의 협조 자세를 포기하기에 이른다. 그렇지만 그 대안으로 '아시아주의'를 선택한 것은 아니었다. 1913년에 펴낸 『시무일가언』에서 그는 "다른 유색인종을 통솔하여 백인종과 싸우려는 것이 아니다"라고 했고, "아세아의 대표자가 되어 백인종과 맞설 야심이 없다"라고 썼다.[10] 도쿠토미 소호가 아시아주의에 대해서는 부정적인 생각을 갖고 있었음을 알 수 있다. 그는 중국이 스스로를 보전할 능력이 없기 때문에 열강의 각축지가 될 것이라고 보았다. 따라서 인도, 시베리아와 북만주, 인도차이나, 필리핀 등지에서 영국, 러시아, 프랑스, 미국의 세력을 인정하고 그들과 협력하여 '지나를 이끌고 서로 베풀어가면서 동양의 평화를 지지'해야 할 것이라고 판단했다. 서구 열강이 아시아를 지배하는 현실을 인정하되, 일본

이 서구로부터 인정받는 수평적 일원으로 인식되도록 한다는 전망을 유지했던 것이다.[11]

그런데, 제1차 세계대전이 발발하자 유럽 각국이 아시아에 집중하기 어렵게 된 것을 기회로 삼아 아시아에서 우월적 지위를 확보하려는 욕구가 일본에서 광범하게 확산되었다. 이 시기 일본의 대외정책에서 핵심 사안은 중국문제였다. 일본은 중국과의 관계 개선을 한편에서 모색하면서도, 중국에 대한 일본의 특수이익을 서구로부터 인정받을 필요가 있었다. 그 방법을 둘러싸고 강온 의견차는 있었지만 일본이 아시아에서 특수이익을 확보해야 한다는 패권주의적 접근이 일본 내부에서 지배적인 인식으로 정착하고 있었다. 그런데 중국에서의 이권을 둘러싸고 일본과 미국의 대립이 불가피하다면, 아시아에서 지도적 위치에 있는 일본이 그것에 대항하지 않을 수 없다고 보았다. 그런 관점에서 도쿠토미 소호는 아시아의 일은 아시아인 스스로 처리하고 권리를 회복해야 한다고 하면서 '아시아 먼로주의', '동양자치주의'로 전환했다. 이런 관점에서 미국은 가상 적국으로 상정되었으며 일본은 이 막강한 국가에 대항할 수 있는 군비를 갖추어야 한다는 주장이 강화되었다.[12]

가상 적국인 미국에 대항하기 위한 해군력 강화 필요성은 일본 군부의 남진론을 근원적으로 뒷받침하는 근거였다. 그 갈등구조가 해소되지 않는 한, 시기에 따라 정도의 차이는 있겠지만 남양·남방에서의 해군력 확보는 원론적 요건이었다. 그런 구도에서는 서구 열강의 일원이 됨으로써 '탈아'를 실현한다는 목표는 실현될 수 없었고, 오히려 어떤 형태로든 아시아 각국을 향해 공동대항을 호소하는 아시아주의로의 전환이 불가피했다. 이 시기에는 북진론과 마찬가지로 남진론도 패권적 아시아주의의 색채가 농후해졌다. 이런 현실을 인식하고 수용하는 과정에서 등장한 것이 일본의 아시아 맹주론이었다. 인종론적·문명론적 아시아주의에 입각해서, 아시아의 개발과 해방이야말로 '동양의 맹주'로서 일본이 담당해야 할 '천직'이라는 인식이 다양한 팽창주의적 이념들을 포섭했다.[13]

이 단계에서 아시아는 일본과 만몽을 비롯한 중국, 그리고 러시아 혁명 이후의 시베리아를 포함하는 구역이었다. 그런 아시아가 결합하여 서구 제국에 맞설 수 있는 지위를 확보하자는 발상이었다. 물론 이런 주장은 아시아 내부의 대립을 외면한 것은 물론이고, 조선이나 타이완 같은 식민지와의 갈등에 대한 감각이나 인식이 끼어들 여지도 없었다.

독일의 패배로 제1차 세계대전이 종결되었다. 전쟁으로 인해 아시아에서 떠나갔던 구미 세력의 귀환이 예상되는 가운데 일본에서는 아시아에서, 특히 중국에서 일본의 지위와 이권을 확보하기 위한 이념으로서 다양한 형태의 아시아주의가 분출했다. 중국의 안정이 일본의 특수이익과 직결되어 있다는 것을 근거로 미국이 내건 먼로주의를 아시아에 대해서도 인정해줄 것을 요구하는가 하면, 인종론적 또는 문명론적 아시아주의도 쏟아졌다. 제시하는 논거는 제각각이었지만 공통적으로 '아시아'를 키워드로 삼고 있었다. 중국에서의 이권을 둘러싼 강대국 사이의 견제와 갈등은 심화되었고, 세계사의 패권은 대서양에서 태평양으로 이동하고 있었다. 미국은 일본을 견제하고 제어하려 했으며, 중국에서는 일본의 개입을 강력하게 반대하는 5·4운동이 일어났다.

1919년경 미국에서 배일법이 통과되고, 1924년에는 다른 아시아인과 마찬가지로 일본인에 대해서도 이민이 전면 금지되었다. 이런 일본 배척 움직임에 자극을 받아 일본에서는 다시금 아시아주의가 부상했다. 일본은 서구화를 통해 열강의 인정을 받으려고 했지만 유색인종 일본인에 대한 차별과 도전은 오히려 강화되었고 제도화되었다. 도쿠토미 소호는 한 맺힌 목소리로 일본 국민은 '유색인종 중의 선진'으로서 아시아에 대해 '보호자로서의 자격과 책임'이 있다고 주장했다.[14] 기존의 아시아주의는 중국을 중심으로 한 개념이었으며 중국에 대한 일본의 특수이익을 강조하는 것이 특징이었지만, 1920년대에는 인도까지 포함하는 대아시아주의가 나타났다. 미국의 배일 이민법을 계기로 중국과 인도를 아우르는 동시에 인종적이고 문화적인 차원에서 설정된 아시아주의가 등장했던 것이다. 메이지 시기 이래의 '탈아론'이 아시아주의로 전환되었다. 그렇다고 일본이 아시아 국가들과의 수평적인 연대를 적극 주장했던 것은 물론 아니다.[15] 일본은 '무력'을 일본 민족 발전의 기초로 보았고, 아시아주의를 내세울 때도 일본 중심의 패권주의가 전제되어 있었기 때문이다.

1920년대에도 무력의 우위를 내세운 일본의 패권주의는 지속되었다. 일본 내에서 육군과 해군 사이의 북진론과 남진론 논쟁은 남북 병진을 주장할 때조차도 아시아를 남북으로 나누어 일본의 이해득실을 다투었다. 그런 논리구조가 유지되는 상황에서 아시아와의 연대와 공존이라는 가치가 현실적인 힘을 갖기는 어려웠다.

아시아주의는 결과적으로 아시아 각지에서 친일파를 양성하고 일본의 배타적 국익을 확보하기 위한 명분으로 활용되었다. 1931년 만주사변 이후 결국 일본은 국제연맹을 탈퇴했다. 서구 열강과의 갈등이 고조되자 일본에서는 또 다시 '아시아 먼로주의'가 부상했다.

1910년대에는 '아시아의 일은 아시아가 처리하도록 해야 한다'는 이상주의가 명목상으로는 유지되고 있었다. 그러나 1930년대에는 아시아에 대한 일본의 특수이익을 배타적으로 강조하면서 그것에 대한 서구 열강의 간섭을 배척한다는 공격적 기조가 노골화되었다. 일본제국의 행위를 옹호하면서 국제사회는 일본의 행동을 규제해서는 안 된다고 주장했다.

일본의 아시아주의는 아시아 여러 국가와 민족 사이의 수평적 연대와 제휴, 공존과 공영을 추구하는 이념으로 발전하는 데 실패했다. 그것은 현실적으로는 패권적 국가인 일본의 아시아에 대한 배타적 이익과 요구를 주장하고 실현하기 위한 도구적 이념에 머물렀다. 일본은 서구화를 통해 '탈아'를 실현하고 열강과 어깨를 나란히 하고자 했으나 군사적·경제적·외교적으로 일본의 힘이 커질수록 서구 열강의 견제와 차별이 오히려 노골화되었다. 그것에 대항하기 위해 일본은 아시아를 돌아보고 아시아주의를 앞세웠다. 하지만 그 실제적 의미는 무력을 이용해서 강력한 국가를 만들고 아시아에 군림하며 아시아에서의 특수권익을 인정받겠다는 것이었다. 일본에게 문명이란 군사력을 바탕으로 보다 강력한 국가를 만드는 것이었다. 따라서 아시아주의라는 이상주의적 이데올로기 역시 그것을 실현하고 정당화하기 위한 수단에 머물 수밖에 없었다.

아시아주의에 담긴 이상주의적 비전과 아시아의 맹주로서 국익을 보장받고자 하는 일본의 현실적 요구를 동시에 충족하는 것은 불가능했다. 아시아주의는 상황에 따라 내용을 바꾸어가며 반복적으로 호출되었다. 그리고 최종석으로는 '대동아공영권'이라는 형태로 태평양전쟁을 정당화하는 이데올로기로 등장하게 되었던 것이다.

2. 남진정책의 가교, 문화단체

1) 관민 합동의 '문화단체'

19세기 일본에서는 일반인의 해외 도항이 엄격하게 제한되었다. 1836년에 발포된 쇄국령은 일반인이 외국으로 나가는 것을 엄격하게 금지했으며, 다양한 경로로 해외에 체류하게 된 일본인의 귀국도 원칙적으로 금지했다. 그러나 1866년 이후 일본인이 외국인에게 고용되어 해외로 나가거나 외국 선박에 선원으로 탑승할 수 있게 되었고, 메이지유신 이후에는 일본인의 해외 이민과 이주, 취업이 본격적으로 시작되었다. 1868년 메이지 원년에 일본에 체류하던 미국 외교관을 따라 하와이나 괌으로 이주하는 자가 생겨난 이래, 호주와 남양군도 등지로 이민이 확대되었으며, 1880년대에는 북미와 캐나다 등지로 도항하는 자가 나타났다. 이 무렵 일본이주조합, 해외이주동지회 등의 단체가 생겨나 도항지 조사와 알선 등을 맡았다.[16]

1891년 일본인의 해외 이민에 적극적이었던 에노모토 다케아키가 외무대신에 취임하면서, 많은 반대에도 불구하고 외무성 대신관방(大臣官房)에 '이민과'를 설치했다. 그러나 1892년 그가 외무대신을 사직하면서 정부 차원에서 이민을 추진하기가 어려워지자, 민간단체를 조직하여 해외 이민을 촉진하기로 했다. 그것을 위해 1893년 초에 결성된 민간조직이 '식민협회'였다. 해외 이민을 촉진하기 위해 정부 정책을 견인하고 일반인에 대해 해외 이민의 필요성을 계몽하며 광범하게 해외 식민을 실행하는 것이 주된 목적이었다. 민간조직이었지만 정부의 원조를 받아 남양 각지로 연구단을 파견하고,

1902년까지 회지(會誌) 『식민협회보고』(1899년 8월부터 『식민시보』로 개명)를 발간했다.[17]

1895년 일본은 시모노세키(下關)조약에 따라 중국으로부터 타이완을 할양받으면서 최초의 해외 식민지를 획득했다. 타이완 확보는 남방 해역에 대한 관심으로 연결되었다. 하지만 당시 동남아시아에는 서구 열강의 식민체제가 구축되어 있었기 때문에 일본의 관심은 제한될 수밖에 없었다. 그래서 '조선문제' 해결을 포함해서 북방에 대해 적극적이고 직접적인 팽창정책을 추진하던 것과는 대조적으로, 타이완 식민지화 이후에도 동남아시아 지역에 대해서는 국가적 차원의 정책 수립이 지연되었다. 공식적으로 군사적 · 정치적 팽창을 실행하지 않는 대신 경제나 민간 영역에서는 다양한 남진론이 제기되고 추진되었다. 북진의 과업이 엄중하기도 하였거니와, 남방에 대해서는 막대한 국비를 투입하기보다는 민간의 경영에 맡기는 것이 더 낫다는 것이 주된 분위기였다.[18] 따라서 서구 열강과의 군사적 충돌까지 고려하게 되는 1930년대 중반 이전까지 일본과 동남아시아와의 관계는 기본적으로 민간을 중심으로 진행되었다.

일본 정부 차원의 남진정책과는 별개로, 일본의 기업이나 개인의 해외 진출 또는 다방면의 교류를 지원하기 위해 반관반민(半官半民)의 조직이 설립되었다. 식민협회가 그 효시였으며, 타이완 할양을 계기로 만들어진 타이완협회와 그 후신인 동양협회, 남양 · 남방을 활동무대로 삼았던 남양협회 같은 '문화단체'를 들 수 있다. 이 단체들은 외형상 민간단체였지만 회원들 대다수가 정치가와 관료, 군인이었기 때문에 순수한 민간단체라고 할 수는 없다.[19] 관민합동의 반관반민 단체로서 일본 정부의 대외정책을 지지 · 후원하고, 정부가 직접 나서서 하기 어려운 활동을 맡아서 추진하기도 했다. 특히 경제적 진출이 주된 과제였던 남양과 동남아시아에 대해서는 필요한 정보 수집과 네트워크 형성, 인력 양성을 주도했다. 또한 이들 '문화단체' 는 공공기관이라고 할 수는 없지만 대외 팽창에 매진했던 근대 일본 이 진출 대상으로 삼은 해외에 관한 특수정보의 수신원이자 발신원 으로 기능하면서 여론을 주도했다. 민간에서 경제 방면을 중심으로 유통되고 있던 낭만적이거나 실용적인 남진론은 군국주의적 팽창정 책과 호응하면서 1930년대 이후 '남진정책'으로 전환되기 시작했다. 이때 동양협회나 남양협회 같은 '문화단체'가 남진론이라는 이데올 로기의 생산과 보급, 정책적 전환에 중요한 역할을 담당했다.

일본의 대외정책은 시국의 요청과 다양한 정치 주체가 개입하는 가운데 변화되었다. 그 전개 과정과 특징을 이해하기 위해서는 이런 '문화단체'의 활동을 주목할 필요가 있다. 식민지 지배를 비롯해서 시기별 대외 팽창에서 독특한 역할을 분담했기 때문이다. 이 단체들 의 역할을 살펴보는 것은 경제적인 차원에서 정치·군사적인 차원으 로 전환되어갔던 일본의 대(對)남양·남방 정책의 변화를 파악하는 데 도움이 된다.

2) 타이완협회

타이완을 할양받았을 때 일본은 식민지 통치에 필요한 경험이나 준비를 갖추고 있지 못했다. 식민지 경영을 직접 담당할 수 있는 인 력이 없었기 때문에 인력 양성과 식민통치를 위한 정보 수집 자체가 급선무였다. 심지어 일본 국내에는 식민지 경영에 소요되는 비용 등을 이유로 식민통치를 부정적으로 보는 의견도 적지 않았다. 일본 정부는 제국의 관점에서 타이완의 영유와 경영의 중요성을 계몽하고 국민적 지지를 끌어낼 필요가 있었다. 그런 역할을 담당하게 할 목적으로 민간에서 조직한 것이 '타이완협회'였다.

1898년 3월 5일 타이완 관계자들의 친목단체였던 '타이완회'[20] 회합에서 '식산경영에 기반이 되는 기관'을 설립하기로 하고, 4월 2일 '타이완협회' 발기회를 조직했다. 이어 7월 19일에 타이완총독 출신인 가쓰라 다로가 초대 회장으로 선출되었다. 타이완협회의 설립에는 타이완총독부의 초대 민정국장이었던 미즈노 준(水野遵, 1850~1900)이 중심 역할을 했다.[21]

타이완협회는 타이완에 대한 이해 증진, 일본과 타이완의 교류 촉진, 타이완의 식민지 경영 지원 등을 설립 목적으로 내걸었다. 주축은 식민지 타이완 경영에 관여했던 정·관계 인물들이었다. 타이완이 동양의 입구이자 일본이 남방에 보유한 경제적 원천이라는 것, 일본제국의 국익을 증진하기 위해 향후 타이완이 가진 지리적 편리성과 자원을 활용하는 것이 중요하다는 점을 강조하면서, 정부 이외에 다양한 방면에서 지원을 결집하고자 했다. 타이완협회의 활동은 순수하게 민간 차원에서 추진된 것이 아니라 처음부터 타이완총독부의 시정방침을 바탕으로 삼고 있었다. 따라서 타이완협회는 타이완총독부의 외곽단체이자 어용단체였다고 할 수 있다.[22]

이 단체의 활동방침 역시 독자적으로 설정하지 않고 타이완총독부와 협조해서 결정했다. 체계적인 남방정책이 없었던 그 당시 타이완 경영에서 가장 중요한 것은 경세개발이었다. 타이완총독부로서는 통치를 위한 자원이 빈약한 상태였기 때문에 초기에는 정보 수집과 인력 육성 등에 주력하는 수밖에 없었다. 그래서 초대 회장인 가쓰라 다로는 정·관계 인사뿐 아니라 유력 실업가 등의 입회와 기부를 촉구했다. 타이완총독부가 개별적이고 구체적인 산업정책을 시행할 수 있게 된 것은 이런 활동을 토대로 해서 제4대 타이완총독 고다마 겐타로 때에 가서였다.[23]

1898년 도쿄에서 창설된 타이완협회는 기관지 『타이완협회회보(臺灣協會會報)』를 발간했다.[24] 그리고 이듬해인 1899년에 타이완지부를 설립했다.[25] 지부장은 고토 신페이였고 간사장은 이시즈카 에이조(石塚英藏, 1866~1942)였는데, 그는 뒤에 제13대 타이완총독으로 임명된다. 지부 설립 당시 회원은 614명이었다. 이 단체의 주요 활동은 타이완 경영을 위해 필요한 정보 수집, 타이완의 역사와 풍속, 현황 등에 관한 강연회 개최, 회보 발간 등 타이완 관련 정보의 수집과 발신 등이었다. 타이완협회의 지부는 타이완 외에 일본 본국의 오사카(大阪), 고베(神戶), 교토(京都), 나고야(名古屋) 등지에도 설립되었다.[26] 타이완 통치를 위해 광범한 민간의 지원을 이끌어내고 여론을 조성할 목적으로 일본 전국으로 조직을 확장해갔던 것이다.

타이완협회가 가장 공을 들인 사업 가운데 하나는 식민지 경영을 담당할 인재 육성이었다. 그것을 위해 1900년에 설립한 것이 타이완협회학교였다.[27] 오늘날 척식대학(다쿠쇼쿠대학拓殖大學)의 전신인 이 학교는 '외지'에서의 활동을 목적으로 일본제국에 설립된 최초의 전문교육기관이었다. 수업 연한은 3년이었으며, 커리큘럼은 외지 활동에 필요한 어학이 중심이었다. 타이완뿐 아니라 중국 대륙 남부에서의 활동도 염두에 두고서 그에 적합한 인재를 양성하고자 했다. 이와 같은 타이완협회의 활동에는 이 조직을 주도하고 있던 타이완 관계자들과 타이완총독부에 참여하고 있던 관료들이 공유하고 있던 인식이 반영되어 있다. 당시 그들이 '남진'의 대상지로서 특별히 중시하고 있던 지역은 타이완과 더불어 남청(南淸) 즉 중국의 화남 지역이었기 때문이다.[28]

3) 동양협회

1905년 러일전쟁 승리로 일본의 대외정책은 새로운 국면으로 접어들었다. 랴오둥반도(관동주)의 조차권 획득과 한국의 보호국화 등으로 일본의 주된 팽창 방향이 '대륙'으로 전환되었다. 타이완을 발판으로 하는 '남진론'이 원론 수준에 머물러 있었다면, 한반도를 거쳐 중국으로 향하는 '북진'은 구체적인 정책으로 전환해야 하는 환경이 조성되었다. 보호국 형태로 확보한 한반도를 안정적으로 지배하기 위해 만주를 겨냥한 추가적 북진정책이 필요해진 것이다.

팽창정책의 현실적 방향이 북방 즉 대륙으로 전환되면서 그에 대응하기 위해 시행한 조처 가운데 하나가 타이완협회를 동양협회로 개편한 것이었다. 타이완을 포함해 동양 전체를 시야에 넣어야 하는 시국 변화를 반영할 필요가 있었다. 이미 영유하고 있는 타이완을 경영하는 데 종사할 인재 육성뿐만 아니라, 한반도에서 랴오둥반도까지 인력을 파견해야 하는 상황이 조성되었다. 1907년 2월 타이완협회는 동양협회로 이름을 바꾸었다. 인재 육성 기관이었던 타이완협회학교는 타이완협회전문학교를 거쳐 동양협회전문학교로 개명했다. 동양협회 회상은 가쓰라 다로가 계속해서 맡았다. 이름을 바꾼 동양협회는 조직의 목적으로 "타이완, 조선 및 만주 기타 동양에서 제반 사항을 연구하고 공동의 복리를 증진"하는 것을 내세웠다. 인재 양성이 여전히 협회의 중심 사업이었다.[29]

동양협회는 1907년 6월 서울(경성)에 한국지부를, 뤼순(旅順)에 만주지부를 설치했다. 동양협회로의 개편이 대륙을 겨냥한 것이었음을 추가로 확인할 수 있는 대목이다. 같은 해 10월에는 서울에 동양협회전문학교의 경성분교도 설립했다. 일본 본국의 동양협회전문학교 졸업생의 주된 진로도 타이완이 아니라 조선 등 대륙 방면으로 전환되었다. 동양협회는 일본제국의 대륙 공략 및 경영과 보조를 맞추면서 사업을 전개했다. 대륙 경영에서 조선이 주요 대상으로 설정되었으며, 곧이어 만주 경영 나아가 화북 경영 등 북진정책으로 연결되었다.

이 시점에서 타이완을 거점으로 해서 뻗어나가야 할 남양은 동양협회의 시야에서 멀어져갔다. 그래서 제1차 세계대전 이후 남양군도의 위임통치를 계기로 민간에서 '남양 붐'이 일어나자 그에 대해서는 '남양협회'라는 새로운 문화단체의 설립으로 대응하게 된다.

애초 타이완협회에서 설립한 교육기관은 동양협회전문학교로 바뀌었다가 1915년 8월에 동양협회식민전문학교로 변경되었다. 이 시점에는 '남양 붐'이 일어나고 있었기 때문에 '타이완, 조선 및 지나, 기타 남양에서 공사(公私) 업무에 종사하는 데 필요한 학술을 배우는 것'을 학교의 교육 목적으로 다시 설정했다. 대륙과 함께 남양으로의 진출까지 사정권에 넣은 인재 양성으로 교육 목적이 확장된 것이다. 타이완협회에서 명칭을 변경한 동양협회는 1917년 4월에 타이완에 타이완상공학교를 설립했다.

동양협회식민전문학교는 1918년 4월 척식대학으로 다시 변경되었다. 1919년 2월에는 동양협회의 회장이 된 고토 신페이가 학장에 취임했다.[30] 타이완총독부 정무총감 출신이자 만철 총재를 거친 고토 신페이의 학장 취임은 대륙과 남양을 모두 시야에 넣은 인력 양성을 추진할 수 있는 환경이 조성되었다는 것을 의미했다.

4) 남양협회

제1차 세계대전 발발 이후 일본에서는 남양 진출열이 고조되었다. 특히 전후에 위임통치라는 형식으로 '남양'의 일부가 일본 해군의 점령 아래 놓이면서 민간에서도 남양에 대한 관심이 커졌다. 남양에 인접한 타이완을 식민지로 경영한 경험을 바탕으로 남양 개척에 대한 자신감도 커졌다. 이미 살펴보았듯이 이 시기 '남양 붐'은 전쟁 경기에 편승해서 견인된 경제적 진출을 강조하는 것이 특징이었다. 이런 상황에서 다각도로 추진된 '남진' 관련 국가 정책과 민간의 사업을 외곽에서 지원할 목적으로 1915년 1월 30일 도쿄에서 반관반민의 민간단체인 남양협회가 설립되었다.[31]

러일전쟁 이후 타이완협회를 동양협회로 개편하면서 주된 활동을 대륙 진출에 맞추어 변경했기에 기존의 동양협회로는 새로 일어난 남양 붐에 대응하기 어렵다는 인식이 있었다. 남양협회의 설립 경과와 그것을 주도한 인물의 면면을 통해 남양협회와 동양협회가 일본의 대외 팽창을 지원하는 상호 보조적 문화단체라는 것을 짐작할수 있다. 두 단체의 활동은 북진과 남진을 둘러싼 일본 정부와 군부의 성책에 영향을 받았지만, 그와 동시에 경제계를 비롯해 일반 사회에 북진과 남진 여론을 조성하는 역할을 했다.

1913년 4월에 열린 동양협회 제15차 총회에서 부회장이었던 고마쓰바라 에이타로(小松原英太郎, 1852~1919)는 남양에 대한 정보를 일반에 제공하는 것도 동양협회의 역할이라는 점을 강조했다. 같은 자리에서 타이완총독부의 민정장관이었던 우치다 가키치(內田嘉吉, 1866~1933)는 타이완을 남양 진출의 거점으로 삼아야 하며, 타이완에서 중국 대륙 남부의 화남 지역(남청南淸)이 아니라 남양으로 진출해야 한다는 점을 강조했다. 1898년 타이완협회를 설립할 당시에는 남청 또는 남지(南支)가 중시되었던 것에 비해, 1913년의 시점에는 '남진'의 주된 방향이 동남아시아 방면으로 변경되었다. 우치다 가키치는 싱가포르 등지의 고무 재배를 거론하면서 타이완의 경험을 남양에 응용할 수 있을 정도로 관계가 밀접하므로 타이완을 남양으로 진출하기 위한 디딤돌로 활용해야 한다고 주장했다.[32]

타이완을 거점으로 남양으로 진출할 것을 주장했던 대표적 남진론자이자 타이완총독부 민정장관이었던 우치다 가키치, 남아공사(南亞公司) 사장으로서 일본의 남양 진출에 적극 관여했던 이노우에 마사지 등이 남양협회 설립을 주도했다.[33] 그 직접적 계기는 1912년 우치다 가키치와 싱가포르에서 고무농장 개척에 종사하고 있던 이노우에 마사지가 만나 발족시킨 남양간담회였다. 이후 제1차 세계대전을 계기로 남양에 대한 관심이 높아지자 남양에 관한 별도의 문화단체로 남양협회를 조직하게 되었던 것이다.[34] 1915년 1월 30일 남양협회 발기인 창립총회 당시 우치다 가키치가 발표한 아래의 경과 보고를 통해 남양협회의 목적과 이념을 알 수 있다.

남양 발전에 대해서는 수년 동안 조야(朝野)의 식자(識者)가 제창해왔지만, 아직 조직적 발전을 이루지 못한 것은 매우 유감스러운 일이다. 널리 남양의 사정을 조사연구하며, 그것을 바탕으로 남양의 자원 개발에 힘쓰고, 양측 민족의 복리를 증진하는 것은 현재 가장 중요한 급무이며 우리 야마토 민족의 일대 사명이 아닐 수 없다. 그런데 마침 일독전쟁(日獨戰爭)의 결과, 지난 가을 제국 해군이 독일령 남양을 점령하자 국민의 시선이 남양으로 집중되었으며, 우리의 남양 발전은 한층 중대한 의미를 갖게 되었다. 이런 때에 우리 남양 발전에 힘을 쏟기 위해 관민이 일치하여 공공적 기관을 창립하는 것은 결코 헛된 일이 아닐 것이다. (…) 창립 사무소는 편의상 일시 타이완총독부의 출장소에 설치하기로 한다. (…) 본회는 직접 사업을 경영하려는 것이 아니라 오직 광막하고 드넓은 남양제도에서 무한한 자원을 조사연구하여 그것을 우리나라 사람들에게 소개하고 서로 간의 사정을 소통하게 하여 제국의 발전에 기여하려는 것에 다름 아니다.[35]

제1차 세계대전 결과 독일령 남양군도를 점령하게 되자 일본 국민의 시선이 남양으로 집중되었다. 남양이 중대한 의미를 갖게 되었음에도 체계적으로 대응하지 못하고 있기 때문에 남양 발전을 지원하기 위해 관민이 참여하여 남양협회를 창립한다는 사실을 명시하고 있다. 주된 역할은 남양 사정에 대한 조사연구와 그것을 바탕으로 자원 개발에 힘쓰는 것이었다. 또한 사실상 일본의 식민지가 된 남양군도에서 '일본 민족의 복리를 증진하는 것'이 최대 급선무임을 선언했다. 남양협회는 일본에서 최초로 재단법인 형태를 갖추었으며 초대 회장은 요시카와 아키마사(芳川顯正, 1842~1920)였다.[36]

남양협회 설립에 깊이 관여한 우치다 가키치는 민정장관으로 타이완에 부임하기 이전 척식국에서 제1부장을 역임한 식민지 행정 전문가였다. 일본이 남양군도를 점령하면서 남양에 대한 관심이 높아졌을 당시에는 타이완총독부의 민정장관이었다. 그는 일본에서 남양정책을 수립하는 데 타이완총독부와 남양협회라는 관민 양측에서 활동했던 핵심 인사였다.[37]

이노우에 마사지의 회고에 따르면, 남양협회는 조직 당시 '동양협회의 회장과 상담하여, 타이완 이남, 남양 방면의 일은 남양협회가 담당하기로 양해를 얻었다'고 한다. 동양협회와 남양협회는 보조를 맞추어 활동하되, 동양협회는 대륙 방면에 집중하고 남양군도 등 남쪽 방면에 관해서는 남양협회가 담당하기로 논의가 정리되었다는 의미로 해석된다. 실제로 남양협회 간사이지부(關西支部) 발회식 인사에서 제2대 회장 덴 겐지로(田健治郎, 1855~1930)[38]는 동양협회가 타이완, 지나, 만주, 조선 및 시베리아까지 관계되는 사업에 관여하는 점을 언급하면서, 대륙을 대상으로 활동하는 동양협회 같은 조직을 남양에 대해 설립할 필요성 때문에 남양협회를 설립했다는 것을 확인해주고 있다.[39]

창립 초기 설정된 남양협회의 사업은 남양의 산업, 제도, 사회 및 기타 각종 사업에 대한 조사, 남양과 일본의 사정을 상호 소개, 남양 사업에 필요한 인물 양성, 일본의 의술, 기예 및 기타 학술 보급, 잡지와 기타 출판물 발간, 강연회 개최, 남양박물관 및 도서관 설치, 기타 필요 사항 등이었다.[40]

남양협회는 원활한 사업 실행을 위해 남양 각지에 지부를 설치했다. 우선 남양협회 발족으로부터 7개월 뒤에 당시 타이완총독부 민정장관 우치다 가키치는 간사들을 모아 타이완지부 설립 상담회를 개최했다. 이 회합을 계기로 1916년 남양협회 타이완지부 설립이 결정되었다. 설립 당시 지부장은 우치다 가키치의 후임으로 타이완총독부 민정장관으로 와 있던 시모무라 히로시(下村宏, 1875~1957)가 맡았다. 그 외에 지부의 부장, 간사장, 간사로 타이완총독부 관료와 기사, 사무관 그리고 타이완 내 은행 관계자, 실업계 인사 등이 참여했다. 남양협회 타이완지부 설립을 실질적으로 주도한 것은 타이완총독부였지만, 타이완 식민지화 이후 20년 동안 늘어난 관련 조직과 인적 네트워크를 최대한 활용하여 민간을 전면에 내세우는 형식을 취했다.[41]

1916년 4월 27일에 개최된 남양협회 타이완지부 발회식에서 타이완총독부의 민정장관이자 타이완지부 지부장을 맡은 시모무라 히로시는 남양협회와 타이완지부의 위상을 이렇게 설명했다.

> 동양협회, 일란협회(日蘭協會), 일본이민협회(日本移民協會) 등이 있으며 그 이념이나 목적하는 바는 각각 대차가 없지만, 그중에서도 남양협회는 동양협회와 비교하여 일부는 거의 동일한 상태이다. 요컨대 모두 우리나라(일본: 인용자)의 해외 발전에 기여하기 위해 설립되었다는 것은 전술한 바와 같다. 특히 타이완은 우리나라에서 남양과 가장 밀접한 관계를 가지고 있으며 여기에 더해 이번에 남양 항로가 개시된 싱가포르, 자바, 술라웨시 등에서 활동하는 편익을 얻을 수 있게 된 것은 국민이 크게 축하할 바이다.[42]

남양협회의 목적이 일본의 해외 발전을 도모하는 것이라는 점은 동양협회와 동일하다. 그런데 지부가 설치된 타이완은 남양과 밀접한 위치에 있으며 남양 항로가 개설되었으므로 남양 각지에서의 활동이 더욱 용이해졌다. 동양협회가 대륙에서 실행하는 역할을 타이완과 남양 일대에서는 남양협회가 담당해야 한다는 의미였으며, 특히 그 중심에 타이완지부가 있었다.

남양협회는 상공성(商工省)의 촉탁을 받아 싱가포르, 자바, 바타비아, 수마트라 등지에 상품진열관을 설치하여 경영하기도 했다. 이처럼 민간 차원에서 남양과 일본의 무역을 장려하고 1930년대까지 일본의 경제적 남진을 추진하는 데 크게 기여했다.[43] 또한 남양협회가 특별히 힘을 기울였던 주요 사업은 남양 조사와 인재 육성이었다. 남양에 대한 관심은 높아졌지만 남양에 대해 정보를 보유한 전문가는 적었기 때문에 조사 및 정보 수집과 인재 육성이 당면 과제로 부상했다. 남양협회는 1918년에 싱가포르학생회관(新嘉坡學生會館)을 설립하여 네덜란드어 등을 가르쳤지만 재정난 때문에 1920년에 폐쇄했다. 1929년부터는 외무성과 제휴하여 '남양상업실습생제도'를 기획하고, 남방 진출에 관여했다. 남양상업실습생을 양성하여 이들의 주도로 화교를 통하지 않고 남양에서 일본 상품의 판로를 확대하려는 목적에서 기획한 사업이었다.[44]

한편, 남양협회 타이완지부는 말레이어 보급을 위한 어학강습회, '남양' 관계 강습회, 남양과 관련된 보고서 같은 조사연구와 서적 간행 등의 사업을 전개했다.[45] 남양협회 발족 당시 내걸었던 '남양의 산업, 제도, 사회 및 기타 각종 사업에 대한 조사'는 본부가 있는 도쿄가 아니라 타이완지부를 중심으로 진행되었다.[46]

창설 주도자를 통해 알 수 있듯이 남양협회는 발족 당시부터 타이완총독부와 긴밀한 관계를 맺었다. 민정장관 우치다 가키치가 부

회장에 취임했고, 재정적으로도 총독부의 지원을 받았다. 1919년에 협회 회장에 취임한 덴 겐지로는 같은 해 10월부터 타이완총독으로 부임하여, 남양협회 회장과 타이완총독이라는 두 가지 역할을 동시에 수행하기도 했다. 이들은 모두 타이완총독부 관료로서 타이완에 체재하면서 도쿄에 본부를 둔 남양협회 회장과 부회장을 겸했다. 도쿄에 있는 남양협회 본부는 타이완총독부 도쿄사무소 안에 자리 잡고 있었다. 이 모든 정황은 남양협회의 창설과 운영을 타이완총독부가 주도했다는 것을 말해준다. 남양협회 타이완지부의 조직 운영에서도 타이완총독부 관계자가 중심이었기 때문에 협회의 사업도 모두 타이완총독부의 요청으로 실시했다.[47] 남양협회는 반관반민을 표방하고 있었지만 사실상 관이 주도하는 단체였다.[48]

1910년대에 남양협회에서 간행한 남양에 관한 출판물이나 정보는 대부분 관청에서 제공받다.[49] 설립 당시 타이완지부가 중심이되어 추진한 남양협회의 사업은 1910~1920년대에 남양에 대한 경제적 진출에 유용한 정보와 인력을 제공하는 기반을 마련했다. 남양협회는 실질적으로는 관이 주도했지만 '문화단체'라는 외피를 이용해 정부가 공적으로 개입하기 어려운 영역에서 다양한 활동을 전개했다. 또한 남양 공략을 주장하는 남진론자에게는 주요한 활동무대를 제공했다.

남양협회는 1916년에 설치된 타이완지부를 중심으로 본격적인 조사활동과 외국어 강습회, 강연회를 시작한 이래, 싱가포르(1918), 자바(1921), 간사이(1923), 남양군도(1924), 마닐라(1925), 도카이(東海, 1929), 다바오 및 수마트라(1929), 방콕(1937), 고베(1939) 등지에 순차적으로 지부를 개설하면서 활동 영역을 확대했다.[50]

1920년대에 접어들자 남양협회 타이완지부는 회원 수가 지속적으로 감소했고, 사업의 중심도 어학강습회와 조사연구서 간행에서 강연회로 옮아갔다. 1920년대 중반까지 타이완지부는 남양협회 활동을 궤도에 올리기 위하여 도쿄에 있는 본부에 앞서서 어학강습회를 개최하고, 타이완총독부와 제휴하여 다수의 남양 조사보고서를 간행했다. 또한 남양에 대한 경제적 남진을 주도하기 위하여 타이완에서 활동하는 관민 양측의 다양한 인사들로 회원을 늘여나갔다. 사실상 타이완지부가 남양협회의 제반 활동을 주도했던 것이다. 그러나 1920년대 들어서서 남양협회가 남양 각지에 지부를 설치하고 남양 전역으로 활동을 확대하면서 타이완지부의 주도성이 약화되었다. 타이완지부는 더 이상 남양협회를 주도하는 독보적 역할을 담당하지는 않게 되었지만 타이완총독부와는 여전히 긴밀한 관계를 유지했다.[51]

3. 타이완과 남양 연구

1) 타이완과 '남양'

일본의 남양·남방 진출에서 결정적인 사건은 타이완의 식민지화였다. 청일전쟁에 이긴 뒤에 타이완을 식민지로 영유할 당시부터 일본은 남중국 일대(남청南淸 또는 남지南支)와 남양에 대한 대책 수립이라는 관점에서 타이완의 존재 가치를 특별히 주목했다. 1896년 6월부터 12월까지 제2대 타이완총독을 지낸 가쓰라 다로 등 초기 식민자들은 타이완 영유의 의의를 남청·남양과 연결해 이해했다. 타이완의 역할에는 남청 지역과 남양에 대한 판로 개척이 중요한 위치를 차지하고 있었다.[52]

시장 개척과 무역 확대를 위한 남양 연구를 주도한 것은 타이완 총독부와 타이완은행이었다. 경제적 진출이라는 실리적 목적을 달성하기 위해서는 다양한 시장 조사와 정보 수집이 필요했기 때문이다. 타이완은행 조사과는 지점 개설을 준비하면서 조사연구를 진행하고 지점을 개설한 뒤에는 은행 업무와 병행하며 정보를 수집했다. 이 시기의 조사활동은 주로 남청과 남양에 집중되었는데, 그 이유는 조사 목적이 영업 확대에 있었기 때문이다. 조사 분야도 금융과 산업 등에 집중되어 있었다. 당시 직원들의 출장 보고서에는 현지의 생활 관습이나 사회 사정에 대한 내용도 많이 포함되어 있다.[53]

일본의 무역 금융은 요코하마 쇼킨(正金)은행, 타이완은행, 조선은행이 담당했는데, 각 은행은 영업 범위와 역할이 명확하게 구분되어 있었다. 각 은행의 본거지에도 지점을 설치했지만, 식민지 타이완의 중앙은행인 타이완은행은 남지·남양으로, 식민지 조선의 중앙은행인 조선은행은 만주로 영업 확대를 도모했다. 두 은행 간 영업 구역이 갈라지는 분기점은 상하이였다. 두 은행 모두 상하이지점을 개설했는데, 이 지점이 타이완은행의 북쪽 한계이자 조선은행의 남쪽 한계였다. 타이완은행은 상하이 이남의 남중국 일대와 남양 지역으로 영업을 확대하기 위해 현지 조사와 정보 수집을 병행해야 했다.[54]

1916년에 개최된 타이완권업공진회 취지서에서는 "타이완이 남방 발전의 근거지가 되어야" 하며, "(일본)제국 본토와 남방 각지 사이에서 교통 무역의 책원지 혹은 근거지"라는 점을 강조하고 있다.[55]

이 시기에 '타이완은 남방으로 발전하기 위한 거점'이라는 논리가 형성되었다. 타이완은 일본의 상품시장을 '남양'으로 확대하고 현지의 자원을 확보하는 데 중요한 기여를 할 수 있는 전략적 거점으로 인식되었다. 이 시기에 '남양'의 개념이 확장되면서 타이완은 일본 팽창주의의 '거점'으로서 일본의 경제적 남진에서 중요한 역할을 해야 한다는 논리가 힘을 얻게 되었다.[56]

하지만 여기서 말하는 남진의 대상이나 범위는 명료하지 않았다. 아직 오늘날과 같은 동남아시아 지역에 대한 인문지리적인 지역 인식이 형성되어 있지는 않았다. '남양'의 범위와 개념은 시기와 상황에 따라 바뀌었는데, 1910년대 중반 이후에는 일반적으로 일본이 점령한 남양군도를 가리키는 '내남양'과 그 서쪽 해양 지역의 도서부 동남아시아를 가리키는 '외남양'을 아우르는 지역을 의미했다.

1918년 6월에 타이완총독부는 관방조사과를 설치했다. 남지·남양 등지의 제도와 경제 실태를 조사하고 현지 상황을 파악하기 위해서였다. 현지 조사와 정보 수집을 병행했는데, 타이완은행 조사부나 남양협회 타이완지부에서 발표한 조사보고서도 수집 대상에 포함되었다. 관방조사과는 수집한 방대한 정보를 분류하고 편집했는데, 중국에 관해서는 정치·군사 관련 정보에 중점을 두었고, 남양에서는 산업·무역 관련 정보에 중점을 두었다. 남양의 지역 개념이 점차 확대되고 자원 확보 등 경제적 필요성이 커짐에 따라 타이완총독부는 1935년에 외사과를 설치하고(1938년 외사부로 개명), 관방조사과의 조사 업무를 넘겨주었다. 그 이후 타이완총독부의 조사보고서는 남진을 더욱 강하게 의식하는 내용으로 채워졌다.[57]

타이완은 식민지화 초기부터 남진의 거점으로 주목받았는데, 주된 관심은 일본 상품시장의 확대 등 경제와 무역에 관련된 것이었다. 1920년대 중반까지 남지·남양에 대한 조사와 연구는 타이완은행 조사과와 타이완총독부 관방조사과가 중심이 되어 실행했다.

2) 다이호쿠제국대학 설립

일본은 타이완 식민지화 초기에 치안과 개발 등을 우선했기 때문에 연구나 교육에 관심을 기울일 여력이 부족했다. 1896년에 국어전습소를 개설해 일본어 통역 인력을 양성하다가, 1898년 7월에 「타이완공학교령(臺灣公學校令)」을 공포해 국어전습소를 없애고, '공학교(公學校)'라는 초등교육기관을 설치했다. 일본인 아동을 위해서는 '소학교'를 설치했다. 1915년에는 공립중학교가 신설되었다. 1919년 8월 1일에는 「타이완교육령」을 공포해 타이완의 교육을 보통교육, 실업교육, 전문교육, 사범교육으로 나누고, 일본인과 타이완인, 원주민의 차별교육을 제도화했다. 1922년에 교육령을 개정해 초등교육 외에는 '내지'와 비슷한 제도를 시행했다. 이것을 근거로 고등교육기관으로 1922년에 다이호쿠고등학교 심상과, 1928년에 고등과가 설립되었다. 이 학교에서 졸업생들이 배출되면서 상급 교육기관인 다이호쿠제대가 1928년에 설립되었다.[58]

타이완에서 대학 설립에 대한 요구와 논의가 제기된 이래 대학 설립이 실현되기까지는 상당한 시일이 소요되었다. 1919년 10월에 제8대 타이완총독으로 임명된 덴 겐지로는 부임 직후인 12월 5일에 '대학설립안'을 정부에 제출했다. 이에 총무장관이 대학 설립을 위한 조사와 입안을 명령했지만 성사되지 못했다. 타이완 재류 일본인 유력자들이 결성한 '타이완대학기성동맹회'는 1920년에 일본인, 타이완인, 중국인 그리고 동남아시아 여러 국가 출신 학생들의 공학(共學)을 내걸고 대학 설립을 요구했다. 지체되고 있던 대학 설립에 실제로 착수한 것은 1924년 9월에 취임한 제10대 타이완총독 이자와 다키오(伊澤多喜男, 1869~1949) 때였다. 그는 대학 설립 취지, 관련 조사, 소요 경비 등에 관한 내용을 본국 정부에 제출하여 대학 설치를 승인받았다. 이자와 총독은 실제적인 대학 창설 업무를 시데하라 다이라(幣原坦, 1870~1953)에게 의뢰했다. 시데하라 다이라는 식민지의 교육제도와 방향에 관한 전문가로서, 이자와 총독의 도쿄제국대학(이하 '도쿄제대') 동기생이자 가까운 친구였던 시데하라 기주로(幣原喜重郎, 1872~1951)의 형이기도 했다. 유럽에서 유학 중이던 시데하라 다이라는 타이완의 대학 창설을 준비하기 위해 귀국했다. 그는 1925년 7월 31일에 다이호쿠제대 창설 사무위원으로 취임해서 10월부터 본격적인 준비에 들어갔다.[59]

1926년 7월 이자와 총독의 뒤를 이어 가미야마 만노신(上山滿之進, 1869~1938)이 새 타이완총독으로 부임한 뒤에 다이호쿠제대 설립은 계속 추진되었다. 재외 연구원 제도를 활용하여 교수 확보에 노력하면서 필요한 도서와 실험 용구를 구입하는 등 개교 준비에 박차를 가했다. 1928년 3월 17일자 칙령 제31호로 대학 설립을 위한 관제가 공포되었다. 식민지 대학이라는 특징을 반영해서 본국의 제국대학과는 달리 문정학부(文政學部)와 이농학부(理農學部) 2개 학부를 두었다. 문정학부에는 철학과, 사학과, 문학과, 정학과를 두었고, 이농학부에는 생물학과, 화학과, 농학과, 농예화학과를 설치했다. 부속 농림전문부에는 농학과 및 임학과를 설치했다.[60]

초대 총장으로는 대학 창설을 주도했던 시데하라 다이라가 부임했다. 그는 1928년 3월에 취임해서 1937년 9월에 물러날 때까지 10년 가까이 총장을 역임했다. 시데하라는 대한제국에서 교육행정가로 활동한 경험을 갖고 있었으며, 1910년대에 유럽 여러 국가에 대한 시찰 경험을 토대로 다양한 저술을 남긴 '식민지 교육' 전문가였다.[61] 그는 1890년 제국대학 문과대학에 입학하여 국사학을 전공했다. 역사학자로서 시데하라는 '문명인'이 '미개'한 곳으로 이주하여 문화를 전파하는 것이 역사의 보편 법칙이라고 보았으며, 그것은 식민에 의한 문화 전파의 정당성에 대한 확신으로 연결되었다.[62]

1900년 11월부터 1905년 1월 말까지 약 4년간 대한제국 초빙 고용교사가 되어 한국에서 중등학교 교원으로 근무했다. 또한 1905년 2월 1일부터 1906년 6월 16일까지는 대한제국 학부의 학정참여관(學政參與官)으로서 한국 교육제도의 개혁안 마련에 관여했다. 통감부 설치 이후 사임한 그는 일본으로 귀국하여 문부성에 근무하면서 조선사에 관한 연구를 발표했다. 1910년에는 도쿄제대 문과대학 교수를 겸임하면서 조선사 강좌를 개설했다.[63] 시데하라는 식민지 교육에서 현지인에 대한 교육과 식민자인 일본인 자제에 대한 교육을 엄격하게 구분해야 한다는 인식을 갖고 있었다. 조선인에 대해 초등교육과 일본어 보급, 실업교육에 중점을 두었던 조선총독부의 분할교육방침은 그의 이러한 인식과 무관하지 않다. 그는 이후에도 현지인에 대해 고등교육을 실시하는 것을 위험하게 여겼으며, 그에 반해 일본인 자제에 대해서는 고등교육을 확충하고 인문교육을 추진해야 한다는 생각을 견지했다.[64]

시데하라는 1910년과 1924년, 두 차례 유럽을 시찰했다. 한국강제병합 직후인 1910년 10월에 구미 여러 나라로 '학술시찰'을 위한 파견 지시를 받고 첫 번째 시찰을 떠났다. 이 여행에서 동양과 서양의 문화를 비교하면서 각지의 대학 실태와 세계 각지의 식민지에서 행해지는 교육제도의 실상을 살폈다. 그는 구미 각국이 경제 진출을 위해 면밀하게 시장조사를 하고 연구기관을 설치해서 조직적이고 체계적으로 동양 연구를 하고 있는 현황을 관찰하고 깊은 인상을 받았다. 프랑스령 인도차이나의 하노이에서는 EFEO(École Française d'Extrême-Orient, 프랑스국립극동학원, 원동학원이라고도 함)를 방문했는데, 그는 일본 같은 동양의 국가는 아직 연구소도 갖지 못한 상황에서 EFEO 같은 기관을 운영하고 있는 '문화국가' 프랑스에 경탄했다. 또한 시데하라는 구미 각국의 '열대 의학 연구'를 눈여겨보았다. 일본인이 남방으로 진출해 동남아시아 시장을 개척하려면 열대병에 대한 공포심을 제거해야 했다. 따라서 열대 의학의 진흥은 통상국가로 발전하기 위해 필요한 것이었다. 또 현지인을 회유하고 신용을 얻기 위해서도 의학은 중요한 자원이었다. 그 당시 시찰을 통해 시데하라는 식민지를 통치하기 위해 연구기관을 조직하여 일본이 국제 학계에 기여하는 문화국가가 되어야 한다는 전망을 갖게 되었다.[65]

타이완에서 대학 창설 업무에 본격적으로 착수하기 전인 1924년 5월 2일 시데하라는 신설된 조선의 경성제국대학(이하 '경성제대') 개학식에 참가했다. 곧이어 6월 9일에는 문부성의 명령을 받고 다시 유럽 시찰을 떠났다. 이 파견은 타이완에서 대학을 설립하기 위한 조사 활동의 성격을 띠고 있었다. 그는 동남아시아, 유럽, 미국 등지를 돌며 여러 대학을 시찰했고, 유럽 각국의 대학과 연구기관에서 시행하고 있는 극동학 및 일본·중국에 대한 연구 현황을 조사했다.[66] 이 시찰에서 대학의 연구활동을 장려해야 하며, 인문학도 식민지 통치를 위해서는 반드시 갖추어야 하는 권력 자원이라는 인식이 강화되었다. 또 아시아를 석권하고 있는 구미의 아카데미즘을 목도하면서 역설적으로 '일본의 문화적 사명'을 더욱 강조하게 되었다. 시데하라라는 식민지 통치자는 지배하는 지역을 과학적으로 연구하여 개척함으로써 세계 문명에 기여할 책임이 있으며, 극동과 타이완, 더 나아가 '남양학'도 일본의 것으로 삼아야 한다고 생각하면서 다이호쿠제대 설립에 투신했다.[67] 1년간의 구미 시찰을 마치고 귀국한 시데하라는 1925년 7월 타이완으로 건너갔으며, 1928년 3월 다이호쿠제대를 신설하고 총장에 취임했다.

대학 설립을 준비하던 시데하라 다이라는 1926년 12월에 「타이완의 학술적 가치」라는 글을 발표했다. 이 글에서 남양 연구의 중요성을 강조하고 그것을 타이완의 가치와 연결했다. 그 내용을 다음과 같이 요약할 수 있다.

일본이 솔선하여 남양 연구를 개척하는 것은 선진문명국으로서 국위를 선양하는 일이며, 그것을 통해 일본은 '세계 문명에 공헌'할 수 있다. 또한 남양 연구는 인문과학이나 자연과학 모두에 대해 커다란 가치가 있다. 루손, 자바, 타이, 안남(베트남) 등 동남아시아 각지에는 근대 이전에 일본인 마을[日本町]이 조성되었다. 이 유적의 역사에 대한 연구는 일본 국민이 과거에 이룬 위대함을 탐구하는 일이며, 도처에서 일어나고 있는 배일 움직임을 감안해 향후 일본의 발전 방향을 모색하는 데도 중요한 자료를 제공해줄 수 있다. 남방 문명에 대한 조사와 연구는 시대적 요구이다. 이렇게 중요한 남양 연구를 수행하기 가장 편리한 곳으로 타이완이 있다. 타이완은 '일본제국'의 영토 중에서 남양으로 한 걸음 나와 있는 발판의 위치에 자리하고 있어 남양에 대해 식물학, 동물학, 의학, 기상학, 기타 다양한 자연과학을 연구하기에 세계적으로 유래가 없을 정도로 유리한 조건이다. 또한 일본은 다양한 민족과 인종의 문화를 포용하고 있는 타이완을 개발해야 하는 사명을 띠고 있다. 타이완은 민족학, 언어학, 문학, 사학, 기타 다양한 인문과학의 연구를 위해서도 보기 드문 연구 대상이다.[68]

시데하라는 타이완에 일본이 '문명제국'으로 도약하기 위해 중대한 의미를 갖는 남양 연구의 거점이 될 수 있는 대학을 설립하고자 했다. 그런 대학이 세워진다면 일본과 동남아시아 사이의 학술 교류를 위한 접점이 될 수 있다고 보았다. 그는 다이호쿠제대를 설립하여 인문과학과 자연과학을 아우르는 남양 연구의 진흥을 도모하고, 그것을 바탕으로 "일본에 의한 동양 문명의 쇄신"이 실현되기를 기대했다.[69] 구미 각국이 운영하는 식민지 교육제도와 식민지 대학의 상황을 돌아본 적이 있는 시데하라는 타이완에 설립할 대학은 기후적 이점을 살려서 열대와 아열대에 관한 자연과학 연구에 중점을 두면서도, 현지의 지리적, 인종적 특징을 바탕으로 민족학, 언어학, 문학, 역사학, 기타 인문과학 연구의 메카로 발전시켜야 한다고 보았다.[70] 타이완에서 인문학 특히 역사학을 발전시키는 일은 일본인의 역사적인 남진을 밝히고 드러내어 일본제국의 국위를 떨치는 것이며, 통치를 정당화하는 자원을 마련하는 일이었다.[71]

시데하라는 '지나사학'과 '지나문학'이라는 종래의 명칭을 '동양'으로 고치고, 연구의 관점도 '중국'에서 '동양' 전반으로 확장해야 하며, 나아가 '남양'으로까지 확대해야 한다고 주장했다. 그는 일본에서 대륙에 대한 연구가 활발한 반면 남양에 대한 연구는 방기하고 있다는 점을 지적했다. 실제로 일본에서는 만주나 중국과는 달리 남양에 대한 학술적 연구가 취약한 상태였다. 동아연구소(東亞硏究所), 만철동아경제조사국(滿鐵東亞經濟調査局), 남양협회 등이 작성한 조사 자료도 직접 작성한 것보다는 구미 각국의 문헌을 소개하는 데 그친 경우가 많았다.[72] 그런 상황이었기 때문에 다이호쿠제대가 남양 연구와 남방 문화 연구의 거점이 되어야 한다는 점을 거듭 강조했던 것이다.

3) 남양학과 남양사학

식민지 대학의 두 축은 '연구'와 '식민지 통치'였다. 식민지라는 미지의 연구 대상에 대해 구미 각국과 어깨를 겨눌 수 있는 수준의 과학적 연구를 수행함으로써 세계 문명에 공헌하고 제국의 위신을 높이는 데 기여하는 것이 다이호쿠제대의 사명이었다. 시데하라 다이라는 다이호쿠제대를 세계적인 식민지 연구의 흐름과 일본의 제국주의적 통치를 선양하는 일을 융합한 산물로서 구상했다. 남양의 자연과 인문에 대한 과학적 연구는 '남양 문화의 진흥'으로 연결되었다. 한편, 일본제국의 요구에 부응하여 식민지 통치에 유용한 역할을 하는 것 역시 제국대학의 임무였다. 식민지의 교육기관은 식민자인 일본인에게는 통치자로서의 의식을 심어주고, 현지인에게는 종주국인 일본의 언어와 문화를 이식하고 식민지 질서에 순응하도록 만들어야 했나.[73]

타이완은 일본의 식민지였지만, 타이완을 거점으로 삼아서 뻗어나가야 할 남지(南支)와 남양(南洋)이라는 공간에서는 언제든지 서구 열강과 충돌할 가능성이 있었다. 그런 상황에 대응하고 대외적으로 일본의 위신을 높이기 위해 구미 각국에 비견될 수 있는 수준의 식민지 연구와 통치, 식민지 교육을 추구할 필요가 있었다. 또한 현지민에게 일본의 우월성을 주입하고 일본 문화에 동화시키는 것도 식민지 교육의 중요한 목표였다. 그러므로 최고교육기관인 대학은 기본적으로 동화의 대상인 현지인보다는 통치자인 일본인을 위한 교육기관으로 상정되었다.

다이호쿠제대는 일본의 남양 연구와 남양 진출의 거점이자 서구의 식민지 대학에 뒤지지 않는 수준의 연구를 수행해야 했다. 이것은 대학의 역할이나 학과 구성, 교수진 등을 구상할 때 기준으로 삼은 근거였다. 대학 설립의 결단을 내린 이자와 다키오 타이완 총독은 '타이완의 개성을 구비한 동양적 도덕주의 대학'을 만들어야 한다는 신념을 갖고 있었다. 그는 대학교육의 기본은 문학부와 이학부라는 이상주의적 생각 또한 갖고 있었다. 그렇지만 실제 대학 설립 과정을 주도했던 시데하라 다이라에 의해 그러한 이상은 실용적으로 수정되었다.[74]

시데하라는 애초에 예산의 제약을 고려해서 대학의 학부를 문학부, 의학부, 농학부로 구성하고자 했다. 문학부는 동양 및 남양의 연구에 무게를 두고, 의학부와 농학부는 타이완을 중심으로 하는 열대를 연구하게 한다는 구상이었다.[75] 당시 일본의 9개 제국대학 가운데 문학부가 있는 곳은 도쿄제대와 교토제대 두 곳뿐이었다. 도호쿠(東北)제대, 규슈제대, 경성제대에는 법문학부가 설치되었고, 홋카이도제대에는 문학부나 법문학부가 아예 설치되지 않았다.

종래 타이완의 식민지 교육체제는 초등교육과 실업교육이 중심이었다. 식민지에서 문학부 같은 학문은 현지인의 민족의식을 촉진할 위험성 때문에 당국의 경계 대상이었다. 그러므로 시데하라의 문학부 설립 계획은 타이완총독부가 시행하던 종래의 교육정책을 따른 것이 아니었다. 물론 시데하라가 구상한 대학은 식민지를 통치할 일본인을 염두에 둔 구상이었다. 기본적으로 그는 인문과학을 경시하면 종합대학의 조직적 전체성을 갖출 수 없다고 보았다. "동양 특히 남양에 관한 인문과학적 지식"을 연구하는 것은 "일본 국민이 남방으로 발전해가는 데 큰 영향을 끼치고, 일본의 문화와 문명의 진보에도 도움이 된다"는 점을 거듭 강조했다.[76]

그러나 실용성이 부족한 학부를 식민지 대학에 설치하는 것에 반대가 많아 문학부를 설치하려던 계획은 결국 실현되지 못했다.[77] 대학 설립 당초에는 문학과 정치학을 합한 문정학부(철학과, 사학과, 문학과, 정학과), 이학과 농학부를 합한 이농학부(생물학과, 화학과, 농학과, 농예화학과)가 설치되었다. 학부는 조정되었지만 학문적 기초는 동양과 남양에 대한 인문과학적 연구, 타이완에 대한 자연과학적 연구라는 애초의 구상을 따르고 있었다. 시데하라는 1925년부터 1937년까지 대학 창설 사무위원 및 초대 총장으로 근무하는 동안 다이호쿠제대의 동양 및 남양 연구, 열대의 자연과학 연구 및 식민지 대학으로서의 목적을 한결같이 강조했다. 1936년 5월 17일에 다이호쿠제대는 문정학부, 이농학부, 의학부로 이루어진 종합대학 체제를 갖추게 되었다.[78]

나이호쿠제대의 특징은 세부 강좌를 통해 알 수 있다. 문정학부는 서양보다는 동양과 남양에 대한 학술 연구를 특별히 중시했다. 특별히 사학과에 '국사학' 강좌와 '동양사학' 강좌 외에도 일본 본토의 제국대학(帝國大學)에는 없는 '남양사학' 강좌가 개설되었다. 또 '토속학·인종학' 강좌를 개설하여 타이완이나 남양군도 원주민의 풍속과 문화를 연구했다. 철학과의 '심리학' 강좌에는 타이완 원주민의 심리에 관한 실험과 연구를 실행하는 분야가 개설되었다. 이농학부는 제당화학, 열대 농학, 곤충학 등 타이완에만 국한되지 않는 열대와 아열대 연구에 주력했다. 1936년에 발족한 의학부는 열대 의학을 연구하고 의료를 담당했다.[79]

문정학부의 구성과 개설 강좌를 통해 다이호쿠제대의 동양과 남양에 대한 연구 방향을 살펴볼 수가 있다. 문정학부는 철학과, 사학과, 문학과, 정학과 등 4개 학과로 구성되었다. 개교 당시에는 7개 강좌만 개설되었지만 점차 숫자가 늘어나 1930년에는 계획했던 24개 강좌를 전부 개설했다. 1937년에 상법 강좌가 증설되어 총25개 강좌가 개설되었다. 이 가운데 다이호쿠제대에만 개설된 남양사학 강좌는 현지에서 각별히 주목을 받았다. 개교 시점인 1928년 5월 『타이완일일신보(臺灣日日新報)』에 "세계에 유래가 없는 강좌 남양학"이라는 제목으로, 일본은 물론이고 어디에서도 개설된 적 없는 '남양학'이라는 특별한 강좌는 "정확하게 말하면 남양사학"인데 "다이호쿠제대를 빛내고 자랑할 수 있는 특색 있는 강좌"라고 소개했다. 담당 교수는 "관련 학계의 제1인자인 무라카미 나오지로(村上直次郎, 1868~1966) 박사"였다.[80]

무라카미 나오지로는 1895년 도쿄제대 사학과를 졸업하고 대학원에 진학했으며, 재학 중에 일본의 '외지' 통치를 담당하는 행정기관인 척식무성(拓殖務省)에서 타이완사 편찬에 종사했다. 1899년에는 문부성 지시로 스페인, 이탈리아, 네덜란드의 3개국에서 유학했으며, 유학 상태에서 1900년 도쿄외국어학교 교수가 되었다. 1902년 귀국한 그는 이듬해에 도쿄제대 사료편찬원을 겸직했다. 1928년 다이호쿠제대 교수가 되었다가 1935년에 퇴임했다. 그는 근세 일본과 유럽 각국의 교류사, 일본과 동남아시아 관계사의 권위자였다. 다이호쿠제대에 부임한 뒤에는 타이완 원주민 등에 대해 연구했다.[81]

한편, 후지타 도요하치(藤田豊八, 1869~1929)는 다이호쿠제대 문정학부장으로 파견되어 동양사학 강좌와 별도로 국사학과 남양사학 강좌를 개설하였다. 동서교섭사 연구를 통해 일본에서 남양사의 개척자로 평가받는 그는 도쿄제대에서 동남아시아 역사 전공 교수로 재직하고 있었다. 1928년 회갑을 맞이한 후지타는 다이호쿠제대에 파견되어 먼저 사학과를 창설하고 전체적인 강좌체계를 구성하면서 일본에서는 처음으로 남양사학 강좌를 설치했다.

남양사학 강좌에는 무라카미 외에 이와오 세이이치(岩生成一, 1900~1988)와 야나이 겐지(箭內健次, 1910~2006)가 순차적으로 전임교관으로 임명되었다. 이와오 세이이치는 1928년 도쿄제대 국사학과를 졸업하고 1년 뒤에 다이호쿠제대에 부임했다. 이후 1930년 3월부터 1932년 6월까지 타이완총독부의 재외 연구원으로서 네덜란드령 인도네시아, 네덜란드, 영국 등지에서 유학을 했다. 대표 저작은 1940년에 펴낸 『남양 일본정 연구(南洋日本町の研究)』로, 근대 이전 일본인의 남양 지역 활동에 대해 주로 연구했다. 전후에 그는 다이호쿠제대가 국립타이완대학으로 이름을 바꾼 뒤에도 한동안 머물렀으며, 귀국해서는 1950년에 '재단법인 동양문고'의 연구원이 되었다.[82] 야나이 겐지는 1934년 도쿄제대 국사학과를 졸업하고 대학원에 진학했다. 1936년 말에 다이호쿠제대 문정학부의 전임강사가 되었으며, 1938년 6월에 조교수가 되었다. 스페인의 필리핀 통치, 에도 막부의 무역, 일본과 서양 각국의 교류, 기독교 등을 연구했다.[83]

남양사학을 담당했던 무라카미 나오지로, 이와오 세이이치, 야나이 겐지는 유럽과 남양 각지에서 직접 수집한 사료를 활용한 연구자들로, 전후 일본에서 동남아시아 연구의 지속과 활성화에 중요한 역할을 했다. 남양사학 강좌 외에 동양사학과의 구와타 로쿠로(桑田六郎, 1894~1987), 국사학과의 고바타 아쓰시(小葉田淳, 1905~2001)도 동남아시아 관계를 연구했기 때문에 다이호쿠제대는 명실상부하게 남양사 또는 남방사 연구의 중심이 될 수 있었다.[84] 다이호쿠제대는 제2차 세계대전이 끝난 뒤에 1945년 11월 15일자로 국립타이완대학으로 변경되었다. 이와오 세이이치와 야나이 겐지는 패전 뒤에도 한동안 타이완대학에 머물다가 일본으로 귀국했다.

4) '대동아공영권'과 시데하라 다이라

시데하라 다이라는 1930년대 중반 이후 다이호쿠제대가 '남방 문화'를 수립하고 '남방 문화'의 진흥에 공헌해야 한다는 점을 특별히 중시했다. 일본이 공격적인 남진정책을 수립하기 시작한 1937년에는 다이호쿠제대의 역할에 대해, "제국 영토의 남단으로 열려 있는 의의를 분명히 다하기 위해, 굳이 기설 대학에서 모범을 찾지 말고 새로운 이상과 특수성을 고려하여 건설 사업을 진전시키며 또 타이완을 중심으로 삼아 남방 연구의 길을 열고 제국 문화의 요람으로 만들어 그 위대함을 남방에 떨쳐야 한다"는 것을 거듭 강조했다.[85]

시데하라는 다이호쿠제대 총장에서 물러난 뒤 태평양전쟁 발발 직전인 1941년에 『대동아의 성장(大東亞の成育)』을 펴냈다. '대동아' 라고 제목을 달았지만 조선이나 만주 등 북방에 대한 내용은 없고 남 방으로 팽창하는 일본의 모습을 집중적으로 기술하고 있다. 이 책에 서 그는 남방으로의 침공을 정당화하면서 '대동아공영권'의 문화 건 설과 교육이념을 제시했다. 그는 조선과 타이완에서 자신이 했던 활 동을 '문화 창조'를 위한 과정으로 규정했다. 여기서 '문화'가 의미하 는 것은 '제국 일본이 주도하는 신문화'이다. 그와 같은 '신문화'를 바 탕으로 조선과 타이완, 동남아시아와 중국 대륙의 전통문화를 '쇄신' 하고자 했던 것을 '문화 창조'라고 하면서 일본의 식민지 지배와 팽 창을 정당화했다.[86]

1940년대에 시데하라는 남양·남방과 중국 대륙으로 파견할 민 간인을 양성하기 위해 설립된 흥남연성원(興南鍊成院)과 대동아연성 원(大東亞鍊成院)의 원장을 역임했다. '문화적 차원'에서 타이완을 거 점으로 하는 남양 진출에 깊이 관여했던 그에게 비교적 잘 어울리는 직책이었다. 애초에 척무성은 1941년에 남양·남방으로 파견할 민 간인을 교육하고 훈련시키기 위해 척남숙(拓南塾)을 개설했다. 그 뒤 에 전쟁이 확대되면서 다민족, 다문화, 다언어의 남방 점령지를 관리 해야 할 필요성이 커지자 1942년 11월에 척남숙을 흥남연성원으로 개편했다. 중일전쟁을 일으킨 뒤에 일본은 중국 대륙에서 이문화에 대한 이해 부족으로 큰 곤란을 겪었다. 여러 민족이 혼재해 있는 만 주에서도 마찰이 심했고, 전쟁은 끝날 기미가 없이 난항을 겪고 있었 다. 그와 같이 나문화 상황에서 겪은 경험을 교훈 삼아 남방 공략을 전개하면서 현지에 파견할 민간인을 '연성'하기 위한 기관 또한 설

치·운영했던 것이다.[87]

시데하라는 기본적으로 식민지의 현지인과 일본인 이주자에 대한 교육을 엄격하게 구분했다. 현지 주민에 대해서는 일본어 교육과 초등교육, 실업교육을 제공하고, 그들에 대해 일본의 '신문화'를 보급하고 쇄신하도록 만드는 사명을 가진 일본인에 대해서는 고등교육이 필요하다고 보았다. 그러므로 '대동아공영권'의 최전선인 남방 점령지로 파견되어 현지민을 계도하고 일본 문화에 동화시킬 임무를 맡은 일본인을 교육하는 일은 그의 지론과 부합하는 중요한 과업이었다.

총력전 체제기에 그가 조선, 만주, 중국 등 북방에 대해서는 거론하지 않고 새로 차지한 남방 점령지만을 집중해서 언급한 것 역시 '대동아공영권'이 남방 점령지를 우선적인 대상으로 삼는 이념이라는 것과 관련되어 있다. 그는 '대동아' 공영을 실현하기 위해 남방에 대한 문화 창조와 교육 문제를 집중적으로 강조했다. 서구 제국에 대해 경쟁의식을 갖고 그들과 겨룰 수 있는 연구와 교육으로 세계 문화에 기여해야 한다고 주장했던 시데하라는 내적 모순으로 가득한 '대동아공영권'에 의미를 부여하기 위해 문화 창조와 문화 건설을 다시 끌어들였다. 그러나 일본인과 여타 이민족에 대한 엄격한 차별적 구조 위에 일본을 맹주로 삼아 구축되고 재생산되는 이 새로운 체제에서 '평등한 공영'은 실현될 수 없었고, 그가 구축했던 담론도 일본제국의 붕괴와 함께 무너져버렸다.

6장

동양학 네트워크와 프랑스와의 교류

1. 동양학과 동양문고, 그리고 남양학

1) 동양학과 동양사, 시라토리 구라키치

근대 일본에서 동양 또는 동양학은 '탈아론'의 연장선에서 유럽의 동양학을 수용해서 다른 아시아 국가에 대해 일본의 우월성을 주장하기 위해 만들어졌다. 일본의 동양사학은 겉으로는 객관성과 실증성을 강조하면서도 내용에서는 일본 이외의 아시아를 타자화하고 대상화함으로써 일본의 아시아 지배를 합리화하는 역할을 했다.[1]

'서양사가 곧 세계사'라는 유럽 중심의 인식을 거부하면서 일본과 중국을 포괄하는 동양사를 성립시키기 위한 시도는 1890년대에 다양한 형태로 나타났다. 일본에서 '서양'에 대응해서 '동양'이라는 명칭을 사용하게 된 것은 청일전쟁 이후 상승한 자신감이 영향을 미쳤다. 이 시기에 등장한 '동양사'는 기존 중국사에서 단순히 명칭만 바꾼 경우, 일본과 중국을 포괄하는 역사, 또는 일본을 제외한 중국과 동양 각국의 역사를 가리키는 경우 등 여러 가지로 사용되었다.[2] 그렇지만 기본적으로는 사료 이용이나 연구 주제 등에서 뚜렷하게 중국이 중심이었다. 주로 중국 사료를 활용해서 중국의 역사와 문화 또는 중국과 주변국과의 교류를 연구했다. 중국을 넘어 연구를 확장하게 되면서는 조선과 만주, 몽골로 이어지는 북방 지역을 주요 대상으로 삼았다. 그렇게 된 주된 이유는 중국과 긴밀한 역사적 관계와 문화적 친연성을 갖고 있었기 때문이다. 근대 일본의 정계와 군부, 학계와 일반 사회를 관통하고 있던 북진론도 중국 또는 중국을 둘러싼 북방을 중심으로 하는 일본 동양학의 형성과 발전에 지대한 영향을 미쳤다. 북방 대륙에서의 국익 확보는 일본의 국가적 과업이었기에 역사학계도 그것을 위한 학문적 논리와 이념적 근거를 제공하도록 요구받았다.

북진의 논리를 만들고 정당화하는 것 못지않게 중요한 또 다른 요구도 있었다. 서양 제국에 대해 '문화국가'로서 일본의 학문적 역량을 증명하는 일이었다. 일본은 서구 학문 수용 초기에 서구가 세계 전체라는 것을 전제로 서구 역사에 대해 만국사 또는 세계사라는 이름을 붙였다. 그러나 그것은 실제로 '서양'의 역사일 뿐이었다. 그러므로 제국으로서 일본이 자신감을 갖고 서구에 대응하기 위해서는 '서양'에 조응하는 '동양'의 역사를 구체적으로 구성해야 했고, 세계사는 그 두 가지에 의해 이루어져야 했다. 이처럼 '서양'에 대응해서 일본 관점에서 '동양'을 구성하는 일은 학문 내적인 요구 못지않게 일본이 처해 있는 시국적 요구에서 출발했다.

동양학을 구성하는 데서 핵심은 동양사였다. 일본의 동양사 창안은 서구 근대 역사학의 영향하에서 진행되었다. 1886년에 설립된 도쿄제대는 1887년에 독일인 루드비히 리스(Ludwig Rieß, 1861~1928) 교수를 초빙하여 사학과를 개설했다. 리스가 혼자 사학과를 맡고 있는 상황에서 당시 '사학'은 서양사를 의미할 수밖에 없었고, 일본사나 동양사는 가르치지 않았다. 1888년에는 국사 즉 일본사가 교과에 추가되었으며, 그다음 해에 국사학과가 개설되었다.[3] 서구의 역사를 세계사와 동일시하는 인식체계에서 벗어나는 일, 일본을 중심으로 세계를 다시 분류하고, 서구와 견줄 수 있는 수준으로 그 역사를 연구하고 교육하는 일은 제국 일본의 역사학계에 주어진 시대적 소명이었다. 그것을 완수하기 위해서는 중국을 중심으로 하는 전근대적 세계와 결별해야 했다. 따라서 동양사를 성립시키는 것은 중국사를 동양사의 일부로 새로 정의하는 작업이기도 했다. 그렇게 해서 중국사는 '지나사(支那史)'로 상대화되었으며, 그것을 아우르는 상위 범주로서 동양사가 탄생하게 되었다. 동양사의 성립은 '지나'와의 비교 속에서 제국으로서 일본이 가진 가능성을 발견하고 증명하는 과정이었다.

19세기 후반에 유럽 동양학자의 연구가 일본에 소개되었으며, 1880년대에 일본 학자들은 그 내용을 참고하기 시작했다. 일방적인 소개를 넘어서 그들의 연구에 거리를 두면서 중국의 문헌과 서양의 기록을 직접 검토하여 새로운 연구로 나아가려는 노력이 1900년을 전후하여 나타나기 시작했다. 이 시기부터 유럽 학계와의 교류도 활발해졌다.[4] 당시에 유럽의 동양 연구는 '지나사', '지나철학', '지나문학'을 중심으로 이루어지고 있었다. 그것이 동양학으로 구성되기 위해서는 '지나'를 넘어 조선과 만주 등지로 확장되어야 했으며, 일본은 서양을 능가하는 독자적 역사학을 모색해야 했다.

그러한 노력이 대학의 교과와 학과 체계에 반영되었다. 도쿄제대에는 1889년 이래 사학과와 국사학과가 병존하는 상태가 지속되고 있었다. 이런 상황을 해소하기 위해 1904년에 학제를 개편해 사학과 아래 졸업시험의 수험학과로서 국사학, 동양사학, 서양사학 3과목을 정했다. 이때 '지나사학'의 이름이 '동양사학'으로 바뀌었다.[5] 비록 내용은 여전히 지나사학이었다고 해도, 서양사학에 대응하는 동양사학이 대학 내에 병립하게 된 것은 의미가 컸다. 1910년에는 국사, 동양사, 서양사의 3과 체제가 정비되었다. 이렇게 해서 '지나사'를 포함하는 동양사와 서양사, 그리고 국사라는 구분이 대학에서 제도적으로 공식화되었다.[6]

'지나사'의 재구성을 통해 동양사의 성립에 중요한 역할을 한 인물은 나이토 고난(內藤湖南, 1866~1934)이다. 기자 출신으로 중국문제 전문가였던 그는 1907년 교토제대 문과대학에 사학과가 설치되자 지나사학 담당교수로 부임했다. 그는 중국학과 동양사학의 권위자로서 교토학파를 대표하는 인물이다.[7] 그와 대비되는 인물로 동양학의 범위를 중국사를 넘어 만주와 조선, 서역으로 확장하는 데 중요한 계기를 제공한 동양학 또는 동양사의 창시자로 거론되는 역사학자가 시라토리 구라키치(白鳥庫吉, 1865~1942)이다. 도쿄학파를 대표하는 구라키치는 만주와 조선의 역사를 포괄하는 '만선사(滿鮮史)'를 처음 주창한 인물이기도 하다.

시라토리는 1865년 지바현(千葉縣)에서 태어나 태평양전쟁 발발 직후인 1942년 3월에 77세를 일기로 사망했다.[8] 그는 도쿄 제1고등학교를 거쳐 1887년에 도쿄제대 문과대학에 개설된 사학과에 제1회생으로 입학했다. 1890년에 사학과를 졸업하자마자 26세의 나이로 '가쿠슈인(學習院)'의 교수이자 역사지리과 과장에 임명되었다. 당시 가쿠슈인 고등과에는 동양제국사라는 과목이 개설되어 있었는데, 시라토리는 중국 이외에도 여러 민족의 역사를 담당했다.[9] 당시 일본사 및 지나사는 중학교와 고등학교의 교과에 포함되어 있었고, 다양한 교과서를 제작할 수도 있는 수준이었다. 그러나 중국 이외에 주변 여러 국가의 역사에 대해서는 학문적 연구가 되어 있지 않았다. 더욱이 과목을 담당한 시라토리는 대학에서 주로 서양사를 배웠기 때문에 새로운 과목을 가르치기 위해 스스로 연구를 해야 했다. 그렇게 해서 처음으로 동양 여러 민족의 역사에 대한 연구가 시작되었다. 이것을 계기로 조선과 만주, 몽골 등 북방 여러 민족의 역사와 문화에 관심을 갖게 되었으며, 연구가 심화되면서 다양한 문제들을 자기 나름의 관점으로 해석하고자 시도하게 되었다.[10]

시라토리는 1901년에 유럽으로 유학을 떠났다. 프랑스와 독일 등지에서 현지의 학문 현황과 연구 분위기를 관찰하고 러시아까지 시찰한 뒤 시베리아를 경유해 1903년에 귀국했다. 그 이듬해에 가쿠슈인과 도쿄제대 사학과 교수를 겸하게 되었다.[11] 이때의 유럽 유학은 시라토리에게 지대한 영향을 주었다. 서구의 동양학 연구조직을 보고 충격을 받은 그는 자신의 연구 영역을 확장하는 것과는 별개로, 일본의 동양사 연구를 조직하기 위해 힘을 기울였다. 또한 유럽의 동양사를 일본 학계에 소개하여 연구 수준을 끌어올리고자 했으며, 중국 등 아시아의 학계를 지도하고 유럽 학계와 교류하기 위한 사업을

펼쳤다.[12]

러일전쟁 승리로 국가적 자신감이 고조되자 시라토리는 일본의 '위력은 세계에 실현되었으므로 학문에서도 하루 빨리 유럽 학계와 어깨를 견주어야 한다'고 주장했다. 그것을 위해서라도 연구조직을 결성해야 한다고 보고 1905년에 아시아에 관심을 가진 학자들을 모아 '아세아학회'를 조직했다. 그러나 활동이 여의치 않았기 때문에 1907년에는 총리대신 가쓰라 다로가 주도해서 만든 동양협회의 학술조사부 설립에 관계하면서, 아세아학회를 동양협회에 합병했다. 여기서는 1909년 최초의 업적으로 『동양협회조사부학술보고서』를 출판했다. 이것은 뒤에 『동양학보』라는 이름의 정기간행물로 개편되어, 1911년에 제1권 제1호가 출간되었다. 한편, 시라토리는 1908년에 만철 총재 고토 신페이에게 요청해 만철 도쿄지사에 '만선사' 연구를 위한 조사실을 설치하고, 만주와 조선의 역사에 대한 체계적 조사연구를 시도했다. 이곳에서는 연구에 필요한 도서와 유물 수집, 만주 현지 답사 등을 실행했으며, 『만선지리역사연구보고』 같은 결과물을 산출했다.[13]

시라토리는 1925년에 정년이 되어 도쿄제대를 떠날 때까지 많은 연구 성과를 발표했다. 그는 유럽 학자들의 연구를 참조하되 그들의 중국 사료 취급 방법을 비판적으로 검토하고 중국을 넘어 서역 등지로 연구를 확장했다. 궁극적으로는 일본의 동양학을 유럽 수준으로 끌어올리고 더 나아가 그것을 능가할 정도로 발전시키는 것을 꿈꾸었다. 시라토리는 1934년에 쓴 「선만사(鮮滿史) 연구의 34년」에서, "나는 같은 동양인인 일본인이 구미 학자의 연구에 지지 않도록, 대규모 동양 역사 연구 학회를 만들어, 학자, 실업가, 정치가 등이 서로 제휴하여 근본적인 동양 연구에 노력할 필요가 있다고 제창"했다고 회고했다. 그는 유럽의 연구자가 손을 대지 않아 미개척 상태에 있던 만주와 조선에 특별히 관심을 기울이면서, 유럽인이 할 수 없는 만주와 조선의 역사지리에 대한 연구를 일본인이 완성해야 한다는 확신을 표명했다.[14] '동양 연구는 일본인의 손에 의해 이루어져야 하고, 일본의 동양학자는 지나의 동양학 지도자가 되어야 한다'는 것이 그의 소신이었다.[15] 그가 주로 연구한 지역은 조선과 만주, 서역이 중심이었지만, 분야는 언어학, 고고학, 신화학, 민속학, 지리학, 지질학 등에 다양하게 걸쳐 있었다.[16] 시라토리에 의해 '제국 일본'의 동양사는 중국사와 역사학의 범주를 넘어선 확장의 계기가 마련되었던 것이다.

대학을 떠난 시라토리는 미쓰비시(三菱)의 사주인 이와사키 히사야(岩崎久彌, 1865～1955)가 설립한 '동양문고'로 자리를 옮겼다. 그가 창설 준비부터 깊이 관여했던 동양문고는 동양에 대한 학문적 연구에서 유럽보다 우위를 확보해야 한다는 그의 숙원을 실현한 사업이었다. 만선사에 대한 연구기관의 설치만으로는 충족될 수 없는 '동양 연구를 위한 일대 도서관'을 전망하며 설립된 것이 동양문고였다.[17] 그는 동양문고의 이사로서 운영에 참여하는 동시에, 연구부를 부설하고 스스로 부장에 취임하여 연구를 주도했다. 이 동양문고를 매개로 일본 동양학은 중국과 북방 대륙을 넘어 남해와 남방으로 연결되는 계기를 마련하게 된다.

2) 동양문고와 동양학 네트워크

1924년에 공식적으로 출범한 '재단법인 동양문고'는 현재까지 존속하고 있는데, 지금은 일본에서 광역 아시아에 대한 연구를 주도하는 민간 연구기관이자 아카이브이다. 일본에서 동남아시아 관련 문헌을 가장 많이 보유하고 있는 곳이기도 하다. 중국과 북방 대륙을 위주로 하기는 했지만, 처음 설치될 당시에도 인도를 포함한 '동양' 전역의 자료를 소장하는 도서관 겸 연구소의 성격을 띠고 있었다.

미쓰비시를 창업한 이와사키(岩崎) 가문의 제3대 계승자인 이와사키 히사야는 1891년 미국 유학에서 돌아와 미쓰비시합자회사의 사장으로 취임했다. 그는 부친인 이와사키 야타로(岩崎弥太郎, 1835~1885)가 조성한 '이와사키문고(岩崎文庫)'의 수집 범위를 넓혀서 인도를 포함한 동양 전역으로 확대하고자 했다. 그것을 위해 1901년에 영국 옥스퍼드대학의 인도학자 막스 뮐러(Friedrich Max Müller, 1823~1900)[18]가 소장했던 인도학 관련 문고 1만 수천 권을 구입해서 도쿄제대 부속 도서관에 기증하기도 했다.[19]

이와사키 히사야는 사장직을 넘겨준 뒤인 1917년에는 동양문고 설립의 기초가 되는 '모리슨(Morrison)문고'를 구입했다. 히사야 자신이 장서가로서 '이와사키문고'를 구축할 정도로 전문가였지만, 모리슨 자료의 감정을 목적으로 도쿄제대 문학부장 우에다 가즈토시(上田萬年, 1867~1937)[20]에게 자문을 구했다. 우에다는 조수인 동양학자 이시다 미키노스케(石田幹之助, 1891~1974)[21]와 함께 베이징으로 가서 모리슨 자료를 감정했다. 당시 모리슨 장서는 아시아 관계 장서로서는 가장 훌륭한 것으로 알려져 있었기 때문에 감정을 마친 뒤에 서둘러 구입했다.[22] 영국인 모리슨(George Ernest Morrison, 1886~1920)은 학자라기보다는 전『런던타임스(The Times of London)』베이징 특파원 출신의 신문기자로, 위안스카이(袁世凱, 1859~1916)의 고문을 맡기도 했다. 그의 장서는 중국을 중심으로 하는 동아시아에 대한 구미의 영문 문헌을 망라해서 모아놓은 것이었다.

모리슨은 1911년 신해혁명 당시부터 장서를 팔고자 주변에 의사를 타진했다. 마침 베이징에 갔던 상하이 총영사 오다기리 마스노스케(小田切萬壽之助, 1868~1934)는 가깝게 지내던 미국 외교관이자 동양학자 록힐(William Woodville Rockhill, 1854~1914)을 통해 모리슨 장서의 구입 가능성에 대한 이야기를 듣게 되었다. 오다기리는 쇼킨은행 대표이자 나중에 대장대신(大藏大臣)을 역임하는 이노우에 준노스케(井上準之助, 1869~1932)에게 의논했고, 이노우에는 막스 뮐러 장서를 구입한 선례가 있는 이와사키 히사야에게 해당 사실을 전달하고 설득해서 구입을 주선했다. 모리슨 장서를 구입한 이와사키는 '모리슨문고임시사무소'를 설치했다. 양도받을 당시 장서는 2만 4,000책가량이었으며, 동양문고를 창설하기까지 임시사무소 단계에서 두 배 이상의 추가 수집이 이루어졌다.[23] 주로 양서(洋書)로 이루어진 모리슨문고에 더하여 일본어 및 한문으로 된 서적 등을 비롯해서 동양의 다양한 언어로 된 문헌을 추가로 수집했으며, 일본을 비롯해서 아시아 전역을 망라하는 컬렉션을 구축했다.

그런데 동양문고가 정식으로 개관되기 이전인 1923년에 간토대진재가 일어났다. 이때 도쿄제대 도서관과 그곳에 소장되었던 막스 뮐러 컬렉션이 진부 소실되는 일이 발생했다. 그래서 이와사키 히사야는 수집해둔 모리슨문고와 추가 장서를 기초로 자신이 직접 동양문고를 설립하기로 했다. 1924년 재단 창설 당시의 '정관'에는 "동양에 관한 도서를 수집하여 동양학의 연구 및 그 보급을 도모하는 것을 목적으로 한다"는 내용의 사업 목적이 명기되어 있다. 설립 당시부터 동양문고는 동양학의 사료를 수집하는 도서관이자 연구의 거점이 될 것을 지향했다. 동양문고의 초대 이사장으로는 모리슨 자료 구입을 적극 권유했던 이노우에 준노스케가 취임했다.

이와사키 히사야가 일본 학계에 모리슨문고가 필요하다는 것을 확신하고 구입을 결심하기까지는 국어학자 우에다 가즈토시 외에도 동양사학자 시라토리 구라키치의 역할이 있었다. 시라토리를 동양문고와 연결해준 사람은 그의 소학교 동창인 기우치 주시로(木內重四郎, 1866~1925)였다. 기우치는 이와사키 야타로의 사위이자 동양문고를 창설한 이와사키 히사야의 매제였다. 시라토리는 연구 목적으로 수집한 유럽과 중국, 조선의 도서를 자신이 재직했던 가쿠슈인과 도쿄제대 등지에 맡겼다. 필요한 연구에 이용할 수 있도록 일단 일본으로 들여오는 것이 중요하다고 보았기 때문에 형편에 따라 여러 기관이 소장해도 무방하다고 여겼던 것이다. 그러나 이와사키 히사야가 구입한 모리슨문고는 그 방대한 분량이나 특수한 수입 경위 등을 고려할 때 독립적인 도서관을 설립하는 것이 필요하겠다고 생각했다. 무엇보다 서구와 경쟁할 수 있는 수준으로 동양학 연구를 개척하기 위해서는 독자적인 조직이 있어야 했다. 그래서 시라토리는 필요한 도서를 지속적으로 추가하고 동양 연구를 수행하는 전문도서관을 만들겠다는 계획에 동의했으며, 창설에도 깊이 관여했다.[24]

1922년에 시라토리는 유럽으로 가서 도쿄제대 대표로서 파리에서 열린 아시아학회 창립 행사 등에 참석하고 유럽 동양학계를 시찰한 적이 있었다. 그는 미국과 유럽을 돌아보고 1923년 봄에 귀국했는데, 그 당시 많은 도서를 수집해 들여왔다. 이와사키 히사야의 의뢰를 받아 동양 관련 서적을 구입했던 것인데, 이때 들여온 장서 역시 동양문고에 소장되어 있다.[25] 설립자 이와사키 히사야는 운영에는 관여하지 않았지만 동양문고를 설립한 뒤에도 도서 수집비와 연구비를 지원했다. 미쓰비시의 해외 지사를 통해 대금을 지급하는 등 도서 수집에 적극적으로 나서서 방대한 귀중서를 모았다.[26]

동양문고는 점차 장서 수집 범위를 확장했다. 이와사키 히사야는 1932년에 '이와사키문고'를 동양문고에 정식으로 기증했다. 동양문고에는 일본, 인도, 동남아시아 관계 서적이 대폭 보충되었으며, 추가로 한적(漢籍)과 만주, 조선, 몽골, 티베트 등지의 서적과 자료가 더해졌다. 한문 서적 선정은 와다 쓰나시로(和田維四郎, 1856~1920)에게 의뢰했고,[27] 양서 등은 시라토리 구라키치, 하네다 도루(羽田亨, 1882~1955)[28] 등이 서양에 갈 때 서점 등을 방문해서 수집했다. 도서관의 수집사업은 순조롭게 이루어져서 장서가 꾸준히 증가했다. 동양문고 창립 당시 장서 수가 6만 책 전후였는데, 1938년에는 화한서(和漢書) 16만 4,220책, 양서 7만 8,683책으로 합계 24만 2,903책으로 늘었다.[29]

동양문고는 도서관으로서 장서 수집을 담당하는 도서관부 외에 별도로 연구부를 설치했다는 점에 특징이 있다. '동양학의 연구 및 보급을 도모'하기 위해 설치된 연구부 활동 역시 동양문고가 정식으로 출범하기 전부터 실질적으로 시작되었다. 연구부 설치를 주장한 사람은 시라토리 구라키치였다. 그는 대학을 은퇴한 뒤에 동양문고의 이사로서 문고 전체를 통할하는 동시에 연구부 부장으로서 연구

활동을 주도했다. 연구부의 주요 사업은 동양학에 대한 연구 논문 출판과 동양학 관련 강좌 개설이었다. 연구 논문 출판의 주된 취지는 동양학 연구를 지원하고 발전을 촉진하며 일본 학자의 연구 업적을 세계 학계에 알리는 데 있었다. 그것을 위해 일본어로 된 『동양문고논총』 외에, 영문과 기타 유럽 언어로 된 『동양문고연구부기요(Memoirs of the Research Department of the Toyo Bunko)』와 『구문동양문고논총(Monographs in European Language edited by Toyo Bunko)』 등을 간행했다. 이런 출판물을 통해 동양문고 소속 연구원의 업적을 유럽 학계에 발표했고, 동양문고 외부의 학계로부터도 우수한 논문을 모집했다.[30] 일본의 동양학 수준을 끌어올리고 그 성과를 서구에 소개해야 한다는 시라토리의 오랜 소신이 동양문고를 통해 구현되었다.

시라토리는 남양에 대한 연구도 발표했다. 1925년 3월 4일 동양문고의 학술조사부 강연회에서 「남양의 비국 적토에 대하여(南洋の秘國赤土について)」라는 제목으로 강연을 했다는 것이 확인된다.[31] 적토국(赤土國)의 위치에 대한 새로운 학설을 학계에 발표했다고 하는데,[32] 이것은 두 측면에서 관심을 끈다. 하나는 그가 남양에 관한 연구를 발표한 1925년이라는 시점이다. 당시는 일본에서 1910년대 후반부터 일어난 '남양 붐'이 지속되고 있던 때이다. 각 분야에서 남양 진출에 관심이 커졌으며, 무역시장 확대를 위한 조사와 인문과학 및 자연과학을 동원한 남양 연구를 강조하던 시기였다. 다이호쿠제대 창설을 준비하던 시데하라 다이라가 타이완을 남양 진출의 거점으로 삼아 학문을 유럽에 버금가는 수준으로 끌어올려야 한다고 주장하던 바로 그 시기이다. 일본의 동양사학계는 중국과 그 주변의 북방

대륙에 우선적으로 관심을 집중했다. 그런 가운데 다이쇼 시기의 '남양 붐' 속에서 일본 동양사학의 창시자라고 불리는 시라토리 구라키치가 남양에 대한 연구를 발표했다는 사실은 상징성이 크다. 또 하나는 시라토리 구라키치의 연구 분야와 관련이 있다. 그는 중국사를 중심으로 하는 동양사학자가 아니었다. 또 언어와 신화, 민속, 지리 등 역사학에 국한되지 않는 다양한 분야에 관심을 갖고 있었다. 그런 특징이 남양 진출의 필요성을 강조하는 사회 분위기와 만나서 남양 연구로 연결된 것으로 보인다. 그는 동양문고를 거점으로 대상과 방법을 망라하여 동양사의 확장을 시도했던 것이다.

시라토리가 주도하는 동양문고는 중국사뿐만 아니라 만주와 북방, 몽골, 나아가서는 동남아시아 지역과 서아시아, 인도까지를 포괄하는 광범한 동양 연구를 진행하는 기관이었다. 또 동양문고는 프랑스령 인도차이나의 하노이에 세워진 프랑스의 동양 연구기관 EFEO와 학술 교류를 하기도 했다. 장서 수집과 연구를 통해 동양문고는 동양학 연구의 네트워크로서 역할했던 것이다.

동양문고는 태평양전쟁 당시 도쿄에 대한 공습이 이어지자 장서를 보존하기 위해 지방으로 소개(疏開)했다. 패전 직후에는 연합국최고사령부(GHQ: General Headquarters)에 의해 만철 소장본으로 오해받아 장서를 몰수당하지 않기 위해 부심해야 했다. 재정난 등으로 어려움을 겪는 와중에 1947~1951년에 중의원 의장이던 시데하라 기주로[33]가 이사장으로 취임했다. 시데하라 기주로는 종전 직후 총리대신을 역임한 인물로, 동양학자이자 다이호쿠제대 초대 총장을 지낸 시데하라 다이라의 동생이었다. 동양문고 창설자인 이와사키 가문과는 인척 관계였다. 그는 1935년부터 동양문고의 평의원,

1939년부터는 이사를 역임했기 때문에 동양문고를 잘 파악하고 있는 인물이었다. 패전 직후의 위기 상황에서, 동양문고를 국립대학(도쿄대학)에 병합하는 안, 설립 준비 중인 국립국회도서관에 기부·위탁하는 안 등이 검토되었다. 그 결과 동양문고 도서부는 국립국회도서관의 지부 중 하나가 되었고, 국회도서관 측은 동양문고의 도서를 보존, 정리, 공개하는 도서 업무를 맡아주기로 했다. 재단법인 동양문고가 보유한 재산은 그대로 재단이 소유하고, 연구부 사업을 포함한 재단 운영은 재단이 자체적으로 책임진다는 협의안에 합의했다. 동양문고는 2008년에 계약이 해소될 때까지 일본 국립국회도서관 지부로 소속되어 있었다.[34]

동양문고는 중요한 아시아 연구기관이자 아시아와 관련된 방대한 장서를 소장한 도서관이다. 동양문고 도서관에는 일본어 서적 및 서양 언어로 된 자료 이외에, 한적(漢籍)과 티베트어, 타이어, 아라비아어, 페르시아어, 터키어 등 아시아 여러 언어로 된 문헌이 소장되어 있다. 전체 소장 자료의 구성은 한문 문헌이 40%, 양서가 30%, 일본어 서적이 20%, 기타 아시아 언어로 된 자료가 10%이다. 상대적으로 비중이 적지만 아시아 각지의 현지어 문헌을 설립 당시부터 꾸준히 수집하여 보유하고 있다는 점 역시 다른 기관과는 비교되지 않는 동양문고만의 특징이다.[35]

3) 남양학과 남진정책

동양학과 동양사는 서양에 대응하면서 중국을 타자화하고, 그 밖의 아시아에 대해 일본의 헤게모니를 형성하기 위한 중요한 토대였다. 그에 반해 '남양학'은 동양학이나 동양사와 같이 체계적으로 구성되지 못했다. '서양'에 대응하는 차원에서나 일본과 중국을 포함하는 지역 개념으로 '동양'이 19세기 후반부터 적극적으로 모색된 것과는 대조적이다.

일본에서 동남아시아에 대한 학문적 관심은 중국 문헌을 연구하는 과정에서 형성되었다. 20세기 들어서는 좀 더 본격적인 연구가 진행되었다. 그렇지만 남양에 대한 관심은 국제정세의 변화에 연동되었고, 남양이 가리키는 대상 지역 또한 시기에 따라 바뀌었다. 중국과 조선, 만주와 몽골에 집중되었던 일본의 '동양' 인식이 남양으로 본격 확장된 것은 이른바 '다이쇼 시기 남양 붐'으로 상징되는 제1차 세계대전 이후였다. 언어와 문화, 인종적으로도 이질적인 남양 지역에 대해 일본은 우선적으로 무역 확대와 자원 확보 같은 경제적 이권을 추구했지만, 당시에 증대된 관심은 남양에 대한 학문적 연구로 연결되었다.

시기에 따라 남해사(南海史), 남양사(南洋史), 남방사(南方史) 등으로 불렸던 동남아시아 역사 연구의 개척자로는 후지타 도요하치가 거론된다. 일본에서는 중국의 문헌 기록을 활용하는 데 익숙한 한문학 전공자들이 중국사 연구에서 중요한 위치를 차지하는 경우가 많았다. 후지타 역시 1895년 도쿄제대 한문과를 졸업하고 중국으로 유학을 가서 중국 역사와 철학, 문학 등을 연구했으며, 상하이, 쑤저우(蘇州), 베이징 등지의 대학에서 재직하다가 귀국했다. 그는 다이쇼 시기 남양 붐이 한창일 때 남양 연구에 해당하는 동서교섭사로 박사학위를 받았다.

도쿄제대에서 남양의 역사를 담당하고 있던 그는 1928년 다이호쿠제대가 창설되자 문정학부장으로 파견되었다. 그는 다이호쿠제대에 동양사학과는 별개로 국사학 강좌 및 남양사학 강좌를 개설했다. 당시 일본의 대학 가운데서는 유일하게 남양사학과를 설치한 것이었다. 그러나 부임 1년여 만인 1929년 7월에 병으로 사망하는 바람에 다이호쿠제대에 남양사학의 안착을 마무리 짓지는 못했다. 그가 중국 유학 당시 수집했던 사료와 장서는 사후에 '동양문고'에 기증되었으며, 1933년에 그의 대표작『동서교섭사의 연구·남해편(東西交涉史の研究·南海篇)』이 출판되었다.[36]

후지타가 사망한 뒤에 남양사학 강좌를 개설하고 이끌었던 인물이 1928년 5월『타이완일일신보』에 보도된 무라카미 나오지로였는데, 그 역시 도쿄제대 사학과에서 역사학을 공부한 1세대 역사학자이다. 시라토리 구라키치와 비슷하게 1899년부터 1902년 사이에 문무성의 지시로 유럽에서 유학했다. 귀국한 뒤에는 근세 이전 일본과 유럽 열강의 교류사, 일본과 동남아시아 관계사를 연구했다. 1928년 다이호쿠제대가 창설되자 문정학부 소속 교수로 취임해 남양사학 강좌를 맡았으며, 서양사학·사학·지리학 강좌도 담당했다. 1935년에 그가 퇴임한 뒤에는 이와오 세이이치가 남양사학을 주도하며 1929년부터 1946년 말까지 자리를 지켰다. 야나이 겐지도 1936년부터 남양사학 강좌를 맡았다.[37]

다이호쿠제대 문정학부 사학과에는 전부 5개 강좌가 개설되었는데, 동양사학(1928. 3.), 토속학·인류학(1928. 3.), 국사학(1929. 4.), 남양사학(1929. 4.), 서양사학·사학·지리학(1930. 2.) 순서로 개설되었다(괄호 안은 개설 시기).[38] 여기에는 도쿄제대에는 설치된 적이 없는 토속학·인류학과 남양사학 강좌가 포함되어 있다. 이 학과들은 남양 연구를 직접 과제로 삼았으며, 이 밖에 동양사학이나 국사학 강좌에 속하는 전임교원들도 남양 관련 연구를 진행했다.

서양 열강의 식민통치 아래 놓여 있는 남양을 대상으로 하는 남양학은 서구가 시행해온 남양 연구에 대응할 수 있는 것이어야 했다. 남양은 서구 학문의 미개척지였던 조선이나 만주와는 전혀 달랐다. 일본으로서는 남진을 정당화하는 학문적 논리도 필요했지만, 남양을 지배하는 서구 제국주의 이념과 식민지 경영 방식을 노골적으로 학습하고 모방하는 것 역시 필요했다. 경제적 차원에서 남양 일대의 시장을 확대하고 자원을 개발, 운송, 활용하기 위해서도 그에 부응하는 지역 연구가 이루어져야 했다. 따라서 남양론은 학문적인 보편성의 형식을 띠기보다는 국익을 좇아 남양·남방으로 팽창하는 일본의 '남진정책'과 직접적으로 연동되었다.

태평양전쟁 개전을 전후해서 남방을 점령하게 된 일본은 사회적으로나 국가적으로 아시아 전역에 대한 관심이 급속히 고조되었다. 시국의 필요에 부응하기 위해 남방 관련 연구와 조사를 위한 기관과 학회, 협회 등이 차례로 설립되었다. 1940년대 초에 조직된 남방사연구회(南方史研究會)가 대표적이다. 이 연구회는 동남아시아와 서태평양 일대의 일본 점령 지역을 연구 대상으로 삼았다. 동남아시아 지역만이 아니라 아시아 전역과 인도까지 포함하는 넓은 지역을 연구 대상으로 삼은 조직도 생겨났다. 동아연구소, 만철동아경제조사국, 태평양문제조사회(太平洋問題調査會), 동아민족조사실(東亞民族調査室), 남아세아연구소(南亞細亞研究所), 인도지나연구회(印度支那研究會) 등의 활농도 태평양전쟁 시기 동남아시아 연구와의 밀접한 관련 아래 이루어졌다.[39]

이 당시 일본 본국에서 남양 연구는 도쿄제대 동양사학 연구실을 책임지고 있던 야마모토 다쓰로(山本達郎, 1910~2001)가 주도했다. 일본 본토의 대표적인 동남아 연구자인 야마모토 다쓰로는 도쿄제대를 졸업하고 동양문화연구소 연구원으로 활동하다가, 1944년에 도쿄제대 문학부로 부임해서 1949년에 도쿄대학 동양사학과 교수가 되었다. 전공은 동남아시아사와 인도사로 1940년대 초에 남방사 연구회를 조직한 중심 인물이기도 하다. 그는 패전 이후에 일본의 동남아시아사 연구의 재조직화와 부흥에도 결정적 역할을 했다.

야마모토 다쓰로보다 앞선 세대로 교토제대 문학부를 졸업한 스기모토 나오지로(杉本直治郎, 1890~1973)는 1929년에 히로시마문리과대학(廣島文理科大學) 교수로 부임하여, 동서교섭사를 중심으로 하는 남해 지역사를 연구했으며, 전후 동남아시아사 연구에서 선구자 역할을 했다. 일본 본토의 동남아시아 연구자로 주목되는 인물은 마쓰모토 노부히로(杉本直治郎, 1890~1973)이다. 1920년 게이오기주쿠대학(慶應義塾大學) 문학부(사학)를 졸업하고, 1924년에 프랑스로 건너가 소르본대학에서 4년 간 유학한 뒤 귀국하여 게이오기주쿠대학에 재직했다. 그의 전공은 비교민속학이었는데, 주요 연구 주제는 프랑스의 식민지였던 베트남의 민속과 일본 민족문화의 기원에 관한 것이었다. 그는 자신의 연구를 중심으로 중국과 베트남, 한국과 일본 등의 설화를 비교 연구했다.[40] 특히 일본과 남방 민족이 혈연적으로 연계되어 있으므로 프랑스보다는 일본인이 남방을 지배하는 것이 정치적으로 유리하다고 주장했다. 또 일본 신화와 남방 신화의 유사성을 지적하면서 남진론을 편 것으로도 유명하다. 주요 관심 지역은 오키나와와 동남아시아였다.

전시기에 일본은 남양군도와 동남아시아 일대를 아우르는 다언어, 다문화, 다인종의 광역 제국을 구축했다. 그와 같은 현실을 지탱하고 합리화하기 위해 '대동아공영권'이라는 허상의 유토피아적 구상도 제시되었다. 그것은 남방 점령지를 통제하고 관리하기 위해 제시된 구상이었지만 형식 논리에 따르면 북방까지를 아우르고 있었다. 동양학이나 동양사의 기저에도 침략을 정당화하는 논리와 이념이 깔려 있기는 하지만, 남양학은 남진론 또는 남진정책과 노골적으로 연결되었다. 남진정책의 정당화, 남방 점령지에 대한 지배의 필요에 의해 남양학의 내용은 적극적으로 구성되었다. 그러나 남양학 또는 남방학이라고 할 만한 학문적 축적은 미흡한 상태였다.

　역사적으로 존재했던 동양과 서양, 북양과 남양이라는 개념은 중국을 중심으로 하는 지리적 개념에 기원을 두고 있다. 그러나 근대 일본이 서양에 맞서 자국을 중심으로 세계를 구분하고 그 역사를 서술하는 과정에서 동양학과 동양사는 새롭게 구성되었다. 반면, 남양은 메이지 초기부터 동경의 대상이거나 경제적 진출의 대상이었지만 독자적인 남양학 또는 남양사로 구성되지는 못했다. 현실적으로 서구의 식민통치 아래 놓여 있는 남양·남방에 대해 서구에 대응하는 일본만의 남양학을 새로 구성하는 것은 불가능했다. 그래서 일본의 남양사학은 일본인의 진출이나 정착, 일본과의 교류 등 관계사 중심으로 이루어질 수밖에 없었다. 1940년대 일본군의 현지 점령정책이 난항을 겪을 수밖에 없었던 것도 이처럼 빈약한 남양·남방 이해가 원인으로 작용하고 있었다.

2. 프랑스국립극동학원(EFEO)과 프랑스-일본의 교류

1) 프랑스국립극동학원(EFEO)과 일본

프랑스는 일본이 근대화를 추구하는 과정에서 주요한 참조 대상이었다. 1894년 청일전쟁 직후 삼국간섭 당시에도 일본은 프랑스와 동맹 체결 가능성을 탐색했다. 당시에는 실현되지 않았지만 러일전쟁에서 일본이 승리하자 프랑스에는 친일적 인물이 늘어났다. 그들은 일본과의 동맹 필요성을 강조했으며, 일본과 프랑스의 협력을 위한 논의가 거듭되었다.[41] 제1차 세계대전 이후 일본이 영국과 미국으로부터 멀어지면서 프랑스와의 접촉이 재개되었다. 이후 일본은 인도차이나를 점령하고 있는 프랑스와 오랫동안 학술 교류를 지속했다. 1940년 9월에 일본이 북부 베트남으로 진주해 들어간 이래, 1945년 3월에 프랑스를 인도차이나에서 몰아내기까지 일본은 인도차이나 현지에 대해 프랑스의 지배라는 형식을 인정했다. 여기서는 동남아시아를 지배했던 서구 열강 가운데 특별히 프랑스와 일본 사이의 특수한 관계를 살펴보고자 한다. 그것을 통해서 남양·남방에 대해 일본이 취했던 어지러운 대응 일단을 엿볼 수가 있다.

19세기 후반 서양 열강들 사이의 식민지 쟁탈 경쟁은 학문적 오리엔탈리즘의 자장 아래 학술 경쟁의 형태로도 표출되었다. 아시아에 대해서도 학술 경쟁이 가속화되면서, 중국 연구 중심으로 이루어졌던 동양학 연구가 재편되었다. 제국주의 시대 이전까지 프랑스를 비롯한 서구에서 '아시아(Asia)'는 '동양(Orient)'과 혼용되거나 또는 인도를 가리키는 모호한 지리적 개념이었다. 프랑스에서는 동아시아의 중국 문화권에 대해 '중국계 동양(Orient chinois)', '동양의 인도(Indes orientales)', '동양 아시아(Asie orientals)', '중국권(monde sinisé)' 등을 혼용했다. 그런데 1860~1870년대부터 중국, 일본, 코친차이나(지금의 베트남 남부 지역)에 대한 상업적 관심이 폭증하고 아시아 전역에 대해 유럽 제국주의가 팽창하면서, 19세기 말에는 아시아에 대한 지리적 개념이 분화되고 재편되었다. 이때 프랑스에서는 동양을 세 개로 분할했는데, '근동(Proche-Orient)'과 '중동(Moyen-Orient)', 그리고 중국, 한국, 일본과 인도차이나를 가리키는 '극동(Extrême-Orient, 영어권에서는 Far East)'이 탄생하게 되었다. 당시에 등장한 이 신조어들은 19세기 말에 수많은 여행기를 통해 널리 공유되었다.[42]

프랑스 연구기관 가운데 동남아시아의 역사와 문화 등을 연구하는 대표적인 기관은 EFEO(École Française d'Extrême-Orient)이다.[43] EFEO는 1898년에 베트남에 파견된 이른바 '인도차이나 고고학조사단'을 기초로 삼아 학문 분야를 초월하는 연구기관으로 발족한 이래, 1901년에 EFEO로 이름을 바꾸었다. 창립 초기에는 주로 고고학 발굴, 필사본 수집, 유물 보호 등의 활동을 전개했다.[44] 창립 당시 사이공에 본부를 개설했다가 이듬해에 하노이로 옮겼다. 이후 민속학, 지리학, 고고학을 중심으로 동양 연구자, 현지의 지식인, 군인, 식민지 경영자, 인도차이나 주재 선교사 등의 협력을 통해 연구활동을 확대했다. 여기에 언어학, 역사학, 문헌학, 문학 분야가 추가되었다.[45]

EFEO는 일본에서는 '프랑스국립극동학원'으로, 중국에서는 '프랑스국립원동학원'으로 번역된다. 한국어로는 '학원'이 교육기관을 의미하기 때문에, 혼란을 피하기 피해 '프랑스국립극동연구원'으로 번역하고 있다. 'Orient'의 원래 의미는 근동에서 중동, 극동까지 아시아 대륙 전체를 포괄하지만, EFEO에서는 '극동' 또는 '원동'으로 번역되며 중국 문화권을 비롯해 동남아시아와 인도 등지를 총칭하는 'Extrême-Orient'를 내세우고 있다. 따라서 이 기관의 연구 대상에는 '근동'과 '중동' 지역을 제외한 아시아 전역의 문화가 포함된다. 유사한 성격을 가진 프랑스의 다른 연구기관과의 차이는 아시아만을 대상으로 한다는 점, 이 기관에 소속된 연구자들은 자신이 전문으로 연구하는 대상 지역에 실제로 거주하면서 행정부나 대학, 연구소 같은 현지 기관과 협력해서 일해야 한다는 점이다.[46]

하노이에 본부를 둔 EFEO는 베트남에 근대적 학문을 전수하는 역할을 했지만, 다른 한편으로 일본 연구 및 일본과의 문화 교류를 활발하게 전개했다. EFEO 소속 연구자 가운데 가장 대표적인 일본 연구자는 노엘 페리(Noël Peri, 1965~1922)이다. 그는 1889년부터 1905년까지 일본에 체재했으며, 일본의 역사와 문화에도 조예가 깊었다. 일본어를 유창하게 구사할 수 있었던 그는 일본과 인도차이나의 역사적 교류를 연구하여 발표하기도 했다.[47] 노엘 페리는 1900년대 초에 도쿄에서 EFEO의 젊은 연구원 클로드 외젠 메트르(Claude-Eugene Maître, 1876~1925)를 만났으며, 그의 권유로 EFEO의 연구원이 되어 일본에 장기 출장 형식으로 체류하면서 연구를 계속했다.[48]

일본의 동남아시아 연구자 마쓰모토 노부히로는 베트남을 비롯해서 동양 각 민족의 민속과 신화를 비교 연구했는데, 일본 민족과 남방 민족의 혈연적 · 신화적 연계성을 주장하면서 남진론을 정당화한 것으로 알려져 있다. 그는 1933년 8월에 하노이의 EFEO를 방문하고 베트남을 둘러본 뒤에 기행문을 남겼다. 그는 오사카 상선에서 매달 정기적으로 운항하는 배를 타고 베트남으로 향했는데, 하노이 외국인 거리에 위치하고 있는 EFEO의 모습을 다음과 같이 묘사했다.

이곳은 학원이라고 하지만 학생은 없다. 학자가 있어 연구를 하는데, 해마다 큰 동양 연구보고서를 낼 뿐이다. 학원 본관은 이층의 서고로 되어 있는데, 아래 칸에는 중국책과 월남책, 위 칸에는 유럽책과 여러 외국어로 된 사본류(寫本類)가 있다. 직원의 서실은 2층에, 외래자의 서실은 아래층에 있다. 현재는 5~6명 정도 소수의 프랑스인 직원과 그 밖에 레시또르라고 하는 월남인이 고용되고 있는데, 대학자를 만드는 말단직으로서 묵묵히 일하고 있다. (…) 서고는 통풍을 위해 밤에도 8시까지 열어놓으며 수위가 지키고 있다. 도서 열람의 자유로움은 일본 이상이다. (…) 유럽본과 중국본도 실로 잘 모아져 있지만, 특히 그 특색이라 할 만한 것은 월남본일 것이다. 3,921책이 저장되어 있고, 그 외 향촌에 대한 것이 2,273책 정도 있다. 종래 일본에서 월남본은 등한시되었지만, 인도지나(인도차이나: 연구자) 연구에는 제일 먼저 눈여겨볼 만한 것이라 사료된다.[49]

이 여행에서 마쓰모토 노부히로는 EFEO 직원의 배려로 베트남 현지를 여행하며 민속을 조사했다. 당시에는 EFEO의 연구원이 일본에 체류하면서 연구를 했을 뿐만 아니라, 일본의 연구자 역시 하노이의 EFEO를 직접 방문하여 학술 교류와 연구를 진행했음을 알 수 있다.

이와 같은 일본 학계와 EFEO의 교류 과정에 조선인도 등장한다. 경성 제2고등보통학교를 졸업하고 상하이와 난징 등지에서 불문학을 전공한 김영건이 그 주인공이다. 유학을 마치고 귀국해서 서울의 프랑스 총영사관에서 근무하고 있던 김영건은 1931년 4월 프랑스 영사관의 주선으로 EFEO로 근무지를 옮기게 되었다. 당시의 신문 기사에는 베트남의 "최고학부인 동양학원 대학도서관의 사서로 부임"했다고 소개되어 있다.[50] '학원'이라는 이름 때문에 대학으로 착각한 듯 보인다. 그는 1932년 5월 1일에 EFEO에 정식으로 채용되어 일본서 도서실에서 보조사서 자격으로 일본과 한국의 자료를 관리하는 업무를 맡았다. 1936년에는 일본서 도서실 주임으로 임명되었으며, 1940년 귀국하기까지 거의 10년 가까운 기간을 EFEO에서 근무했다.[51] 아마도 1933년 여름 마쓰모토 노부히로가 방문했을 당시 김영건도 그곳에서 근무하고 있었을 것이다. 마쓰모토는 일본서 도서실에 근무하는 김영건을 당연히 일본인이라고 생각했던 것이 아닐까 짐작된다.

김영건은 다양한 업무를 담당했다. 중국학 전공자 폴 펠리오(Paul Pelliot, 1878~1945)가 1904년 EFEO에서 발간한 문서에 등장하는 다양한 지명에 대한 색인 작업을 맡기도 했다. 1933년 9월에는 과거 일본인 거류지가 있었던 항구도시 호이안을 방문하여 현지에 남아 있는 일본 관련 유적을 탐사하는 등 현지 조사에 참여하기도 했다. 그는 조선과 EFEO를 연결하는 가교 역할을 한 것으로도 추정된다. 1936년 서울의 보성전문학교는 하노이에 있는 EFEO와 고고 유물, 민속 유물, 미술품 등을 교환했는데, 같은 해에 김영건이 한국을 방문한 것으로 보아 일정한 역할을 했던 것으로 보인다. 이 당시에

신라의 기와와 고려자기 등이 하노이로 보내졌다.[52] 그는 EFEO에서 일본의 문학, 종교학, 역사학, 언어학 등에 대해 연구했고, 그 연장선에서 외국어에 대한 한글 표기에도 관심을 갖게 되었다.

김영건은 1940년 베트남에서 돌아왔다. 그해 10월 일본군이 북부의 하이퐁 항구를 점령하면서 귀국하게 되었다고 한다. 이후 그는 주로 일본에 체류하면서 일본민족학회 회원 등으로 활동했다. 같은 시기에 조선에서 발행되는 언론의 지면에 대외관계사와 관련된 글을 싣기도 했다.[53] 또 1943년에는 인도차이나와 한국, 그리고 일본 사이의 역사문화적 교류를 다룬 책을 도쿄에서 출판했다.[54] 일본인의 동남아시아 진출사라고 할 수 있는데, 태평양전쟁이 한창일 때 발표되어서 일본의 '대동아공영권' 이데올로기를 합리화하는 어용적 성격의 책이라는 평가를 받기도 한다.[55] 하지만 김영건이 당시의 국제법상으로는 일본 국적이었지만 그가 하노이에서 남긴 흔적에는 한국인으로서의 정체성이 담겨 있기 때문에, 그의 베트남 연구를 이념적으로만 평가하는 것은 지나치다는 의견도 있다.[56]

2) 도쿄일불회관과 간사이일불학관

일본과 프랑스 사이의 문화·학술 교류가 증대하면서 프랑스의 일본 연구를 촉진할 목적으로 1924년 3월에 도쿄일불회관(東京日佛會館)이 설립되었다. 프랑스인 연구자들이 도쿄에 상주하면서 연구할 수 있도록 지원하는 기관이었는데, 주로 EFEO의 하노이 현지 연구자들이 파견되었다. 그래서 도쿄일불회관은 EFEO의 도쿄 출장소라고 할 정도로 프랑스 인도차이나 연구자와의 교류에서 핵심적 위

치에 있었다.[57]

도쿄일불회관의 설립은 1919년 프랑스 정부에서 일본에 프랑스 고등교육기관의 설립 가능성을 타진하기 위해 파견한 대학사절단의 방문이 계기가 되었다. 프랑스 리옹대학 총장 폴 주뱅(Paul Joubin, 1862~?)과 교원 모리스 쿠랑(Maurice Courant, 1865~1935)은 프랑스와의 문화 교류에 강한 의욕을 갖고 있던 재계의 실력자 시부사와 에이이치(渋沢榮一, 1840~1931)를 만나 프랑스회관(Maison de France) 설립안을 제시했다. 시부사와의 주도로 회관 설립을 추진하는 가운데, 1921년 11월 시인이자 외교관인 폴 클로델((Paul Claudel, 1868~1955)이 신임 프랑스 대사로 일본에 부임하면서 회관 설립 계획이 본격적으로 진전되었다. 당시 프랑스 정부는 자국의 국제적 영향력을 높이기 위해 프랑스어 보급을 추진하고 있었다. 그 연장선에서 클로델 대사는 프랑스와 일본 양국이 함께 서로 배우며 교류하는 장소를 설립하고 싶어 했다.

1922년에 스기야마 나오지로(杉山直治郎) 도쿄제대 교수가 「일불회관논견사안(日佛會館目論見私案)」을 발표했다. 여기서 처음으로 '일불회관(日佛會館, Maison Franco-japonaise)'이라는 쌍방향적 명칭이 사용되었다. 논의를 거듭하면서 자금을 모금하던 중 1923년 9월 1일 간토대진재가 발생하는 바람에 기금 모집이 어려워져서 규모를 축소해 창설하게 되었다. 1924년 1월에는 「일불회관설립취의서(日佛會館設立趣意書)」와 「재단법인일불회관기부행위(財團法人日佛會館寄附行爲)」가 승인되었다. 그에 따르면, 일불회관의 사업은 우선 일본과 프랑스 양국 학자의 교류협력에 필요한 설비를 갖추고, 상대국 학생을 위해 거주시설을 제공하며, 연구 자료를 모집해 도서실을 설치하고, 유익한 출판물의 간행과 강의 개설, 담화·토의·회합 개최, 프랑스어 보급, 일본 문화 소개 등을 전개한다. 또한 양국의 문화·학술 교류를 증진하기 위해 제반 편의를 도모하는 것도 목적에 포함되었다.[58]

1924년 3월에 문부성에서 법인 승인을 받아 '재단법인 일불회관'을 설립했으며, 같은 해 12월 14일에 도쿄일불회관을 개관했다. 시부사와 에이이치가 이사장을 맡았으며, 일불협회 총재이기도 한 황족 간인노미야 고토히토(閑院宮載仁, 1865~1945) 친왕(親王)이 총재를, 폴 클로델 프랑스 대사가 명예이사장을 맡았다. 관장은 프랑스에서 파견되었는데, 클로델의 요청으로 1926년 9월에 프랑스의 저명한 인도학자인 실뱅 레비(Sylvain Lévi, 1863~1935)가 부임했다. 1927년 5월에는 일본어와 프랑스어 2개 국어로 된 다양한 글과 논고 등을 게재하는 잡지 『일불문화(日佛文化)』가 창간되었다.[59]

도쿄일불회관은 EFEO와의 교류를 활용해서 동양학의 주요 거점으로 자리 잡았다. 이곳을 매개로 프랑스의 학문과 문화가 일본에 소개되었으며, 프랑스에서 고고학자, 의학자, 지리학자, 불교학자, 법학자 등의 연구원들이 파견되어 양국 간의 학술 교류를 촉진했다. 도쿄일불회관을 통해 동양학 네트워크가 광역으로 넓어지고 연구도 심화되었다. 문화와 학술 교류는 연구원을 매개로 하는 간접적인 방식에만 그치지 않았다. 1931년에는 일본 학생을 대상으로 한 프랑스 정부의 국비 유학생 시험제도가 생겨 1939년까지 계속 유학생을 선발, 파견했다.[60]

폴 클로델 대사는 간사이 지역에도 프랑스어와 사상을 보급하기 위해 시설을 만들 구상을 진전시켰다. 자금 모집은 간사이 지역 실업가인 이나바타 가쓰타로(稲畑勝太郎, 1862~1938)가 주도했는데, 그는 일찍이 정부 파견 유학생으로 프랑스 리옹에 가서 공업기술을 배운 경력이 있었다. 그런데 1926년에 도쿄일불회관의 초대 관장으로 파견된 실뱅 레비는 간사이 지역에 추가 시설을 만드는 것을 반대했다. 처음부터 프랑스 정부와 협의를 해가면서 진행된 도쿄일불회관과는 달리 간사이의 학교는 일본 현지에서 독자적으로 진행한 것이었기 때문이다. 그렇지만 결국 클로델 대사의 교섭으로 1926년 말에 일불문화협회가 설립되었고, 1927년 11월에는 교토에 간사이일불학관(關西日佛學館)이 문을 열어 지리학자 프랑시스 루엘랑(Francis Ruellan, 1894~1974)이 초대 관장으로 취임했다. 간사이일불학관은 프랑스어 교육기관으로서 중요한 역할을 담당했다.[61]

1953년에 일불협정을 체결할 당시에 도쿄일불회관은 프랑스와 일본의 교류를 위한 중심 기관으로 지정되었으며, 지금까지 공익 재단법인 형태로 유지되고 있다. 프랑스에도 일불학원 사무소가 운영되고 있는데 정식 명칭은 '프랑스 외무성·국립과학연구센터 재외공동연구소 UMIFRE19'로, 프랑스 외무성과 국립과학연구센터(CNRS)가 공동관할하는 공적 기관이다. 지금도 이 기관에서 연구자를 일본으로 파견하고 있다.

EFEO는 하노이에 위치하고 있었지만, 당시 일본 국내에서 통용되던 남양이나 남방을 집중해서 연구하는 학술기관은 아니었다. EFEO라는 명칭에 포함되어 있는 '극동'을 지리적·인식론적 대상으로 삼아, 프랑스 나름의 동양학을 구성하는 것을 목적으로 하는 기관이었기 때문이다. 도쿄일불회관은 일본과 프랑스와의 문화 교류를 주된 목적으로 내걸었으며, 지리학자나 과학자 등 다양한 분야의 학자들이 체류하며 연구하고 교류했다. 그 중심은 역시 EFEO와의 학술 교류를 축으로 하는 중국학 위주의 동양학이었다.

3) 프랑코-자포네 그룹과 일불동지회

일본과 프랑스 사이의 문화 교류를 위한 조직과 네트워크는 프랑스에서도 등장했다. 1929년 프랑스 파리의 국제대학촌 내에 일본관이 설립되었다. 또 파리의 주류 고등교육기관에 일본학 분과가 설치되었으며, 학술기관에도 일본학 연구조직이 생겨났다.[62]

그런데 1931년 만주사변과 이듬해의 만주국 건국을 계기로 일본이 1933년 3월 국제연맹을 탈퇴했다. 당시 프랑스도 국제연맹의 대일 권고안에 찬성표를 던지기는 했지만, 일본에 대해 완전히 적대적이지는 않았다. 프랑스는 일본과 우호적인 관계를 지속하기를 희망하고 있었다. 프랑스에서는 일본과의 관계를 강화하고자 적극적으로 노력하는 그룹도 형성되었다. 바로 1933년 4월 프랑스 하원 내에 조직된 '프랑코-자포네 그룹(Groupe Franco-Japonais)'이다. 중심인물은 국무차관 경력을 가진 샤를 페싱(Charles Péchin, 1871~1949)이었다.[63] 결성 당시에는 50명가량으로 구성되었으며, 150명까지 인원을 늘이는 것을 목표로 삼았다.[64]

한편, 1933년 12월 21일에 주불 대사로 부임한 사토 나오타케(佐藤尚武, 1882~1971)가 착임 인사를 하기 위해 프랑스 외상을 방문했을 때, 외상은 국제정세가 불확실한 상황에서 프랑스 내에 친일 그룹이 유지되고 있다는 사실을 밝혔다. 그런 프랑스 측의 움직임에 호응하는 그룹을 일본에도 서둘러 결성할 필요가 있었다.[65] 그렇게 만들어진 조직이 도쿄의 일불동지회(日佛同志會)였다.

일불동지회가 결성되기까지 당시 만철 철도부 파리 파견원이었던 사카모토 나오미치(坂本直道, 1892~1972)가 중요한 역할을 했다. 사카모토가 2년의 임기를 마치고 파리에서 귀국할 무렵 만주사변이 발발했다. 그는 프랑스 정계에 일본을 지지하는 움직임이 있다는 것을 알고는 그것을 활용해야 한다는 의견서를 정리해 국제연맹 전권대사인 마쓰오카 요스케에게 보냈다.[66] 마쓰오카 대사는 사카모토의 의견에 동의해서 당시 만철 총재였던 하야시 히로타로(林博太郎, 1874~1968)에게 일불관계를 강화할 필요성이 있다는 의견을 전달했다. 일본이 국제연맹을 탈퇴하게 됨으로써 일불동맹의 필요성이 더욱 커졌다고 느낀 사카모토는 일본으로 귀국해 대응 조직을 만들기 위해 노력했고, 그 결과 1934년 7월 도쿄에서 일불동지회가 결성되었다. 총재는 도쿠가와 이에사토(德川家達, 1863~1940) 공작, 회장은 소가 스케쿠니(曾我祐邦, 1870~1952) 자작이 맡았다.[67]

일불동지회에는 이나바타 가쓰타로,[68] 마쓰이 게이시로(松井慶四郎, 1868~1946), 유키 도요타로(結城豊太郎, 1877~1951) 등 다수의 유지 지식인이 참여했다. 도쿄일불회관 설립을 위해 중요한 역할을 했던 도쿄제대의 스기야마 나오지로 교수도 일불동지회의 평의원이었다. 그는 일본의 "부단한 문화적 선양 노력"이 무엇보다 중요하며 "우리 문화를 세계적으로 선전하기 위한 본거지로는 파리가 세계에서 어떤 도시보다도 적당하다"고 주장했다.[69]

도쿄에서 일불동지회가 결성되었다는 소식은 시차를 두고 파리에 전달되었다. 당시 파리에서는 1924년 4월부터 국제연맹 보건위원과 공중위생 국제사무국 위원으로 여러 차례 유럽을 방문하고 파리에도 수년간 체재했던 의학박사 쓰루미 산조(鶴見三三, 1880~1951)가 일본과 프랑스의 친선을 도모하기 위해 활동하고 있었다. 쓰루미는 "일불 양국 간의 친선을 촉진"해야 하며, "문화 방면에서의 친선은 상호 간에 정신적 결합을 가져오고 양자의 심리 상태를 알 수 있게 된다. 이것을 키우면 국민성의 이해가 심화되며, 그에 따라 국제 관계에서 매우 해로운 오해를 피할 수 있게 된다"고 피력했다. 그는 프랑스의 친일 인사들과 접촉하여 1934년 6월 28일 파리에서 일불의학위원회를 설립했다. 1934년 도쿄에서 결성된 일불동지회의 정관은 그해 9월 사카모토 나오미치가 다시 프랑스로 돌아온 뒤에 파리에서 프랑스어로 번역되어 프랑스 측 친일 세력인 '프랑코-자포네 그룹' 수뇌부에 전달되었다. 일불동지회 파리지부는 샹젤리제 거리에 있던 만철 파리사무소에 설치되었다.[70]

1920년대 중반 동양문고와 EFEO, 도쿄일불회관 사이의 네트워크는 동양학에 관한 전문적인 학술 교류를 중심으로 형성된 것이었다. 그 연장선에서 프랑스에도 일본학 관련 기관과 조직이 등장했다. 국제연맹을 탈퇴한 일본은 국제사회에서의 고립을 피하기 위해 학술·문화를 매개로 연결되어 있는 프랑스와의 네트워크를 활용하고자 했다. 국제사회에서 일본을 지지해줄 동조 그룹을 프랑스 정계에 만들고 일본에도 그에 상응하는 관변조직을 결성했다. 그리고 국제사회를 향해 일본의 주장을 발신해줄 다양한 방법을 모색했는데, 그 중심에 만철이 있었다.

4) 만철과『프랑스-자폰』

프랑스에 일본의 문화를 소개하는 간행물로 1926년 2월에 파리에서 창간된『프랑코-니폰 리뷰(Revue Franco-Nipponne)』라는 프랑스어 잡지가 있었다. 마쓰노 구니노스케(松尾邦之助, 1899~1975)가 편집을 맡았는데, 일본에 우호적인 프랑스인들 사이에서 평판이 좋았다. 그러나 자금 부족 때문에 1930년 1월에 12호를 끝으로 종간되고 말았다.[71]

서양 문물을 수용하기 위해 부심해온 일본이었지만 자국의 이념과 문화를 해외에 발신하는 데는 적극적이지 못한 편이었다. 물론 일본 정부도 국가를 선전하는 일이 중요하다는 인식은 갖고 있었다. 그러나 만주사변 이후 만주의 사정에 대해 일본의 관점에서 국제연맹을 설득하는 데 실패했고, 급기야 국제연맹을 탈퇴하기에 이르렀다. 국제무대에서 일본의 고립이 심화되자 위기감이 커졌고, 대외적 국가 선전의 필요성을 강조하는 사람들이 등장했다. 그런 분위기를 반영하기라도 하는 듯 1930년대 일본에는 많은 대외 문화조직이 창설되었다.[72]

국제연맹 탈퇴 이듬해인 1934년은 일본의 국가적 대외 홍보라는 면에서는 기념비적인 해였다. 4월 11일에 재단법인 국제교류진흥회(뒤에 국제교류기금)가 발족했던 것이다. 초대 회장 고노에 후미마로를 필두로 다수의 국제파 귀족으로 구성된 이 조직은 패전 때까지 일본의 대외 문화공작을 담당하는 중추기관이었다.[73] 대외 국가 홍보를 위한 문화조직은 표면적으로는 문화 교류와 친선을 내세웠지만 실상은 국익을 옹호하기 위해 진력하는 단체였다. 그들은 일본이 청일전쟁과 러일전쟁에서 승리한 군사강국일 뿐 아니라 고도의 문화를 자랑하는 문명국이라는 것, 패쇄적인 내셔널리즘이 아니라 국제적으로 충분히 개방적인 국가이며, 세계에서 발언권을 인정받을 자격이 있는 국가라는 것을 선전할 필요가 있다는 사실을 인식하게 되었다.[74] 국제사회에서 일본의 입지가 좁아질수록 그 필요성은 더욱 커지고 중요해졌다.

1934년 10월에 일불동지회 파리지부가 설치된 만철 파리사무소에서 일본과 프랑스의 문화 교류 활성화를 내건『프랑스-자폰(France-Japan)』이 창간되었다. 이 잡지의 간행에 결정적인 역할을 했던 사카모토 나오미치와 마쓰노 구니노스케는 창간 당시부터 친일 모임인 '프랑코-자포네 그룹'과 접촉하여 도움을 받았다.[75]

『일불동지회 임시총회 의사록』에 따르면, 이 잡지는 '일불동지회 파리지부와 만철이 공동으로 대외 선전을 위해 활용하는 기관지'였다. 일불동지회가 간행하지만 사무실 운영과 간행 비용 등은 만철이 지원했다. 간행방침으로는 "지금의 국제정세에서 노골적으로 정치선전을 하는 것은 오히려 불리하기 때문에 당분간 문화적·경제적 방면에 주력하고, 점차 정세의 추이와 변화를 살펴서 필요에 따라 정치선전도 가미하기로 했다."[76] 육군정보부의 시미즈 모리아키(清水盛明, 1896~1979)가 언급하고 있듯이 전쟁기에 정치선전은 그 의도가 너무 노골적으로 드러나서 다른 나라에서 받아들이기 어려우므로 우선 문화공작을 통해 "우리나라에 친밀감이 생기도록 해서 동정을 일으키는" 작전을 택할 필요가 있었다.[77]

『프랑스-자폰』을 만철이 전면적으로 지원한다는 사실을 공개적으로 내세울 수는 없었다. 일본의 만주 점령을 국제연합에서 규탄하는 상황에서, 그 실행 주체라고도 할 수 있는 만철이 기관지를 만들어 만주를 침략한 일본과 만철을 스스로 선전한다는 것은 비판을 불러올 우려가 컸다. 1935년 8월에 만철 총재가 된 마쓰오카 요스케에게 보낸 파리로부터의 전보는 만철 파리사무소와 일불동지회,『프랑스-자폰』에 관한 내용을 '극비 사항'으로 다루었다. 비록 극비에 부쳤지만 만철의 넉넉한 자금 지원에 힘입어 잡지는 훌륭하게 간행될 수 있었다.[78]

만철은 1906년에 설립된 국책회사로, 단순한 철도회사가 아니라 일본의 만주 지배를 실행에 옮기는 특수회사였다. 철도만이 아니라 신문과 잡지를 간행하고, 호텔을 경영했으며, 공학당 등의 교육시설과 의학당 등의 의료시설을 설치하기도 했다. 또한 제철소와 제유소에까지 손을 뻗어 경영을 다각화한 성공적인 특수회사였다. 민간회사이면서 국책회사이기도 했던 만철은 다방면으로 활용될 수 있는 편리한 기관이었다. 대외적으로는 일본 정부와 분리되어 있는 독립적인 상사회사라고 내세울 수 있었다. 또 만주국에 대한 투자를 위해 유용하게 활용할 수 있는 우회로 역할도 할 수 있었다. 만철은 일본의 국익을 추구하는 국책 수행 기관이면서도 민간회사라는 외피를 내세워 다른 나라와의 교섭을 용이하게 끌고 갈 수 있는 이점이 있었다. 이런 기관의 자금 지원을 받아 일불동지회는 기관지로서『프랑스-자폰』이라는 '문화잡지'를 내세워 만주 사진을 싣고 만주 여행을 유혹하는 광고를 내보냈다.[79]

유럽에서는 만철 파리사무소를 일본의 선전 본부라고 인식했다.『프랑스-자폰』은 그 기관지로서 국가 선전을 담당했다. 만철 파리사무소의 소장으로서 일본과 프랑스 양쪽에서 인맥을 쌓은 사카모토 나오미치의 이름이 '파리 대표자'로서 잡지의 편집란에 기재된 것은 1935년 6월 15일자 제9호부터였다. 편집장 마쓰노 구니노스케는 『프랑스-자폰』에 대해 특별히 '문화'를 강조했다. 태평양전쟁기에 발행된 다른 잡지에 비해서는 상대적으로 문화적 색채가 강한 편이었지만, 일본의 홍보물답게 정치·경제와 관련된 선전 기사도 자주 게재되었다.[00]

한편, 프랑스 의회의 친일 인사들은 '프랑코-자포네 그룹'과는 별개로 1938년 여름에 친일파 프랑스인들을 모아 '일본의 친구 모임 (Les Amis du Japon)'을 결성했다. 본부는 파리의 몽파르나스에 있었으며, 기관지도 간행했다. 이 기관지와 일불동지회의 기관지인 『프랑스-자폰』은 서로를 소개하거나 일본을 옹호하는 글을 게재하는 등 제휴하기도 했다.[81]

1934년 10월에 창간된 『프랑스-자폰』은 1940년 4월에 종간되었다. 그것은 예정에 없던 종간이었다. 1940년 6월 14일에 나치 독일이 파리에 무혈 입성한 뒤로 잡지의 간행이 중단되었던 것이다. 1940년 11월 25일에는 만철 유럽사무소를 파리에서 베를린으로 이전했다. 그런데 베를린의 사무소에서 일본과 프랑스의 문화 교류를 선전하는 잡지를 낼 수는 없는 노릇이었다.[82] 더욱이 이 시기는 유럽에서 승리를 거듭하고 있던 나치 독일의 위세에 기대어 일본이 동남아시아에 대한 남방 작전을 수립하는 형편이었다. 프랑스와의 문화적 네트워크를 기초로 국책회사 만철의 지원을 받아 유럽에서 실행했던 일본의 국가 선전전은 이렇게 해서 종언을 고했다.

남양·남방으로 간 조선인들

1) 한국과 동남아시아의 역사적 관계

동남아시아와 한국 사이의 역사적 교류는 거의 확인되지 않는다. 그나마 한국사에서 밀접한 접촉이 있었던 나라는 중국과 국경을 접하면서 그 문화권 안에 포함되었던 안남, 즉 베트남이다. 조선시대에 중국의 조공국이었던 안남의 사신을 조선 사신이 접촉한 정황이 중국과 한국의 사료에 기록되어 있다. 1598년 명나라 연경(베이징의 옛이름)에 사신으로 갔던 이수광은 그곳에서 안남 사신 풍극관(馮克寬)을 만나 필담을 나누고 이때 알게 된 안남의 풍속을 『지봉집(芝峯集)』과 『지봉유설(芝峯類說)』에서 상세히 소개했다. 1790년 사행에 부사로 동행했던 서호수는 열하에서 안남 사신과 접촉한 이야기를 『연행기(燕行紀)』에 기록했다. 관리들의 이런 접촉 외에도, 조선 후기에 바다에서 조난당한 조선 사람들이 베트남 연안이나 필리핀 등지로 표류했다가 우여곡절 끝에 귀국한 일이 몇 건 전한다. 이런 사건이 당대 사람들에게도 알려져서 조선 후기 실학자들은 베트남 등지에 관심을 갖게 되었다.[1]

한국과 베트남 사이에 공식 교류는 없었지만 19세기 말에 중국을 통해 베트남 상황이 조선으로 전해졌다. 베트남은 1862년과 1874년에 프랑스와 체결한 제1·2차 사이공조약으로 식민지 단계에 접어들었다. 이어 1883년의 아르망(Harmand)조약(제1차 후에조약)과 1884년의 파트노트르(Patenôtre)조약(제2차 후에조약)을 거쳐 프랑스의 보호국이 되었다. 청불전쟁 직후인 1885년에 프랑스와 청국이 체결한 톈진조약에 의해 중국과 베트남의 전통적인 조공관계는 결정적으로 해체되었다. 인도차이나에 대한 중국의 간섭이 사라진 상태에서 베트남 전국에서 의병투쟁이 일어났다. 이런 베트남의 상황이 국내에 전해지면서 각종 개혁 상소에서 베트남이 언급되기 시작했다. 1884년 8월에 시작된 청불전쟁에서 청국 군대가 연패하자 김옥균 등 급진 개화파는 이때를 기회라고 여겨 12월에 갑신정변을 일으켰다. 19세기 말 조선에서도 정치적 위기가 고조됨에 따라 당대의 현황을 베트남에 비추어 논하는 주장이 빈번하게 나타났다. 베트남이 프랑스의 식민지로 전락했다는 소식은 한국인의 이목을 집중시키고 위기의식을 더욱 심화했다. 여러 학회지와 신문지상에 베트남 소식이 실렸다. 러일전쟁 이후 일본의 압박이 더 커지자, 베트남의 현실을 국내에 알려 경각심을 불러일으키고 국가적 위기에 대해 경종을 울리려는 시도가 다양하게 나타났다.[2]

1905년에 중국의 량치차오(梁啓超, 1873~1929)와 베트남의 민족주의 사상가 판보이쩌우(潘佩珠, 1867~1940)가 나눈 대화를 바탕으로 량치차오가 저술한 『월남망국사』가 국내에 소개된 것도 같은 이유에서였다. 1906년 11월에 현채(玄采, 1886~1925)가 국한문 혼용체로 번역한 『월남망국사』는 아시아의 이웃 나라 베트남(월남)이 프랑스에 유린당한 참상을 알고 그 망국사를 거울로 삼기 위해 읽어야 할 책으로 소개되었다.[3] 이 책에는 베트남이 프랑스의 보호국이 되기까지 역사와 19세기 말에 활동한 독립운동가들, 그리고 프랑스가 보호국이라는 명목으로 베트남에 행했던 착취와 제국주의 열강의 위협을 비판하는 내용이 담겼다. 이 책은 당시 베트남과 마찬가지로 존망의 위기에 처해 있던 한국의 지식인들에게 큰 충격을 주었다. 김윤식은 베트남의 망국에 대해 "방으로 호랑이를 끌어들여 호시탐탐 멋대로 뜯어먹게" 한 것이라고 하면서 "어찌 황인, 백인 차별이 있"으며 "국제법이 어디 있는가"라며 탄식했다.[4] 국채보상운동 때에는 신문지상에서 "지금 국체 1,300만 원이 있으니 이것은 우리 한국의 존망에 관계되는 일입니다. (…) 현재 국고에서는 갚을 형편이 어려우니 삼천리 강토는 장차 우리나라의 것 백성의 것이 아니겠습니까. 토지가 한번 없어진다면 회복할 길이 없을 뿐만 아니라 어찌 월남 등의 나라와 같이 되지 않을 수 있겠습니까?"라며 망국의 베트남을 사례로 들어 호소했다.[5]

이때의 기억은 일제시기까지 지속되었다. 일제시기에 식민지 처지에 놓여 있던 인도, 베트남, 필리핀 등 동남아시아 지역의 독립운동에 대해 한국인들도 관심을 기울였다. 특히 베트남에 대해서는 조선에 앞서 '망국'을 당한 곳이라는 인상이 강하게 지속되었다. 1924년 5월 안남총독의 서울 방문 당시 『동아일보』에는 "조선인이 일반으로 안남에 대한 개념이라도 얻"은 것은 "몇 해 전에 우리나라에서 한참 떠들 때에 『월남망국사』를 본 후"라고 하면서, "안남을 보호국으로 만든 후의 잔혹한 정책"을 폈던 프랑스의 안남총독이 조선총독부의 국빈 대우를 받으며 서울을 방문하는 것에 대해 불편한 감회를 토로하는 기사가 실렸다. 기사는 조선총독부가 프랑스인 안남총독을 서울로 불러 "우리 식민지는 이만히게 해놨소 하고 가랑산아 구경시키겠지"라며 끝을 맺는다.[6] 안남총독의 방문이 계기가 된 것인지 확인할 수는 없지만 비슷한 시기에 『월남망국사』는 청년 학생에 의해서도 호출되었다. 1924년 9월 대구고등보통학교 3학년 윤홍기는 미리 암기해온 『월남망국사』를 교내 발표대회에서 우렁차게 암송하고는 인도주의의 가면을 쓴 강대국의 비인도적 폭거에 항거하자고 소리를 높였다.[7] 그러나 1940년에는 전혀 다른 맥락에서 『월남망국사』가 다시 호출되었다. 중일전쟁 3주년 기념으로 신문에 실린 논설에는, 30년 전에 처음 책을 읽고 서양의 비인도적 지배에 신음하는 베트남에 대해 같은 아시아인으로서 동정을 보냈다는 것, 그런데 드디어 중일전쟁이 베트남 민중에게 "동양인으로서의 자각을 새롭게 할 것이고", 그들은 "참말 벗은 결코 서양인에 있지 않고 가까운 동양에 있음을 발견"하게 될 것이라는 내용이 실려 있다.[8] '서구의 압제에서 아시아를 해방시키는 일본'이라는 이념이 만들어짐에 따라 동남아시아에 대한 한국인의 인식 또한 연동해서 변했다는 것을 알 수 있다.

한편, 1920년대에는 일본이 위임통치를 하게 된 남양군도를 중심으로 '남양'에 대한 기사가 쏟아졌다. 그런데 새로운 식민지 확보에 열광했던 일본인과는 달리, 식민지 조선에서는 그런 흥분의 기미가 보이지 않는다. 하지만 일본인이 이주하기 시작한 이 점령지에서 척식사업을 벌이는 일본 정부와 군부, 기업의 필요가 있을 경우에는 '2등 국민'인 조선인 역시 동원 대상이 되었다. 1920~1930년대에는 워싱턴 군축회의를 비롯한 국제정치의 변화, 일본의 국제연맹 탈퇴, 미영과의 충돌 가능성, 남양·남방의 자원과 시장에 대한 경제적 관심이 커지는 데 비례해서, 조선의 언론매체인 『동아일보』와 『조선일보』 등에도 남양군도와 동남아시아 지역을 소개하는 기사와 기행문, 여행기 등이 자주 실렸다.

2) 남양군도 조선인 이민단

일본인의 활동 범위가 남양·남방으로 확장되는 것에 비례에서 해당 지역으로 조선인의 이주도 늘어났다. 하지만 일본인에 비해서는 미미한 수준이었다. 남양군도로의 조선인 이주는 1910년대 후반 사이판에서 제당업을 시작했던 니시무라척식(西村拓植)의 조선인 인부 채용이 최초의 사례로 보인다. 당시 밀림으로 덮인 섬을 개간하여 사탕수수를 재배하고 제당공장을 설립하기 위해 조선인 인부 400여 명을 데려갔다고 한다. 그런데 전쟁이 끝나고 1920년에 설탕 가격이 폭락하여 회사가 해산되자 조선인 인부들은 그대로 섬에 방치되어 조선으로 돌아갈 수도 없는 처지가 되고 말았다.[9] "서촌식산회사(西村殖産會社)에 팔려" 갔다가 현지에 버려졌던 "조선인 이민단(移民團)"의 소식은 1933년 10월 31일자 『조선일보』에 소개되어 있다. 사이판 조선인회에서 온 김영일에 따르면, 그 뒤에 이주한 사람들을 포함해 300여 명의 현지 조선인이 사탕수수 재배나 토목 노동 등에 종사하고 있으며 현지인 여성과 결혼해 가정을 이루기도 했다고 한다.[10] 이후 남양군도로 이주한 일본인의 대다수는 오키나와 사람들이었다. 하지만 위임통치 초기 사이판에는 사탕수수 농장 개간을 위해 오키나와인보다 먼저 조선인이 들어갔던 것이다.

남양군도의 조선인 노동자는 적을 때는 100명에도 미치지 못했고, 많을 때도 300명 정도로 추산된다. 1935년부터 500명대를 초과했으며, 1938년에 700명대로 늘어났다. 1939년에는 일거에 약 2,000명으로 급증했으며, 1940년에는 약 3,500명, 1941년에는 약 5,800명, 1942년에는 약 6,400명으로 늘어났다.[11] 1939년 이후 조선인 이주 노동자가 급증한 이유는 전시체제기의 조직적 강제동원과 직결되어 있다. 그 이전까지는 남양군도 전체 인구 가운데 조선인의 비중은 극히 미미한 수준이었다.

반면, 일본인은 사정이 이와 달랐다. 1920년 10월 국세 조사 당시 총인구 5만 2,021명 가운데 현지 도민 4만 8,505명에 비해 일본인은 3,403명에 불과했다. 당시 조선인은 218명이었다.[12] 그런데 1920년대 말에 일본인 수는 1만 명을 초과했고, 1930년에는 약 2만 8,000명으로 급증했다. 1920년대에 일본 정부가 적극적으로 추진한 남양 이민 장려정책의 성과였다. 1935년에는 일본인 수가 5만 명을 훌쩍 넘어 현지 도민 수를 능가하게 되었다. 현지 도민의 수는 큰 변동없이 5만여 명 수준을 유지하는 가운데 일본인 수는 계속 급증해서 1937년 약 6만 명, 1938년 약 7만 명, 1939년 약 7만 7,000명으로 늘어나 현지 도민의 1.5배 수준에 이르렀다.[13]

1930년대 중반 이후 일본은 남양흥발과 남양척식주식회사 등을 앞세워 남양군도에 대한 척식사업에 힘쓰는 한편, 군사 목적의 대규모 토목 공사를 시행했다. 오키나와인을 중심으로 일본인 인구가 증가했지만 토목 공사에 투입할 노동력이 부족했다. 이에 1939년부터 조선인과 타이완인에 대한 조직적인 모집과 동원이 개시되었다.

동남아시아 지역으로 이주해서 활동하는 조선인들도 있었지만 정확한 수치는 추정하기 어렵다. 1935년 일본 정부의 조사 자료가 있지만 실제 수치를 그대로 반영하고 있다고 보기 어려울뿐더러, 인용한 자료마다 수치가 조금씩 다르다.[14] 대략 200만 명에서 300만 명가량의 한인이 전 세계에 흩어져 있었던 것으로 보이는데, 일본에 체류하는 수가 압도적으로 많고 이어 만주와 중국, 관동주, 타이완 등의 순이었다. 구체적인 수치는 신뢰하기 어렵지만 참고삼아 1939년 2월 16일자 『신한민보』에 수록된 수치를 살펴보면, 남양·남방에서는 남양군도 416명, 홍콩 22명, 인도차이나 54명, 말레이반도 18명, 필리핀 42명, 타이완 1,064명 등이었다.[15] 한반도와 직접 접하고 있는 만주와 관동주, 블라디보스토크 등지의 수치는 실제 상황에 비해 오차가 상당히 큰 것 같고, 남양·남방 지역은 전체 숫자가 적으므로 대략적인 추이를 파악하기 위해 참고할 만하다.

한편, 비슷한 시기에 필리핀에서는 '고려인회'가 조직되었다. 1935년 12월 7일 필리핀 재류 조선인들이 조직했으며, 같은 달 30일에 필리핀 수도 마닐라시에서 제1회 창립총회를 개최했다. 그들은 "장차 남양 방면에 진출하는 조선 동포들을 위하여 여러 가지 협의"를 했다.[16] 위의 인구수 조사 결과에 비추어보면 필리핀에 거주하는 조선인의 수는 100명을 넘지는 않았을 것이다. 1929년에 안창호가 필리핀을 방문했을 때 필리핀 최초의 한인단체인 '대한인국민회 필리핀지부'를 설립한 적이 있었다. 당시 필리핀에는 52명의 한인이 있었다고 한다.[17] 1900년경부터 필리핀에 거주하기 시작한 조선인들은 자체 조직을 결성해서 현지 정착을 도모하는 한편, 조선과의 연계를 모색했다.

3) 고려인삼 행상과 독립운동기지 모색

동남아시아 각지의 조선인 수는 매우 적었다. 일본에서 '남양 붐'이 본격적으로 일어난 1920년대 중반 조선에서도 남양과 동남아시아에 대한 관심이 높아졌지만, 민간인의 이주로 연결되지는 않았다. 1923년 12월 말 『조선일보』에는 상하이지국 특파원이 그해 11월 하순에 동남아시아 현지를 취재해서 보내온 '남양복지(南洋福地)'에 대한 기사가 연재되기 시작했다. 12월 26일자 첫 번째 기사에서 기자는 다음과 같이 기획 의도를 밝히고 있다.

일찍이 중국 인사들에게 "남양의 부원(富源)을 개발함이 유리함"을 들었고 일본의 무역 상인들이 연이어 "남양의 재원을 탐취함이 유망함"을 들었다. 더욱이 일본 정부가 연래(年來)에 특별히 "남양식민(南洋殖民)의 정책을 매우 장려하고 일본 민간의 유력자들도 남양 발전에 깊이 유심진력(留心盡力)"하여 남양 시찰단 탐험대를 보내기도 하고 남양 개발을 위한 회사와 조합을 설립하기도 하고, 남양 사정에 관한 연구 서적과 신문 잡지를 발행하여 "대화(大和) 민족의 남행(南行) 진취적 사상"을 떨치고자 한다. 이런 사정에도 불구하고 안타깝게도 조선인에게는 "남양복지 사정의 윤곽이나마" 소개한 일이 없으니, 상하이지국에서 미약하나마 해외 사정을 조사하여 소개하겠다는 것이었다. 이를 위해 기자가 남양 시찰의 조사 사항을 공개하

니 "남양복지에서 아족(我族)의 발전할 호개(好個) 사업을 발견"하기를 바란다는 내용이었다.[18]

기자는 1923년 11월 19일 아침에 상하이에서 출항하는 영국 기선 '루차우호'에 탑승했다. 중국 남부 연안을 돌아 홍콩에 도착한 그는 특별히 현지 체류 조선인의 동정을 조사하는 데 공을 들였다. 취재에 따르면 당시 홍콩에는 남성 5명, 여성 2명 등 총7명의 조선인이 거주하고 있었다. 남성들은 서양인이나 중국인 회사, 또는 은행에서 근무하고 있었다. 여성 2명 중 한 명은 일본인 이발업자와 결혼해서 정착한 경우였고, 다른 한 명은 일본인 유곽에 팔려와 있는 창기였다. 그 밖에 현지에 거주하지는 않지만 조선인 인삼 상인들이 중국 광둥(廣東) 방면에서 왕래하며 인삼 행상을 했다.[19] 동남아시아의 다른 지역에서도 제2차 세계대전이 일어나기 전까지는 비슷한 상황이었을 것으로 보인다.

홍콩을 비롯해 남중국 연안과 도서부 동남아시아 일대를 왕래하는 조선인 상인은 '별삼군(別參軍)'이라고 불리기도 한 인삼 행상이 유일했다. 별삼군 가운데는 평안북도 의주 사람이 많았다. 중국과 접경 지역이어서 중국어가 통하는 사람이 많아 중국인이나 화교를 대상으로 영업하기가 쉬웠기 때문이다.[20] 조선에서 생산되는 물품 가운데 해외에 수출하는 대표적인 무역품이 '고려인삼'이었다. 조선 후기 이래 인삼은 중국인들 사이에서 인기가 높았는데, 특히 "중국에서도 북방인보다 남방인이 더욱 고려인삼을 상미(賞美)하며, 남방인보다 남양 방면의 화교들이 더욱 고려인삼을 애호보귀(愛好寶貴)"했다.[21] "고려인삼을 선약(仙藥)같이 진중(珍重)히 여기는 중에 남화(南華) 남양(南洋)의 중국인이 우심한" 까닭에 무역의 거점인 홍콩으로

대량의 인삼이 수출되었다.[22]

고려인삼은 조선 후기에도 이 지역으로 공급되었으며, 20세기에 접어들어서도 각지에서 인삼 행상의 동정이 확인된다. 1916년 인삼 판매 및 기타 행상을 목적으로 싱가포르로 도항하는 조선인의 사례도 이에 해당한다. 그들은 대부분 여권 없이 도착하여 인도, 타이, 마닐라, 네덜란드령 인도네시아 등지로 가기 위해 싱가포르 일본 영사관을 찾았다. 1919년 3월 일본 외무성이 타이의 조선인 현황을 조사한 바에 따르면, "당지에 재주하는 조선인은 계 5명으로 모두 조선인삼의 행상을 본업으로" 했다.[23]

남중국 및 동남아시아 현지에서는 특히 인삼을 쪄서 만든 홍삼이 인기가 높았다. 그런데 홍삼은 조선총독부의 전매품으로, 전매국이 특약회사와 계약을 체결하여 독점적으로 수출했다. 그에 반해 민간 상인들은 햇볕에 말린 백삼만을 판매할 수 있었다. 그런데 백삼은 "기후가 습한 중국 남방, 남양 지방에는 보존상 매우 곤란"하여 쉽게 상했다.[24] 곰팡이가 쉽게 생기고 변색되며 벌레가 생기는 백삼은 상품으로 거래하기에 부적합했다. 그래서 중국인들은 백삼은 고려인삼으로 인정하지 않고 홍삼만 선호하며 고려인삼으로 인정했다.[25]

조선에서는 개성 지역 인삼을 건조한 백삼도 홍삼처럼 귀하게 여겼지만, 남양에서는 백삼은 거래가 거의 이루어지지 않았다. 그런 사실을 모르고 백삼을 가지고 인삼 행상을 왔던 조선 상인들이 낭패를 보기도 했다. '남양 인삼 상인'이 일거에 부를 쌓았다는 소문이 퍼지자 일확천금을 노린 사람들이 만주의 길림홍삼을 고려홍삼처럼 변조해서 남양 방면으로 팔러 돌아다녔다. 그 때문에 중국인 사이에서 고려인삼 상인의 신용이 실추되었다. 1920년대 중반에도 수십 명의 별삼군이 남양 일대를 돌아다니고 있었지만, "길림홍삼을 가지고 고려홍삼으로 속여 팔아먹던 시대가 벌써 지나"간 지 오래이므로 차라리 다른 일에 종사할지언정 "결코 인삼 행상은 할 생각 말라"고 권유를 하는 상황이었다.[26]

하지만 공식적으로는 남양으로의 인삼 수출이 계속 증가했다. 조선총독부와 전매 계약을 맺은 미쓰이물산은 고려인삼을 남중국 및 남양 방면으로 수출하기 위해 판로를 개척하고 시장 확장에 노력했으며, 조선인 판매상 역시 인삼 판로 확장에 힘썼다. 덕분에 1920년대 중·후반 인삼 수출이 늘어났다.[27]

싱가포르의 한 조선인 인삼 상인이 1930년 말에 조선의 신문사로 보내온 편지에 따르면, 당시 남양 일대 즉 필리핀, 인도, 중국, 타이, 말레이반도, 네덜란드령 군도 등에는 조선인 동포가 약 500~600명 있으며, 그들의 직업은 교원과 학생, 관공리, 잡화상과 약종상 등에 종사하는 10여 명을 제외하면 대부분이 고려인삼 상인이었다. 인삼 상인 중에는 점포를 갖춘 이도 있었지만 대부분은 도회지를 벗어나 궁벽한 산촌을 돌아다니는 영세한 행상이었다. 도시에서는 신식 보약을 판매하는 양약방이나 대규모 한약방과 경쟁을 할 수준이 되지 못했기 때문이다.[28] 일용품이 아닌 인삼을 판매하기 위해 탐험가처럼 모험적 노력을 지속하고 있지만 공황으로 인해 불경기가 심해지면서 그들의 앞날은 점점 더 어두워지고 있었다.[29] 이 시기에 동남아시아에 체류하는 조선인은 극히 일부를 제외하면 대부분이 영세하고 모험적인 인삼 행상이었다.

1933년 8월에 하노이의 EFEO를 방문했던 동양사학자 마쓰모토 노부히로는 오사카에서 출항하는 정기 운항선에 탑승했다. 1등실 승객이었던 그는 3등실에 조선인 5명과 일본인 1명이 타고 있는 것을 관찰했다고 기록으로 남겼다.[30] 당시 동남아시아 일대에는 많은 일본인이 이주했으며 일본인 마을이 조성되기도 했지만, 그에 비해 조선인 이주자는 크게 늘어나지 않았다. 그러나 조선인과 동남아시아와의 비공식적 접촉은 지속되었으며, 그 빈도 역시 전반적으로 증가하고 있었다.

한편, 동남아시아는 중국과 지리적으로 접해 있었기에 현지의 화교들은 중국 신해혁명과 반일운동에 재정적 지원을 제공했다. 특히 인구의 7할이 화교였던 싱가포르는 20세기 초 중국 혁명파의 중요한 거점이었다. 한국의 독립운동가들도 싱가포르에 거점을 마련하고자 시도했으며 현지 한인들의 지원을 얻고자 노력했다. 구체적으로 1914년 10월 홍명희 등은 중국의 신해혁명에 자극받아 싱가포르에서 독립운동 자금을 확보할 기반을 마련할 수 있는지 파악하기 위해 상하이를 출발했다. 1915년 1월 싱가포르에 도착한 일행은 중국계 혁명파 신문인 『국민일보』를 찾아가 도움을 청했다. 이들은 싱가포르에 머물면서 동남아시아 각지의 한인들과 관계를 맺었으며, 또 말레이반도를 돌아다니며 중국계 혁명파 인사들과도 접촉했다. 싱가포르를 중심으로 활동하던 홍명희 일행은 1917년 10월 말 현지 활동을 접고 다시 상하이로 돌아왔다.[31]

1920년에 안창호는 대한민국임시정부를 필리핀으로 이전하는 방안을 구상했다. 임시정부 내부의 분열을 극복하는 동시에, 이상촌 건설과 수전사업 경영에 필요한 토지를 확보하기에 유리하다고 보았기 때문이다. 그는 만주 지역의 조선인들을 필리핀으로 이주시키고 독립운동기지로 개척하려는 계획을 세웠지만 실현하지는 못했다. 1929년 2월에도 안창호는 50여 일 동안 한인의 이주 대상지를 물색하며 필리핀 각지를 시찰한 뒤 3월 말에 중국으로 돌아갔다. 상하이로 돌아간 안창호는 흥사단 소속 양우조를 통해 자신의 계획을 실현하고자 했다. 그러나 필리핀으로 가기 위해 상하이를 떠나 홍콩까지 왔던 양우조의 필리핀행은 어떤 이유에선지 좌절되고 말았다. 대신 광둥으로 돌아온 양우조는 동남아시아 지역 독립운동과의 연계 투쟁을 계획했다.[32]

1931년 1월에는 흥사단 원동위원부가 양우조를 화남 및 남양군도 시찰 특파원으로 임명해서 인도네시아 지역에 대한 독립운동기지 개척에 관심을 보였다. 같은 시기에 양기탁과 김규식은 보르네오섬에 독립운동기지를 개척하려는 의사를 갖고 있었다. 그러나 만주의 한인들을 동남아시아로 이주시켜 농업에 종사하게 한다는 계획은 이주 비용 조달 문제와 이주자 모집의 어려움 등으로 용이하게 실현할 수 있는 일이 아니었다.[33]

4) 남양군도로 강제동원된 조선인 노무자

조선인 수가 많아야 수백 명 수준에 머물렀던 남양군도에 1939년 이후 조선인들이 집단적으로 이주하기 시작했다. 1910년대 후반 사탕수수 재배를 시작할 당시 농업 노동자의 집단 모집이 있었지만, 그 사실은 일반에게 알려지지 않았을 뿐만 아니라 그 뒤로는 조직적 모집이 흔하지 않았던 것 같다. 그런데 1938년 3월에 의령군에서 모집된 40여 명이 남양의 농장으로 파송된 일이 신문에 보도되었다. "내지나 만주 방면으로만 품팔이를 하러 가게 되던 조선 노동자가 이제는 멀리 언제든지 여름 기후인 열대 지방 남양까지 진출하기 시작"했는데, "조선 노동자가 남양까지 진출하게 되는 것은 기왕에 보지 못한 희귀한 일"이었다.[34] 모집에는 의령군이 개입한 것 같지만, 노동자를 요청한 것은 관이 아니라 남양군도에 있는 개별 농장이었던 것으로 보인다.

1939년 7월에는 "남양으로 경남 최초의 농업이민을 떠나게 되었다"는 소식이 들려왔다. 이번에는 남양청의 위촉이 있었는데, 합천과 창녕에서 각각 10호씩 선정되었으며, 이 20호의 농가는 "남양 개척의 전사"라고 불렀다. "이들 농가에 대해서는 1호당 4정보의 토지를 무상으로 경작하며 10년 후에는 자작농이 되게 할 방침"이라는 장밋빛 계획까지 제시되었다.[35] 준비에 필요한 전도금을 남양척식에서 제공했다는 것으로 보아 이들은 남양척식의 농장으로 배치되었을 것으로 추정된다. 8월에는 경상북도 의성군, 영천군, 칠곡군에서 선발된 농가 30호가 남양으로 출발할 것이라는 보도가 이어졌다.[36]

농업이민과는 별도로 1939년 초에 남양으로 가서 각종 토목 공사와 축항, 기타 도로 공사 등에 투입될 노무자를 모집했다.[37] 남양청이 팔라우항 수축 공사에 투입하기 위해 모집을 의뢰한 노무자들로 보이는데,[38] 남양청이 요청을 하면 조선총독부 사회과가 조선 내 행정기구를 통해 모집을 알선했다. 경상도와 전라도, 충청도 등지에서 이루어진 노무자 모집과 알선, 수송에 대한 내용이 일간 신문에도 다수 보도되었다. 당시 동원된 노무자 수는 400~500명가량이었다.[39] 선발된 노무자들은 철도를 이용해 부산이나 여수에 모여 배를 타고 일본으로 건너간 다음 그곳에서 남양군도로 가는 배에 승선했다.[40] 조선총독부가 알선을 의뢰하면 도(道)당국에서는 군(郡)에 통첩을 보내어 모집을 의뢰했다. 농업 노동자는 가족 단위로 모집되는 경우가 많았지만, 노무자는 거의 대부분 "20세 이상 40세 미만의 신체 건강한 조선인 남자"가 모집 대상이었다.[41] 태평양전쟁이 일어나기 전에 조선 청년들이 남양에 대해 가졌던 이미지는 '야자수 그늘 우거진 상하(常夏)의 섬'이라는 것이었다. "남국의 열대 지방을 동경하는 청년들이 앞을 다투어 나도 보내주십사 하는 편지를 보내"왔다. 심지어 "호기심으로 남양이 그리워 노동 능력도 없는 인텔리층에서까지 지원"을 하기도 했다.[42] 그들은 품팔이 노동을 하더라도 조선보다는 나을 것이라는 기대를 품고 "복지를 찾아 멀리 남양으로 품팔이를" 선택했다.[43] 노동자들에 대한 수당은 하루에 1원 30전 내지 1원 50전 가량이라고 보도되었고, 2년간 머물기로 서약해야 했다.[44]

모집 초기에 총독부는 알선방침을 발표하면서 짐짓 근엄하게 "남양에 가면 무슨 큰 수 나는 듯이 이상향을 꿈꾸는 사람은 절대로 갈 필요가 없다"고 엄포를 놓았다. 구체적인 조건은 "조선으로서는 처음 되는 남양 진출이니 만치 첫째 현재 토목 노동자 또는 농업 노동자인 것과, 둘째로는 심신 건전하고 사상이 건실한 노동자인 것과, 셋째로는 남양에 영주할 수 있는 사람"이어야 했다.[45]

1939년 9월에 남양청은 상반기의 알선 성과에 만족하고 "일 잘하는 조선인 노동자"의 추가 모집을 요청했다. 이번에는 농민 200호의 알선을 요청했는데, 조선총독부는 이것을 1939년에 아주 심각했던 남부 지역 한해(旱害) 이재민을 구제하는 방법으로 활용하고자 했다. 이민 자격은 18세에서 40세까지를 주 노동자로 하고, 현재 농업에 종사하고 있으며, 가족을 동반할 수 있는 농가를 선발하기로 했다.[46] 이런 남양청의 모집이 1939년 이후 남양군도에 조선인이 급증한 직접적인 원인이었다. 태평양전쟁 개전 이후에도 남양으로 노무자 동원은 계속되었다. 1943년에는 남양청이 남양흥발과 조선인 모집에 관한 청부 계약을 체결했다. 남양흥발은 이 계약에 따라 조선에서 노무자를 모집하여 남양에 데리고 온 것이 확인된다.[47]

수많은 섬으로 이루어진 남양군도는 각지 사정에 따라 조선에서 선녀산 노무사의 배지 지역과 고견이 다양했다. 하지만 구체적인 내용에 대해서는 아직 충분한 조사와 연구가 이루어지지 못했다. 남양군도 자체가 오랫동안 관심 대상에서 제외되어 있었을뿐더러 사료 부족 등으로 인해 연구에 어려움이 따랐기 때문이다. 최근 10여 년 사이에 많은 연구가 발표되었지만 아직 시작 단계라고 할 수 있다.

5) 남양·남방의 조선인

러일전쟁 이후 조선에 주둔했던 일본군(이하 '조선군')은 타이완군, 관동군, 지나 주둔군 등 재외 일본군 가운데 규모가 가장 컸다. 주축은 육군이었으며, 조선인 대상 치안활동, 중국 및 러시아 접경 지역의 국경 경비, 북진을 위한 군사 거점 구축이 주된 역할이었다. 해군은 한반도 주요 해역 경비를 담당했다. 중일전쟁이 전면화되기 전까지 조선인은 일부 왕공족이나 직업군인을 제외하면 징병 대상에서 제외되었다. 그러나 1938년 4월 육군특별지원병제도가 실시되면서 조선군에 입대하는 조선인이 생겨나게 되었으며, 1943년에는 임시특별지원병 즉 학도병을 모집했다. 1944년부터는 징병제 실시에 따라 조선인을 대상으로 하는 징병검사 및 징집이 시작되었다.[48] 지원병으로 입영한 조선인이 약 2만 명, 학도병으로 약 4,000명이 동원

되었다. 1944년과 1945년 2년에 걸쳐 징병검사를 받고 징집된 조선인은 약 10만 명이었다.[49]

조선인 장병은 대부분 조선군에 배속되었으며 분산 배치가 원칙이었다. 한 부대 내에서 조선인 병사가 차지하는 비율은 제일선 부대의 경우 20% 이내, 후방 부대는 40%, 근무 부대는 80%를 한도로 했다고 한다. 대체로 한 개 소대에 조선인 병사는 2~3명에 지나지 않았다. 조선군은 원래 중국과 소련 등 북방을 겨냥한 부대로 1941년 이후에는 소련군을 대상으로 하는 군사 훈련을 실시했다. 그런데 1942년 6월 미드웨이 해전의 대패로 조선군 제20사단을 남동태평양 방면으로 전용하는 결정이 내려졌다. 그 때문에 승선 훈련, 도하 훈련, 해상 대잠수함 훈련 등 남방 해상에서의 전투에 대비한 군사 훈련을 받게 되었다.[50] 그들은 전황이 악화하는 1943년 이후 동부 뉴기니 전선이나 필리핀 전선으로 전출되어 패전 때까지 그곳에 배치되었다. 남양군도와 필리핀 전선은 사상자가 가장 많이 발생한 전장이었다. 동부 뉴기니의 경우 조선군에서 전출된 3개 보병연대의 평균 생존률이 1.7%에 불과했다.[51]

1944년 2월 미군은 마셜제도 공략 작전을 시작했다. 이때 사이판도 처음 공습을 당했다. 사이판에는 일본 민간인 약 2만 2,000명과 도민 약 4,000명이 있었던 것으로 추정된다. 일본 민간인에는 조선인도 포함되어 있었다. 7월에 사이판 전투가 끝났을 때 전사자 수를 보면, 일본군은 95%인 4만 1,244명이 사망했고, 일본 민간인은 확실하지는 않지만 약 1만~1만 2,000명, 도민은 약 400~600명이 사망했다. 일본인 절반, 도민은 10%가 사망한 셈인데, 일본인 사망자의 6할 이상이 오키나와인이었으며 조선인 노무자와 군속도 포함되어 있었다.[52] 일본군은 전투에 도움이 되지 않는 '소비계급을 배제'하는 차원에서 민간인을 소개(疏開)했다. 또한 도민들도 미군과 내통할지 모르다고 의심하여 소개 대상이 되었다. 그러나 조선인 노동자는 군속이라고 하여 소개를 허락하지 않았다.[53]

일본은 동남아시아 일대로 전선이 확대되자 일본인만으로는 병력 충당이 여의치 않다고 판단했다. 한편, 동남아시아를 점령하는 과정에서 30만 명가량의 연합군 포로가 발생했는데, 그중 약 12만 명이 백인 포로였다.[54] 조선총독부 정보과에서는 1942년 5월 22일 포로감시원 모집 계획을 발표했다. 즉, 육군의 요구에 따라 "대동아전쟁의 혁혁한 전과에 의하여 각지에 수용 중인 미국인과 영국인 포로의 감시에 종사케 하기 위하여 반도의 유위(有爲)한 청년 수천 인을 군속으로 채용"하겠다는 내용이었다.[55] 선발된 포로감시원들은 2개월간 부산의 임시군속교육대에 입소하여 군사 훈련을 받고 남방 각지로 파견될 예정이었다.

육군성 계획에 따라 포로감시원 3,000명을 모집하고자 했으나, 지원자가 적어서 행정관서와 경찰, 주재소 등에서 지원자 모집을 위해 설득과 강제에 나서야 했다.[56] 막상 모집 인원을 채워도 군사 훈련 일변도인 임시군속교육대의 교육을 견디지 못한 탈락자가 속출해서 추가로 지원자를 모아야 했다. 개중에는 '대동아공영'이라는 이념의 세례를 받고 '남방에 대한 동경'을 품고서 포로감시원에 지원한 청년도 있었다. 1916년에 태어난 김동해라는 청년은 농업학교 졸업 후 군청에 근무하며 농산어촌진흥계획을 담당하고 있었다. 그가 남방으로 파견되는 군무원에 응모한 이유는 남방으로 가서 농업과 축산 기술을 살려보고 싶다는 욕심과 군대에 가고 싶다는 생각 때문이

었다.[57]

　부산의 임시군속교육대에서 훈련을 마친 조선인들은 동남아시아 일대와 조선에 설치된 연합군 포로수용소에 배치되었다. 약 3,200명 중에서 3,000명은 동남아시아로 보내졌고, 200명은 조선에 있는 포로수용소에 배치되었다.[58] 김동해는 일본군이 연합군 포로와 적성국 국민을 수용했던 자바 포로수용소 겸 민간인 억류소에 근무했다. 전쟁이 끝난 뒤에 조선인 포로감시원 중에는 전후 연합군의 전범재판에서 사형을 당한 사람도 있었고, 유기징역 판결을 받고 남방의 형무소에 수감된 사람도 있었다. 김동해 역시 억류소의 관리 책임을 추궁당해 일본인 두 사람과 함께 네덜란드군에 의해 전범으로 기소되었고, 자카르타의 치피낭(Cipinang) 형무소에서 고통의 나날을 보냈다.[59]

에필로그

탈식민주의를 위한 연대

'동양'이 메이지 시기 이래 밀어붙인 북진의 공간이었다면, '남양'
은 1910년대 중반 이후 확보하게 된 남양군도에서 출발하여 태평양
전쟁에 의하여 거듭 확장된 남진의 공간이었다. 일본에서 '남진론'에
힘이 실리면서 '서양'이나 '동양'과는 다른, '남양'이라는 새로운 범주
가 일본인의 인식 대상이자 일본제국의 팽창 대상으로서 가시화되
었다.

　　일본에서는 남양군도를 위임통치하기 시작하는 1910년대 중반
이후 남양군도가 있는 서태평양 미크로네시아 지역(내남양)과 도서
부 동남아시아(외남양)를 아울러서 '남양'이라고 불렀다. 1930년대
말에 남진 작전을 수립하고 대륙부 동남아시아를 무력으로 침공하
면서 이 지역까지 포괄하여 '남방'으로 부르는 경우가 늘어났다. 이
때의 '남방'은 일본의 군사적 · 경제적 팽창의 대상을 가리켰을 뿐, 현

지의 역사나 문화, 정치적 특징과는 무관한 것이었다. 패전 직전에는 동남아시아라는 명칭도 등장하지만 오늘날과 같은 의미로 사용된 경우는 드물었다.

일반적으로 '동남아시아'라는 말은 영어 'South East Asia'의 번역어로 알려져 있다. 제2차 세계대전 중이던 1943년 8월에 열린 회담에서 루스벨트(Franklin Roosevelt) 미국 대통령과 처칠(Winston Leonard Spencer Churchill) 영국 수상이 '동남아시아사령부(South East Asia Command)'를 설치하기로 합의할 때 등장한 용어이다. 당시에 일본군이 점령하고 있던 대륙부 및 도서부 동남아시아 전역을 가리키기 위해 사용했다고 한다.[1] 그와 같은 '동남아시아' 지역 개념은 일본에서도 사용되기 시작해 1960년대 이후 정착했다. 도쿄대학의 야마모토 다쓰로가 주도했던 '남방사연구회'가 '동남아시아사학회(東南アジア史學會)'로 개명한 시점도, 일본 교과서에 동남아시아라는 단어가 정착한 시점도 1966년이었다.[2]

제2차 세계대전 이후 현재에 이르는 일본의 동남아시아 연구는 전전(戰前)의 남양사나 남방사와 구분된다. 패전 이후 활동을 중단했던 남방사연구회는 1949년 도쿄대학 야마모토 다쓰로의 동양사연구실을 중심으로 연구 모임을 재개했다. 1950년대 중반에는 동남아시아 연구 문헌을 정리하여 향후 이 지역을 연구하기 위한 초석을 다졌으며, 이름도 동남아시아사학회(지금의 동남아시아학회)로 변경했다. 1957년에 도쿄대학 문학부에 남방사 강좌가 개설되었으며, 1959년 6월에는 『남방사연구(南方史研究)』 1호를 간행했다. 1959년 6월에 교토대학에서 동남아시아연구회가 출범했고, 1963년 1월에 동남아시아연구센터의 발족으로 연결되었다. 한편, 1960년대에는 남방사연

구회가 동남아시아 및 인도 연구 모임으로 각각 분리되어, 1964년 『동남아시아사연구회회보(東南アジア史研究會會報)』를 발행하기 시작했다. 이어 1966년 11월에는 동남아시아사학회가 창립되었으며, 회보의 명칭도 『동남아시아사학회회보(東南アジア史學會會報)』로 바뀌었다. 1971년 10월부터는 『동남아시아: 역사와 문화(東南アジア: 歷史と文化)』라는 이름으로 기관지를 발행하고 있다.

일본에서는 남양 또는 남방과 관련된 담론이 장기간에 걸쳐 생산되었고, 그것에 대한 논의 역시 역사적 맥락에서, 특히 제2차 세계대전과 일본 식민주의의 관계 안에서 많이 다루어졌다. 미국은 전후 동남아시아 일대의 지역질서를 재편하면서 공산화된 중국의 영향력을 저지하기 위해 일본을 다시 끌어들였다. 제1, 2차 인도차이나전쟁을 거쳐 독립국가 및 통일국가를 만들어간 동남아시아 현대사에서 이 지역에 대한 일본의 연구는 전전과는 다른 조건에서 새롭게 구성되었다.

오늘날 일본의 동남아시아 역사 연구는 일본 정부와 여러 학술 지원 단체의 후원 속에 세계 어느 나라보다 많이 축적되어 있다.[3] 실증적 연구에서부터 아시아주의 담론을 둘러싼 논쟁에 이르기까지 지금도 일본에서는 많은 연구가 쏟아지고 있다. 그렇지만 기본적으로 동남아시아 지역 전체에 대한 연구는 18~19세기 이래 이 지역을 식민지로 삼았던 서구 각국의 연구자들이 주도했다. 제국주의 시대는 과거로 흘러갔다고 생각하지만, 서구 연구자들이 만들어놓은 식민지학의 전통이 학문 영역에서 여전히 유지되고 재생산되고 있지 않나 하는 의문을 품게 되는 이유이기도 하다.

한국에서 동남아시아 연구는 1990년대부터 본격화되어 21세기에 접어들어 가속화되었으며, 동남아 지역 전문가들이 주도했다. 1991년에 '한국동남아학회'가 출범한 이래 장기간의 현지 조사와 현지어 자료의 활용을 필수 요건으로 하는 지역 연구 방법이 주류를 이루었다. 서구에서는 정치학, 인류학, 역사학이 지역 연구를 이끌었고, 일본에서는 여기에 더해 경제학의 기여가 있었지만, 한국에서는 정치학이 중심이 되었다. 점차 신진 인류학자들이 가세해 정치학과 더불어 인류학이 동남아시아 지역 연구의 양대 축을 이루게 되었다. 그에 비해 역사학 분야의 연구는 취약한 편이다. 중국을 중심으로 하는 동양사학의 전통이 압도해온 역사학계에서 동남아시아 지역을 연구하는 연구자는 그리 많지 않다.[4] 역사학계의 동남아시아 역사 연구는 외국에서 학위를 취득하고 돌아온 전공자들이 대학에 자리 잡는 1980년대에 출범했다. 그렇지만 저변이 넓지 못했던 탓에 전공 학자의 등장이 더뎠고, 2000년을 전후해서야 2세대 연구자들이 출현했다. 그들은 모두 미국이나 유럽 등지의 해외에서 박사학위를 취득하고 귀국한 점이 특징이다.[5] 국내 연구 기반이 취약한 상황에서 과거 동남아시아를 식민지로 통치했던 서구의 학문적 축적에 많이 의지하고 있는 상황으로 보인다.

동남아시아 국가 중에서 베트남 등 일부 역사는 한국에 소개되기도 했지만, '아세안(ASEAN, 동남아시아 국가 연합)'에 대한 관심이 커진 최근에 와서 각국 역사와 문화에 대한 소개가 늘어나기 시작했다. 동남아시아 각국에 대한 연구가 증가하게 되면서 '동아시아사'의 개념도 확장되었다. 한국에서 동아시아는 오랜 기간 한중일 3국 또는 여기에 베트남을 포함한 한중일월 4국으로 한정되어 있었다. 그런데 동남아시아에 대한 관심이 커지면서 근래에는 동아시아를 학문적

사유 단위로서 동북아시아와 동남아시아를 합한 개념으로 재정리하기도 한다.[6]

　아시아에 대한 일본의 연구는 식민지학의 구도 위에서 구축되었다. 일본 식민지학의 대상이었던 한국은 광역 아시아에 대한 다층적 연구를 본격적으로 시작하는 시점에 서 있다. 한국과 일본 모두 제대로 된 탈식민주의 역사학을 위해 무엇이 요구되는지, 무엇을 경계해야 하는지 각각의 맥락 속에서 질문해보아야 한다. 동남아시아에 대한 한국과 일본의 관심이 어떤 방향을 향하고 있으며, 근원적으로 식민지학의 규정에서 벗어나 있는지를 끊임없이 성찰해야 하는 것이다.

　제국주의에 의해 식민화된 동양은 스스로를 표상할 수 없었기에 서구라는 타자에 의해 표상되었다. 그리고 탈식민지 시대로 접어든 이후에도 구(舊) 식민지의 학문 연구에 미치는 식민지 종주국의 영향력은 강력하다. 식민지학의 전통이 아직도 잔존하고 있는 것이다. 미술사학자 후지하라 사다오(藤原貞朗)는 일본의 동양미술사가 어째서 동남아시아의 앙코르 유적이나 참파 유적 미술을 일본이 속해 있는 동아시아 문화권의 '외부'에 배치하는지, 식민주의 시대 이후에도 프랑스에서는 꾸준히 연구자가 배출되고 있는 데 반해 왜 일본에서는 탈식민주의 시대가 되었음에도 관련 연구자가 성장하지 못하는지 묻는다. 그 대답은 오늘날의 학문체계 내부에 여전히 식민지학의 전통이 잔존하고 있기 때문이라는 것이다.[7] 이 질문이 한국과는 비교할 수 없을 정도로 동남아시아 연구 성과를 양적·질적으로 쌓아온 일본 학계를 향하고 있다는 점은 매우 흥미롭다. 동남아시아와 교류의 역사가 길고 군사적 점령까지 했던 일본조차도 이 지역이 유럽 열강의 식민지였다는 이유로 학문적 연구 역시 식민지 분할의 판도를 따라야 하는 것처럼 인식하고 있다는 것을 암시하기 때문이다.

물론 직접적 원인은 무엇보다 식민지 체제의 해체 과정에서 경험했던 동남아시아 각지의 불안정한 정세와 비극적 역사이다. 게다가 인도차이나 지역을 반세기 이상 지배했던 프랑스의 연구자들이 이 지역 연구를 독점해온 데다가, 연구를 하려면 프랑스어를 반드시 습득해야 하는 것도 장애 요인이 되었다. 이 밖에도 후지하라는 크메르 미술에 대한 연구가 역사적으로 경원시되어온 배경으로 여전히 잔존하고 있는 식민주의를 꼽았다. 근대 아시아를 분할 통치했던 서구 열강과 일본제국의 식민정책을 각각 구분함으로써 오늘날 동남아시아와 동아시아의 문화적 차이를 강조하는 일본인의 인식 또한 강화되어왔다는 것이다. 그는 "앙코르 유적에서 이루어진 식민지 고고학의 양태를 일본이 관여했던 동아시아와는 구분되는 외부의 사건, 즉 타자의 사건으로 인식하는 것 자체"가 일본의 학문체계 내부에 "식민지학적 전통이 잔존하고 있는 증좌라는 것을 새삼 의식"해야 한다고 주장한다.[8] 일본제국이 참여했던 식민지학의 체계를 기준으로 일본제국의 외부에 대한 학문적 무관심이 지속되고 있다는 것이 그의 진단이다.

논의는 더 나아간다. 세계 각국은 식민지 분할 판도에 따라, "일본은 한반도와 중국 북부를, 프랑스는 인도차이나를, 네덜란드는 인도네시아를, 영국은 인도를 독점적 조사연구 영역으로 삼았"다. "한반도는 일본인 고고학자의 독무대이고, 앙코르는 프랑스 고고학의 독점 지역"이 되었다. "각국의 전문가들은 본국의 형편에 적합한 동양 개념을 창출하여" 학문적 편찬 작업을 추진했다. 심지어 오늘날 탈식민주의를 표방하는 경우에도 검토 범위는 과거의 식민지 판도를 크게 벗어나지 않는다. 결과적으로 "학계에서는 식민주의 시대의 정치 판도를 반복하는 상호 불간섭의 식민지화가 발생"하게 되었고, 제국주의가 구조화한 학문 영역의 구분과 연구가 아직까지도 재생산된다. 그래서 지금도 앙코르와트에 대한 연구는 프랑스가 주도하고, 일본 학자들은 한국을 주요 연구 대상으로 삼는다는 것이다.[9]

후지하라의 주장은 중국과 일본 이외의 아시아 지역에 대해 무관심했던 한국 사회에 대한 뼈아픈 비판으로 다가온다. 일본 식민지학의 대상이었던 한국에서는 해방 이후 모든 분야에서 탈식민화를 위한 노력이 치열하게 전개되었다. 그러나 일본 제국주의가 구축했던 지식체계를 해체하고 극복하는 것에 집중함으로써 한국 대 일본이라는 단선적 대립구도가 강화되었다. 그로 인해 결과적으로 일국주의적 인식이 강화되었고, 일본 제국주의가 구축한 거시적 지식체계에 대한 성찰과 비판은 소홀해졌다. 제국주의 국가였던 일본에 대해 제기되는 학문의 탈식민지화에 대한 질문으로부터 한국 역시 조금도 벗어날 수 없다. 한반도를 대상으로 하는 일본의 식민정책이나 근대적 학문체계를 극복하려면 일본제국의 판도에 포함된 지역 전체에 대한 지식과 정책을 시야에 넣어야 한다. 그것은 일본 제국주의에 의해 구축된 식민주의적 한국 지식을 입체적으로 성찰하기 위해서 반드시 필요하다.

한편, 식민지학적 전통의 영향 때문에 일본이 동남아시아, 구체적으로는 캄보디아를 타자 즉 서구의 연구 대상으로 설정하게 되었다는 후지하라의 의견에 완전히 동의하기는 어렵다. 일본은 근대로 진입하는 시기에 일찍이 아시아에 대한 영토적 팽창을 국가 발전을 위한 과업으로 설정했다. 태평양전쟁 기간에는 군사력을 앞세워 동남아시아 전역을 점령하기도 했다. 한반도와 만주, 중국은 물론이고 동남아시아와 인도, 호주에 이르는 광대한 영역이 이른바 '대동아공영권'으로 포괄되었다. 그 과정에서 일본은 해당 지역에 대한 정보 수집과 연구를 진행한 경험이 있고 각 지역에 대해 점령정책도 실시했다. 따라서 프랑스, 영국, 미국에 비해 일본의 동남아시아 연구에 부족한 점이 있다고 하더라도, 그것을 한국과 직접 비교하는 것은 타당하지 않다. 동남아시아에 대한 일본제국의 인식과 연구를 본격적으로 검토하기에 앞서 그와 같은 결정적 차이를 이해하는 것이 필요하다. 후지하라가 프랑스와 일본의 동남아시아 연구를 비교할 수 있는 이유는 두 나라 모두 제국주의 국가로서 동남아시아와 관계 맺은 역사가 있기 때문이다. 제국주의 국가들 사이에 구조화되어 있는 식민지적 학문구조에 대한 비판적 문제 제기인 것이다. 그러므로 일본의 식민지배를 받는 상태에서 동남아시아를 경험한 한국이 오늘날 동남아시아에 대해 보이는 태도와 인식은 식민지 종주국 일본과는 질적으로 다른 맥락에서 보아야 한다.

이렇게 해서 연구 주체와 연구 대상의 관계가 다시금 재생산된다. 일본은 (비록 서구 제국의 식민지 연구에 소극적이라고 하더라도) 서구 제국과 나란히 연구하는 주체이다. 식민지를 분할했듯이 구(舊) 제국들은 연구 대상 지역을 분할하며 오늘날에도 일본은 '일본제국의 판도'에 대한 연구를 주도한다. 반면, 한국은 식민지학의 구도에서는 동남아시아와 마찬가지로 연구되는 대상의 자리에 위치한다. 제국주의 시대는 과거가 되었지만 그것이 만들어놓은 학문의 전통은 재생산되고 있는 것이다.

제2차 세계대전 이후 한국 학계의 학문적 실천이 식민지학의 질서에 여전히 구속되어 있다는 것은 뼈아픈 비판이다. 일본 제국주의의 식민지였던 한국은 식민주의 학문의 구속에서 벗어나기 위해 노력했지만, 일본제국의 관점에서 구성된 학문체계를 극복하느라 식민주의 학문의 반사체라는 수동성을 탈피하기가 어려웠다. 식민주의의 거울 이미지에 갇혀버린 것이다. 그런 한계를 극복하려면 역사적 사실을 바탕으로 일본의 침략적 팽창 과정을 거시적 맥락에서 검토하고, 그 이념의 구성과 정책적 구체화 및 실행 과정을 검토해야 한다. 또한 시기에 따라 공간적으로 확장된 침략 대상지에 대해 일본 제국주의가 내걸었던 이념과 정책도 함께 고찰해야 한다. 그것을 통해 한국에 대한 일본 침략의 의미를 냉정하게 바라볼 수 있고, 오늘날 일본에서 집요하게 되살아나고 있는 침략전쟁 부인론과 식민지 시혜론의 역사적 배경을 이해할 수 있게 될 것이다.

일제강점기 조선에서는 일본의 정책과 시선을 따라 남양과 남방에 대한 관심이 형성되었다. 특히 태평양전쟁 동안 적지 않은 조선인들이 남양군도와 동남아시아 일대로 동원되었다. 조선인들은 일본 제국을 매개로 남양군도와 동남아시아와 깊은 관련을 맺게 되었지만, 해방 이후 이 지역에 대한 관심은 소실되었고 엄연한 역사적 사실에 대한 기억조차 단절되고 말았다.[10]

동남아시아는 각국 역사는 물론이고 주변국과의 상호관계 및 교류에서도 혼종적 성격이 두드러진다. 때문에 동남아시아에 대해서는 개별 국가의 역사와 문화를 이해하는 것도 필요하지만 동시에 이 일대를 전반적으로 포괄하는 광역 지역 연구의 관점, 전체로서의 동남아시아 지역사가 중요하다고 말한다. 20세기 후반 한국 역사학이

식민주의의 극복을 위해 분투해온 것을 감안하면 이상할 정도로 동남아시아에 대해서는 무관심에 가까운 태도를 보여왔다. 그 원인은 무엇보다 세계사적 급변 속에 긴박한 현실에 쫓기느라 주변을 둘러볼 여력이 없었기 때문이다. 21세기에 접어든 지금도 탈식민주의는 여전히 세계를 지배하는 현안으로 남아 있다. 강제동원이나 일본군 '위안부' 문제처럼 이른바 제국주의 지배가 만들어낸 '과거사'는 아직도 국가 간 갈등을 만들어내는 현재의 사안으로 남아 있다. 그런 조건 때문에 역사적 원인을 제공한 일본을 향해 시선이 집중되어 있었던 것이다.

해방 이후 탈식민주의에 매진하는 가운데 한국의 시선은 한반도와 일본에 집중되었다. 그로 인해 보다 광의의 맥락에서 한일관계나 탈식민지 문제를 바라보는 것에는 실패해왔다. 우리의 자기 이해를 지배하는 일국적 인식틀이 동남아시아의 역사에 접근하는 것을 어렵게 만들었다. 고대부터 현대에 이르기까지 선형적으로 체계화된 역사 이해를 공유하는 한국인들에게 동남아시아 역사는 상상해본 적 없는 복잡성과 다원성의 세계이기 때문이다. 그런데 냉전질서의 해체와 가속화된 세계화, 경제와 민주주의의 성장이라는 주·객관적 조건이 만나면서 동남아시아가 비로소 시야에 들어오게 되었다. 최근 한국과 동남아시아 사이의 접촉면이 빠르게 넓어지고 있다. 그렇지만 한국인들은 이 지역의 역사나 문화, 정치에 무지하다. 현실의 교류는 증대되고 있지만 같은 아시아인으로서의 동질감은 취약하다. 심지어 막연한 우월감을 품고 있는 경우도 어렵지 않게 볼 수 있다. 그런 인식은 무엇에 근거를 두고 있을까? 혹여 그 배경에 서구를 문명의 근거로 삼는 20세기 식민주의가 자리하는 것이라면, 일본 또는 서구의 시선을 그대로 내면화한 결과일 것이다. 공식적으로는 식민주의 질서가 종식되었지만 구 제국들의 인식과 관점이 여전히 지배력을 발휘한다.

한국사학계에 남아 있는 제국주의 식민지학의 영향 역시 무시하기 어렵다. 근대 일본의 팽창적 국가 전략은 한반도와 만주, 중국 대륙을 향한 북진을 주축으로 삼았고, 해양을 향한 남진을 보조축으로 운용했다. 그런데 북진의 첫 번째 희생양이 다름 아닌 한국이었기에 북방으로의 팽창을 주도했던 일본 육군의 시선으로 일본 제국주의를 바라보게 되었던 것이다. 한반도에 무게중심을 두고 침략해오는 일본제국을 대응하는 위치에서는, 일본 제국주의의 또 다른 침략방향인 남방을 시야에 넣기가 쉽지 않았다. 마치 뫼비우스의 띠처럼 식민주의가 만들어낸 인식구조가 탈식민주의를 위한 상상을 강하게 지배하고 있는 것이다. 그런 이유로 한국의 근대사는 한국과 일본, 또는 조금 확장해서 한국, 중국, 일본이라는 동아시아 범주를 넘어서기가 어려웠다. 탈식민주의 기치 아래 타이완과 동남아시아, 나아가 남양군도 지역과의 연대를 상상하기도 힘들었다.

그렇지만 20세기 말부터 한국에서도 다양한 학문 영역에서 동남아시아에 관심을 기울이고 있다. 역사학에서도 이 지역의 다원적이고 혼종적인 특성을 반영해서 '복수의 동남아시아' 연구가 이루어지기 시작했다.[11] 한국사 연구도 "비현실적이고 자기기만적인" 대륙 중심의 사고에서 벗어나야 하며 "대륙의 주변부에서 벗어나 동아시아의 중심부"가 되기 위해서 "해양적 사고"를 적극적으로 수용하자는 목소리도 나오고 있다.[12] 전근대 시기 한반도와 동남아 지역과의 교류와 접촉을 다루는 연구도 다수 발표되었다. 그 연장선에서 20세기의 식민주의 연구 역시 개시되고 있지만, 현지에서 생산된 1차 자료를 직접 검토하거나 지금까지 서구와 일본 학계에서 발표된 방대한 연구를 소화한 위에 더 진전된 사유로 나아가기에는 미흡한 점이 많다. '주변' 연구자로서[13] 동남아시아 연구자들은 궁지로 몰아넣는 선험적인 예단을 발휘할 우려도 여전히 크다.

근대 일본은 주변의 아시아 국가들을 국익을 위한 팽창 대상으로 보았다. 아시아에 위치한 일본은 스스로를 서구와 동일시하고 아시아를 비하하는 방식으로 자기 인식을 구성했다. 근대 일본이 구성하고 있는 역사적 정체성의 뿌리에는 근원적 '자기 부정'이 자리하고 있는 것이다. 그로 인해 일본은 아시아에 대해 이중적 태도를 취하게 되었다. '아시아와의 연대'를 내세웠지만 '침략'을 수단으로 하는 자가당착적 연대였고, 일본은 아시아를 지도하는 맹주로 설정되었다. '야만의 아시아'는 서구와 어깨를 나란히 하는 '문명국 일본'의 지도를 받아야 했다.

일본의 식민주의는 '탈아론'과 '아시아주의' 사이에서 끝없이 동요했다. 그러나 어느 쪽으로 기울든지 이웃한 아시아를 차별이나 지배의 대상으로 취급한 것은 마찬가지였다. 특히 서구 열강의 식민지였던 동남아시아는 일본에서 비교적 가까운 천연자원의 산지이면서 열강에 잠식된 비참한 지역이라고 인식했다. 19세기 말 이래 이 지역에 대한 일본의 대응 원칙은 열강의 식민지 체제를 승인하되 자국의 경제적 이익을 최대한 추구한다는 것이었다.

군국주의가 일본의 아시아 정책을 주도하는 가운데, 육군과 해군은 경쟁적으로 대외정책에 대한 영향력을 키웠다. 일본 육군과 해군 사이에 대륙과 해양 어느 방향을 우선할지, 군사적 방법과 경제적 방법 중에서 어떤 것을 사용할지를 둘러싼 대립과 갈등이 있었지만 제국 일본의 지배 권역을 넓히고 배타적인 국익을 추구했다는 점에서는 차이가 없었다. 대륙 침략은 육군이 주도했다. 해군은 육군과 경쟁하면서 남쪽 해양으로 진출할 것을 주장했다. 한반도와 만주를 침략하고 일차적으로 러시아에 맞서야 한다는 '북진론'과 해군력을 강화하고 해양으로 진출해서 자원을 확보하고 장기적으로 미국을 견제해야 한다는 '남진론'이 각축했다. 그 와중에도 일본 군부는 팽창적 군국주의를 공유하며 '남북병진'의 형태로 대외 침략을 확대했고, 최종적으로는 태평양전쟁을 일으켰다. 그러므로 남진론의 내용과 변화, 그 의미는 북진론 및 북진정책과의 관계 안에서 더욱 선명하게 드러난다.

남양이나 남방에 대한 인식은 '남진'이라는 팽창 이데올로기에 의해 규정되었다. 그 방법이 경제적인 것이든 군사력을 동원한 것이든 일본이 지배하는 세력권으로서 설정된 영역이었다. 그런 점에서 남양이나 남방은 객관적이고 중립적인 공간이라기보다는 일본 제국주의의 팽창 이데올로기와 그것을 실현하기 위해 설정된 정책에 의해 구성되었다. 그러므로 해당 영역의 범위나 성격, 일본과의 관계는 시국의 변화에 따라 유동했다. 동남아시아와 밀접하게 관련되어 있는 이데올로기로서의 '남진론'은 일본 정부의 '남진정책'과 군부의 '남진 작전'으로 현실화되었으며, 구체적인 정책은 다시 남진론의 내용을 재규정했다.

일본의 동아시아 공격은 '대동아권'이라는 거창하고도 공허한 이념 아래 진행되었다. '아시아 해방'이라는 기치는 침략과 지배의 과정에서 일본 스스로에 의해 부정되었다. 하지만 일본인과 식민지민을 광범하게 선동하고 동원하기 위한 이데올로기로 널리 활용되었으며, 서구 열강의 식민지배에서 벗어나고자 독립의 열망을 품었던 동남아시아 민중을 기만했다.

메이지유신 이래 일본에서는 서구 열강을 모방하여 아시아 각지에 대한 세력 팽창을 도모하면서도 일본의 주도로 아시아가 연대하여 서구의 침략을 막아내자는 설득의 논리가 병존했다. 그것은 제1차 세계대전 말에 '아시아 문제는 아시아인에게 맡기라'고 하는 '아시아 먼로주의'의 형태로 재등장했다. 하지만 실질적으로는 아시아에 대한 일본의 특수이익을 보장받기 위한 명분에 지나지 않았으며, 중국의 5·4운동, 미국의 반대 등으로 실현될 수 없었다. 잠복해 있던 '아시아 먼로주의'는 1930년대 전반 일본이 국제연맹을 탈퇴한 시점에 다시 부상했다. 차이가 있다면 제1차 세계대전을 전후한 시점에서는 서구 열강과의 협조를 전제로 했던 데 반해, 1930년대에는 서구 열강과 대결하는 상황으로 바뀌었다는 점이다. 아시아에 대한 일본의 특수이익을 위해 내건 '아시아 먼로주의'는 국제관계의 변화에 따라 반복해서 호출되다가 중일전쟁 이후에는 마침내 '대동아공영권'이라는 형태로 가시화되었다. '대동아공영권'이라는 이데올로기는 태평양전쟁의 광기 속에서 즉흥적으로 만들어진 것이 아니었다. 침략과 연대의 모순적 결합으로 이루어져 있는 이 이념은 일본이 군국주의적 팽창을 도모하는 과정에서 뿌리를 내리고 자라났던 것이다.

"대동아공영권 사상은 어떤 의미에서는 아시아주의의 귀결점이지만 다른 의미에서는 아시아주의에서의 일탈 내지 편향이다"[14] 전후 일본에서 아시아주의 연구를 출발시킨 다케우치 요시미(竹内好,

1910~1977)가 1963년에 쓴 글이다. 여기서 다케우치가 말하고자 한 것은 "사상이란 생산적이지 않고는 사상이라 할 수 없"으므로 "무엇 하나 낳은 게 없"는 내용 없는 '대동아공영권'은 '사상'이 아니라는 것, 그것은 "아시아주의를 포함한 일체의 '사상'을 압살하고 그 위에 성립시킨 의사 사상"이라는 것이다. 그는 아시아주의는 객관적으로 한정할 수 있는 독립적인 사상이 아니라 특정한 사상에 부착된 '일종 의 경향성'이라고 보았다. 그의 의도는 "아시아 나라들의 연대(침략 을 수단으로 삼건 삼지 않건 간에)를 지향했다는 공통점만큼은 인정해 야" 하며, 그것이 "최소한도로 규정된 아시아주의의 속성"이라는 것 을 말하려는 것이었다. 그런 점에서 '대동아공영권'은 "아시아주의 무사상화의 극한"이라고 보았다.[15]

다케우치가 아시아주의를 불러낸 이유는 그것이 일본이 걸어온 잘못된 근대화의 길을 재평가하기 위한 '방법'이 될 수 있다고 보았 기 때문이다. 비록 일본에서 지배와 패권의 아시아주의가 득세했지 만, 아시아주의에 내재해 있는 '아시아 연대감'을 환기함으로써 일본 근대사에 대한 반성과 새로운 아시아를 모색해보고자 했던 것이다. 그러나 일본은 아시아에 대해 '대동아공영권'이라는 '겉보기에는 너 무나 숭고한 이념'을 제시했지만 현실에서는 서구 열강을 대신하는 새로운 지배자로 군림하며 침략적 전쟁을 밀어붙였다.[16] 다케우치가 제기했듯이 아시아에서 탈식민주의란 그런 역사적 유산을 극복하고 '협력과 연대'를 다시 상상할 수 있게 되는 것을 의미할 것이다. 하지 만 그런 아시아주의를 낙관하기에는 역사를 바라보는 일본인과 아 시아인들의 인식 사이에는 봉합되기 쉽지 않은 균열이 여전히 강고 하게 존재하고 있다.

프롤로그 일본 제국주의의 또 다른 침략, 남진과 대동아공영권

1   山本達郎, 1933, 「東西洋という呼称の起原に就いて」, 『東洋學報』, p. 128.

2   『국립국어원 표준국어대사전』(stdict.korean.go.kr/main/main.do).

3   유인선, 2010, 「일본에서의 동남아시아사(史) 연구 동향, 1990~2007」, 『동양사학연구』 110, 340쪽.

4   『조선일보』, 1937년 5월 25일, 「동남아세아(東南亞細亞)에서 일영(日英) 양국(兩國) 항쟁」.

5   舟越康壽, 1943, 『東南アジア文化圈史』, 三省堂의 목차.

6   『조선일보』, 1940년 6월 22일, 「남양국(南洋局)과 남방국(南方局)」.

7   板沢武雄, 1942, 『南方圈文化史講話』, 盛林堂書店, p. 1.

8   矢野暢, 2009, 『南進'の系譜』, 千倉書房, p. 93. 야노 도루는 메이지 시기에 형성된 이데올로기적 남진론과 일본인들의 역사적 남양 진출 또는 남방 관여를 구분했다.

9   지금은 중국 측 관행에 따라 '臺北'을 '타이베이'라고 읽는 것이 보통이다. 하지만 전전(戰前) 일본 식민지 통치 시기에는 일본식 발음인 '다이호쿠'라고 했으며, 전후(戰後)에도 일본에서는 꽤 오랫동안 '다이호쿠'라고 불렸다. 이 글에서는 전전의 사정을 서술하고 있으므로 당시의 관행에 따라 '다이호쿠제국대학'이라는 호칭을 사용했다.

제1부 일본 제국주의의 '남진론'

1장 메이지유신 전후의 '남양' 인식

1   上野隆生, 2008, 「近代日本外交史'北進'と'南進'」, 『和光大學現代人間學部紀要』 1, 和光大學現代人間學部, pp. 106-108.

2   外務省外交史料館日本外交辭典編纂委員會 編, 1992, 『日本外交史辭典』, 山川出版社, p. 668.

3   清水元, 1983, 「大正初期における'南進論'の一考察」, 『アジア研究』 30巻 1號, p. 5.

4   1862년 9월 14일 요코하마(橫浜)의 나마무기(生麦) 마을을 지나던 사쓰마번의 최고실력자 시마즈 히사미쓰(島津久光)의 행렬에 말을 탄 영국인들이 난입하자 호위하던 무사들이 그들을 살해한 사건을 '나마무기 사건'이라고 부른다. 영국은 막부와 사쓰마번에 각각 사죄와 배상을 요구했는데, 막부는 응한 반면에 사쓰마번은 거절했다.

5   이 전쟁에는 후일 일본 해군의 수뇌가 되는 니레 가게노리(仁禮景範, 1831~1900, 31세),

이토 스케유키(伊東祐亨, 1843~1914, 19세), 이노우에 요시카(井上良馨, 1845~1929, 17세), 도고 헤이하치로(東鄕平八郎, 1848~1934, 14세), 야마모토 곤베(山本權兵衛, 1852~1933, 10세) 등이 실전에 참가했다. 사쓰마번 출신 이토 스케유키는 육군의 야마가타 아리토모(山縣有朋, 1838~1922)와 어깨를 나란히 하는 해군의 중진으로서, 해군 내부에 번벌 세력을 키운 사쓰마번의 장로 역할을 했다(松野良寅, 1978, 「薩の海軍と米沢」, 『英學史硏究』 10, pp. 77-80).

6   松野良寅, 위의 논문, pp. 79-85.

7   古屋哲夫, 1994, 「アジア主義とその周辺」, 『近代日本のアジア認識』, 京都大學人文科學硏究所, pp. 4-47.

8   淸水元, 1983, 앞의 논문, p. 4.

9   「JACAR(アジア歷史資料センター)Ref.C14061024300, 日本帝國の國防方針 明40(防衛省防衛硏究所)」.

10   淸水元, 1983, 앞의 논문, p. 4.

11   後藤乾一, 2015, 『近代日本と東南アジア: 南進の'衝擊'と'遺産'』, 岩波書店, pp. 4-7.

12   矢野暢, 2009, 『'南進'の系譜』, 千倉書房, p. 41.

13   正田健一郎 編, 1978, 『近代日本の東南アジア觀』, アジア經濟硏究所, pp. 72-85; 矢野暢, 2009, 『'南進'の系譜』, 千倉書房, pp. 165-322; 淸水元, 1983, 앞의 논문, p. 1.

14   後藤乾一, 2013, 「(講演會)アジア太平洋戰爭と東南アジア」, 『外交史料館報』 27, pp. 4-6.

15   위의 논문, p. 5.

16   等松春夫, 2015, 『日本帝國と委任統治』, 名古屋大學出版會, p. 144.

17   채수도, 2013, 「대동아공영권 구상과 지정학적 사고: 일본지정학에 대한 분석을 중심으로」, 『일본문화연구』 48, 420쪽.

18   吉田松陰, 1933, 『吉田松陰先生幽囚錄: 訓註』, 山口縣敎育會, pp. 39-40.

19   正田健一郎 編, 1978, 『近代日本の東南アジア觀』, アジア經濟硏究所, p. 72.

20   유인선, 2010, 「일본에서의 동남아시아사(史) 연구 동향, 1990~2007」, 『동양사학연구』 110, 344쪽.

21   正田健一郎 編, 1978, 앞의 책, pp. 72-73.

22   上野隆生, 2008, 앞의 논문, p. 112.

23   正田健一郎 編, 1978, 앞의 책, pp. 79-80.

24   위의 책, pp. 6-7.

25   古屋哲夫, 1994, 앞의 논문, pp. 4-47

26   上野隆生, 2008, 앞의 논문, p. 112.

2장 남양군도 점령과 남북병진론

1   農商務省商務局, 1912, 『日本對南洋貿易大勢』, 農商務省商務局, p. 1(淸水元, 1983, 「大正初期における'南進論'の一考察」, 『アジア硏究』 30卷 1號, p. 6에서 재인용).

2 　이노우에 마사지(井上雅二, 1877~1947)는 효고현(兵庫縣) 출신으로, 해군병학교 등에서 수학했으며, 1899년 도쿄전문학교를 졸업했다. 빈대학, 베를린대학 등지에서 수학했다. 1904년 한국으로 와서 재정고문을 돕는 재무관, 궁내부 서기관으로 일했다. 1911년 남아공사(南亞公司)를 만들고 상무이사로 취임했다. 1915년 남양협회 창립에 적극 참여하여 이사로 취임했다. 1924년 해외흥업 사장, 중의원 의원이 되었다. 일본에서 대표적인 남진론자로서 동남아시아 지역에서 직접 사업에 종사했으며, 해외 식민사업에 관한 많은 저서를 남겼다.

3 　이노우에 마사지, 정병호 옮김, 2021, 『남양·남방의 일반 개념과 우리들의 각오』, 보고사, 33쪽.

4 　남양군도가 포함되어 있는 미크로네시아(마이크로네시아)를 비롯해서 적도를 중심으로 넓게 펼쳐져 있는 (남)태평양의 공간 구분에 대해서는 다음 설명이 참고할 만하다. "남태평양은 지구 전체 면적의 약 3분의 1(1억 6,500만km²)에 해당한다. 남태평양의 범위는 다소 애매하지만 '태평양에서 적도를 중심으로 그 주위에 넓게 펼쳐진 지역'쯤으로 정의할 수 있다. 프랑스의 지리학자이며 탐험가인 드빌(Dumont d'Urville)의 분류 기준에 따라 멜라네시아, 마이크로네시아, 폴리네시아로 구분된다. 북쪽 마이크로네시아 지역은 팔라우·나우루·마이크로네시아·마셜군도·키리바시 등의 국가를 포함하며, 남서쪽 멜라네시아에는 파푸아뉴기니·솔로몬군도·바누아투·피지 등이 있고, 남동쪽 폴리네시아에는 사모아·통가·투발루 등의 국가가 분포된다. 그리스에서 기원하는 '네시아(-nesia)'는 '섬'이라는 뜻이다. 마이크로네시아는 '작은 섬', 폴리네시아는 '다양한 섬', 멜라네시아는 '검은 섬'인 셈인데, 이 구분도 모호하기는 마찬가지다"(박재아, 2017년 8월 17일, 「세상에서 가장 큰 바다, 남태평양을 정복한 사람들」, 『한국일보』).

5 　김명환, 2009, 「식민지 시기 조선인의 남양군도 이주 실태(1914~1938)」, 『한일민족문제연구』 16, 14-16쪽.

6 　井上亮, 2015, 『忘れられた島々 「南洋群島」の現代史』, 平凡社, pp. 64-69.

7 　위의 책, pp. 69-72.

8 　조성윤, 2010, 「제국 일본의 남양군도 지배와 연구 동향」, 『탐라문화』 제37집, 제주대학교 탐라문화연구소, 129쪽.

9 　淸水元, 1983, 「大正初期における'南進論'の一考察」, 『アジア研究』 30권 1號, p. 27.

10 　神保文治, 1915, 『南洋の寶庫: 踏査研究』, 實業之日本社, p. 10.

11 　위의 책, p. 27.

12 　위의 책, p. 28.

13 　淸水元, 1983, 앞의 논문, p. 28.

14 　위의 논문, p. 4.

15 　山田毅一, 1916, 『南進策と小笠原群島』, 放天義塾, pp. 250-251(위의 논문, p. 40에서 재인용).

16 　위의 논문, pp. 39-45.

17 　副島八十六, 1916, 『帝國南進策』, 民友社, p. 30.

18 이노우에 마사지, 2021, 앞의 책, 20쪽.

19 위의 책, 32쪽.

20 淸水元, 1983, 앞의 논문, p. 41.

21 위의 논문, pp. 41-44.

22 『조선일보』, 1923년 6월 29일, 「남양학교(南洋學校) 개교(開校)」.

23 상하이지국(上海支局) 특파원(特派員) 성완생(成完生)이 「남양행(南洋行)」이라는 제목
    의 기사를 1923년 12월 16일부터 1924년 1월 16일까지 14회에 걸쳐 『조선일보』에 연
    재했다(1923년 12월 16일; 1923년 12월 17일; 1923년 12월 18일; 1923년 12월 19일;
    1923년 12월 20일; 1924년 1월 8일; 1924년 1월 9일; 1924년 1월 10일; 1924년 1월 11일;
    1924년 1월 12일; 1924년 1월 13일; 1924년 1월 14일; 1924년 1월 15일; 1924년 1월
    16일).

24 정일성, 2005, 『도쿠토미 소호: 일본 군국주의의 괴벨스』, 지식산업사, 5-12쪽.

25 도쿠토미 소호(德富蘇峰, 1863～1957)는 1910년대에서 1920년대에 걸쳐 『고쿠민신문
    (國民新聞)』에 연재물을 발표하고 그것을 단행본으로 간행했다. 『시무일가언(時務一家
    言)』(1913. 12.), 『다이쇼 정국사론(大正政局史論)』(1916. 3.), 『세계의 변국(世界の變局)』
    (1916. 7.), 『다이쇼의 청년과 제국의 전도(大正の靑年と帝國の前途)』(1916. 11.), 『대
    전 후의 세계와 일본(大戰後の世界と日本)』(1920. 10.), 『국민자각론(國民自覺論)』(1923.
    4.), 『야마토 민족의 각성(大和民族の醒覺)』(1924. 7.) 등이다.

26 淸水元, 1983, 앞의 논문, pp. 44-45.

27 위의 논문, pp. 44-45.

28 德富蘇峰, 1913, 『時務一家言』, 民友社, p. 293.

29 위의 책, pp. 299-300.

30 위의 책, p. 282.

31 위의 책, p. 296.

32 위의 책, p. 300.

33 위의 책, p. 317.

34 위의 책, p. 296.

35 위의 책, p. 317.

36 梅津順一, 2006, 「德富蘇峰と'力の福音'」, 『聖學院大學論叢』 19(1), pp. 24-25.

37 德富蘇峰, 1913, 앞의 책, p. 297.

38 위의 책, pp. 472-473.

39 요네하라 겐, 2008, 「4개의 전쟁과 일본 내셔널리즘의 변용」, 『한국문학』 41, 125-126쪽.

40 德富蘇峰, 1916, 『大正の靑年と帝國の前途』, 民友社, pp. 401-412.

41 위의 책, p. 402.

42 위의 책, pp. 403-404.

43 요네하라 겐, 앞의 논문, 127쪽.

44 德富蘇峰, 1916, p. 386.

45 淸水元, 1983, 앞의 논문, p. 49.

46 위의 논문, p. 51.

47 德富蘇峰, 1916, 앞의 책, p. 644.

48 위의 책, p. 588.

49 德富蘇峰, 1913, 앞의 책, p. 493.

50 정일성, 2005, 앞의 책, 192-194쪽.

제2부 '대동아공영권'과 동남아시아

3장 일본의 동남아시아 침공과 점령정책

1 井上壽一, 2006, 『アジア主義を問い直す』, ちくま親書, pp. 57-67. 이시하라 간지(石原莞爾) 등 육군 수뇌부는 만주사변 직후 국제사회의 반응을 살피하면서 '만몽영유론'을 포기하고 별도의 독립국가를 세우는 안으로 전환하게 된다.

2 위의 책, pp. 72-73.

3 「滿蒙問題私見」(1931. 5.), 『石原莞爾資料』, p. 78(上野隆生, 2008, 「近代日本外交史'北進'と'南進'」, 『和光大學現代人間學部紀要』1, 和光大學現代人間學部, p. 108에서 재인용).

4 角田順 編, 1967, 『石原莞爾資料 國防論策 編』, 原書房(쿠로노 타에루, 최종호 옮김, 2015, 『참모본부와 육군대학교』, 논형, 176쪽에서 재인용).

5 等松春夫, 2015, 『日本帝國と委任統治』, 名古屋大學出版會, p. 144.

6 井上亮, 2015, 앞의 책, 84-86쪽.

7 『조선일보』, 1933년 10월 31일, 「종려수(棕櫚樹) 욱어진 곳 이백동포(二百同胞) 최근 소식(1)」.

8 等松春夫, 2015, 앞의 책, p. 5.

9 위의 책, pp. 143-144.

10 쿠로노 타에루, 2015, 앞의 책, 177-178쪽. 5상회의는 내각총리대신, 육군대신, 해군대신, 대장대신, 외무대신 등 5개 부처 각료가 참석하는 회의로, 주로 육군과 해군의 군사행동에 관해 협의하고 거기에 필요한 재정정책이나 외교정책을 의논하기 위해 대장대신과 외무대신이 출석했다.

11 桂川光正, 1980, 「東亞聯盟論の成立と展開」, 『士林』63(5), p. 806.

12 「國策ノ基準」, 公文書館アジア歷史資料センタ(www.jacar.archives.go.jp/das/image/B02030157900).

13 위와 같음.

14 『조선일보』, 1936년 11월 29일, 「북수남진론(北守南進論)」.

15 『조선일보』, 1937년 4월 13일, 「평화적(平和的) 남진론(南進論), 구와시마(桑島) 화란(和蘭) 공사(公使) 헌언(獻言)」.

16 桂川光正, 1980,「東亞聯盟論の成立と展開」,『士林』63(5), p. 809.

17 上野隆生, 2008, 앞의 논문, p. 109.

18 쿠로노 타에루, 2015, 앞의 책, 205쪽.

19 「東亞新秩序建設の聲明」(1938. 11. 3.),「JACAR(アジア歷史資料センター)Ref. B02030031600, 外務大臣(其ノ他) ノ演說及声明集 第三卷(A-1-0-0-12_003)(外務省外交史料館)」.

20 「日支新關係調整方針」(1938. 11. 30.),「JACAR(アジア歷史資料センター)Ref. B02030518900, 支那事變關係一件 第三卷(A-1-1-0-30_003)(外務省外交史料館)」.

21 正田健一郎 編, 1978,『近代日本の東南アジア觀』, アジア經濟研究所, pp. 20-22.

22 有賀定彦, 1986,「'北進'論と'南進'論」,『東南アジア研究年報』28, 長崎大學東南アジア研究所, p. 88.

23 쿠로노 타에루, 2015, 앞의 책, 203쪽.

24 『조선일보』, 1940년 6월 22일,「남양국(南洋局)과 남방국(南方局)」.

25 쿠로노 타에루, 2015, 앞의 책, 204쪽.

26 이마가와 에이치, 이흥배 옮김, 2011,『동남아시아 현대사와 세계 열강의 자본주의 팽창』(상), 이채, 213-215쪽.

27 호사카 마사야스, 정선태 옮김, 2016,『쇼와 육군』, 글항아리, 341쪽. 만주사변(1931), 노몬한 사건(1939)과 더불어 1940년의 이 사건을 쇼와 육군의 '3대 하극상' 사건이라고 부른다.

28 '대본영정부연락회의(大本營政府連絡會議)'는 전시기 대본영과 정부의 소통과 협의를 원활하게 하기 위해 1937년 11월에 설치된 기구이다. 중요 안건에 대해서는 '천황'이 임석하는 '어전회의(御前會議)'를 겸해서 열리기도 했다. 그런 경우는 '대본영정부연락회의(어전회의)'로 표기했다. '어전회의'는 개전 등 중대한 국사를 결정하기 위해 개최되었는데, '천황'의 출석으로 그 결정에 최고권위가 부여되었다. 전쟁이 장기화되면서 군부의 독자적 지위가 강화되는 한편으로 육군과 해군 사이의 대립이 심화되자, 총리대신의 발언권을 강화하기 위해 1944년 7월에 '대본영정부연락회의'를 폐지하고 '최고전쟁지도회의'를 설치했다.

29 「JACAR(アジア歷史資料センター)Ref.C12120201400, 對佛印泰施策要綱 連絡會議議事錄 昭和 16年 1月 30日(防衛省防衛研究所)」.

30 이마가와 에이치, 2011, 앞의 책, 162-166쪽.

31 (1941年) 4月 17日 大本營陸海軍部槪定,「對南方施策要綱」, 外務省 編, 1965,『日本外交年表竝主要文書』(下), 原書房, pp. 495-496.

32 「JACAR(アジア歷史資料センター)Ref.C12120202400, 南方施策促進に關する件 連絡會議議事錄 昭和 16年 6月 25日(防衛省防衛研究所)」.

33 호사카 마사야스, 2016, 앞의 책, 350-351쪽.

34 쿠로노 타에루, 2015, 앞의 책, 210-215쪽.

35 제1차 '일란회상(日蘭會商)'이라고 하며, 1934년 6월부터 12월 사이에 진행되었다.

36 「南洋拓植株式會社令」, 國立公文書館デジタルアーカイブ(www.digital.archives.go.jp/DAS/meta/listPhoto?LANG=default&BID=F0000000000000034414&ID=&TYPE=).

37 正田健一郎 編, 1978, 앞의 책, p. 21.

38 「石澤・ハルト協定」(日蘭通商仮協定, 1937. 4. 9.), 『日本外交年表竝主要文書』下卷, 外務省, pp. 358-360.

39 籠谷直人, 1998, 「日蘭會商(1934年 6月∼38年 初頭)の歷史的意義: オランダの帝國主義的アジア秩序と日本の協調外交」, 『人文學報』81, 京都大學人文科學研究所, pp. 1-46.

40 上野隆生, 2008, 앞의 논문, p. 115.

41 後藤乾一, 2013, 앞의 논문, pp. 8-9.

42 위의 논문, p. 9.

43 「昭和 15年 7月 27日 世界情勢の推移に伴ふ時局處理要綱」, 「JACAR(アジア歷史資料センター)Ref.C12120237300, 重要國策決定綴 卷1 大本營政府連絡會議々事錄 其の1 其の2と同じである 昭和 15年 7月∼16年 12月(防衛省防衛研究所)」.

44 「第二次對外施策方針要綱(案)」(1940. 4. 22.), 「JACAR(アジア歷史資料センター)Ref.B02030012300, 帝國ノ對外政策關 第一卷(A-1-0-0-6_001)(外務省外交史料館)」.

45 제2차 '일란회상'이라고 하며, 1940년 9월부터 1941년 6월까지 9개월간 진행되었다.

46 「對蘭印經濟發展の爲の施策」(1940. 10. 25.), 『對南方發展施策ニ關スル件』, (日本)國立公文書館 所藏.

47 後藤乾一, 2013, 앞의 논문, pp. 9-10.

48 「帝國國策遂行要領 昭和 16年 9月 6日」, 「JACAR(アジア歷史資料センター)Ref.C12120208100, 重要國策決定綴 其1 昭和 15年 7月 27日∼16年 12月 6日(防衛省防衛研究所)」.

49 「帝國國策遂行要領 昭和 16年 11月 1日」, 「JACAR(アジア歷史資料センター)Ref.C12120208900, 重要國策決定綴 其1 昭和 15年 7月 27日∼16年 12月 6日(防衛省防衛研究所)」.

50 「南方占領地行政實施要領」(大本營政府連絡會議決定, 1941. 11. 20.), 「JACAR(アジア歷史資料センター)Ref.C12120152100, 占領地行政に關する決定綴 昭和 16年 11月∼昭和 18年 3月(防衛省防衛研究所)」.

51 佐藤元英, 2013, 「對米宣獨戰布告と日・タイ軍事協定問題」, 『中央大學政策文化總合研究所年報』第17號, p. 89.

52 자오리성・우화, 한국학술정보출판번역팀 옮김, 2016, 『일본의 남방 작전과 태평양 전역』1, 한국학술정보, 25-28쪽, 75-80쪽.

53 이마가와 에이치, 2011, 앞의 책, 228쪽.

54 佐藤元英, 2013, 앞의 논문, p. 89.

55 쿠로노 타에쿠, 2015, 앞의 책, 218-212쪽.

56 남방군(南方軍)은 1941년 11월 5일 동남아시아의 육군을 총괄하는 총군(総軍)으로서 일본 도쿄에서 편성되었다. 태평양전쟁 개전 뒤인 1942년 9월에 총사령부를 싱가포르로

옮겼으며, 그 뒤 1944년 4월 5일 마닐라, 같은 해 5월 11일 사이공(지금의 호찌민)으로
이전했다. 종전 뒤에는 동남아시아 연합국최고사령부 소재지인 싱가포르로 옮겼으며,
1946년 3월 15일에는 영국령 말라야반도 최남단의 조호르바루(Johor Baharu)로 이전
해 현지 일본인의 귀국 업무를 진행했다(출처: アジア歷史資料センタ―의 アジ歷グロッサ
リ―, www.jacar.go.jp/glossary/term/0100-0040-0150-0010- 0010.html).

57 호사카 마사야스, 2016, 앞의 책, 451-454쪽; 자오리성 · 우화, 2016, 앞의 책, 39-60쪽.

58 최병욱, 2016, 『동남아시아사: 민족주의 시대』, 산인, 80-83쪽. 영국령 말라야에서 싱가
　　포르를 제외한 영역이 뒷날 말레이시아가 되었다.

59 『매일신보』, 1942년 2월 16일, 「사설: 신가파수함락(新嘉坡遂陷落)」.

60 노천명, 1942년 2월 19일, 「씽가폴 함락」, 『매일신보』.

61 「昭南特別市」, 『アジ歷グロッサリ―』(アジア歷史資料センタ―, www.jacar.go.jp/glossa-
　　ry/term2/0050-0080-0050-0010.html); 최병욱, 2016, 앞의 책, 89쪽.

62 최병욱, 위의 책, 89쪽; 호사카 마사야스, 2016, 앞의 책, 461-468쪽; 클라이브 크리스티
　　편저, 노영순 옮김, 2004, 『20세기 동남아시아의 역사』, 심산문화, 172-175쪽.

63 이마가와 에이치, 2011, 앞의 책, 231쪽.

64 후지와라 아키라, 서영식 옮김, 2012, 『일본군사사(상) 전전편(戰前編)』, 제이앤씨,
　　314쪽.

65 이마가와 에이치, 2011, 앞의 책, 234쪽.

66 최병욱, 2016, 앞의 책, 28-29쪽

67 위의 책, 28-29쪽; 클라이브 크리스티 편저, 2004, 앞의 책, 193-194쪽; 이마가와 에이치,
　　2011, 앞의 책, 252쪽; 호사카 마사야스, 2016, 앞의 책, 600쪽.

68 최병욱, 2016, 앞의 책, 38-39쪽; 이마가와 에이치, 2011, 앞의 책, 252-253쪽.

69 최병욱, 2016, 앞의 책, 47-48쪽.

70 佐藤元英, 2013, 앞의 논문, p. 89.

71 E · ブルース · レイノルズ, 1999, 「帝國陸軍と日泰同盟」, 『防衛研究所戰史剖年報』 第2號, p.
　　73.

72 최병욱, 2016, 앞의 책, 62-63쪽.

73 「日本國タイ國間同盟條約」(1941. 12. 21.), 『日本國, 「タイ」條國間同盟條約 · 御署名原本 ·
　　昭和十六年 · 條約第二〇號」, (日本)國立公文書館デジタルアーカイブ.

74 이마가와 에이치, 2011, 앞의 책, 229쪽. 일본이 패전한 8월 16일 타이 정부는 일본과 체
　　결한 동맹조약은 일본에 의해 강제된 것이라며 대영미 선전포고를 무효라고 공포했다.

75 위의 책, 230쪽.

76 최병욱, 2016, 앞의 책, 72-73쪽; 이마가와 에이치, 2011, 앞의 책, 242쪽.

77 배동선, 2018, 『수카르노와 인도네시아 현대사』, 아모르문디, 43-49쪽; 이마가와 에이치,
　　2011, 앞의 책, 229-230쪽.

78 이마가와 에이치, 위의 책, 229-230쪽; 최병욱, 2016, 앞의 책, 109-110쪽; 배동선, 2018,
　　앞의 책, 48-49쪽.

79 권오신, 2006,「태평양전쟁기 일본의 필리핀 점령과 지배: "대동아공영권"의 그림자」, 『아시아연구』9(2), 75-76쪽. '미 극동군'은 맥아더 사령관이 이끄는 미국군으로, 1941년 7월 26일 필리핀 정규군과 예비군도 여기에 통합되었다.

80 위의 논문, 77-78쪽; 최병욱, 2016, 앞의 책, 122-123쪽; 이마가와 에이치, 2011, 앞의 책, 229쪽.

81 클라이브 크리스티 편저, 2004, 앞의 책, 141쪽.

82 권오신, 2006, 앞의 논문, 89-92쪽.

83 이마가와 에이치, 2011, 앞의 책, 242-234쪽; 호사카 마사야스, 2016, 앞의 책, 600쪽.

84 이마가와 에이치, 2011, 앞의 책, 153-201쪽.

85 「南方占領地行政實施要領」(大本營政府連絡會議決定, 1941. 11. 20.)「JACAR(アジア歴史資料センター)Ref.C12120152100, 占領地行政に關する決定綴 昭和 16年 11月～昭和 18年 3月(防衛省防衛研究所)」.

86 後藤乾一, 2013, 앞의 논문, pp. 11-13; 後藤乾一, 1995,『近代日本と東南アジア: 南進の'衝撃'と'遺産'』, 岩波書店, pp. 186-207.

87 「大東亞政略指導大綱」(1943. 5. 31.),『56, 昭和 18年 5月 29日 南方甲地域經濟對策要綱 57, 大東亞政略指導大綱 58, 當面の對「ソ」施策に關する件』, (日本)防衛省防衛研究所.

88 小林英夫, 1975,『「大東亞共營圈」の形成と崩壞』, お茶の水書房. pp. 389-411.

89 권오신, 2006, 앞의 논문, 81-87쪽.

90 矢野暢, 2009,『'南進'の系譜』, 千倉書房, pp. 119～120; 後藤乾一, 1995, 앞의 책, pp. 299-336; 後藤乾一, 2013, 앞의 논문, pp. 13-16.

91 배동선, 2018, 앞의 책, 49-58쪽.

92 링구아 프랑카(lingua franca)는 서로 다른 모어를 사용하는 화자들이 의사소통을 하기 위해 공통어(共通語)로 사용하는 제3의 언어(때로는 특정 집단의 모어)를 말한다. 이것은 국가나 단체에서 공식적으로 정한 언어를 뜻하는 공용어(公用語)와는 다른 개념이다.

93 後藤乾一, 2013, 앞의 논문, pp. 14-15.

94 일본 패전 2일 뒤 발포된 인도네시아의 1945년 헌법은 연방제가 아니라 단일 공화국 체제를 채택했는데, 고토 겐이치(後藤乾一)는 그것을 일본군 점령 시기의 분할 통치에 대한 강력한 안티테제라고 해석했다.

95 後藤乾一, 2013, 앞의 논문, pp. 14-15.

96 호사카 마사야스, 2016, 앞의 책, 444-446쪽.

97 김영수, 2019,「인도네시아 위안부 약사(略史)」, 쁘라무디야 아난따 뚜르, 김영수 옮김, 『인도네시아의 '위안부' 이야기: 일본군에 의해 부루(Buru)섬에 갇힌 여인들의 삶』, 동쪽나라, 283쪽.

98 위의 책, 21-274쪽.

4장 '대동아공영권' 구상과 파탄

1 矢野暢, 2009, 『'南進'の系譜』, 千倉書房, p. 115.

2 이형식, 2018, 「'내파(內破)'하는 '대동아공영권'」, 『사총(史叢)』 93, 80-81쪽.

3 「帝國ノ大東亞新秩序建設ノ声明ニ對スル米英ノ反對」(1938.11.3.), 「JACAR(アジア歴史資料センター)Ref.B02030574800, 支那事變關係一件 第三十二巻(A-1-1-0-30_032)(外務省外交史料館)」.

4 이형식, 2018, 앞의 논문, 90-98쪽.

5 이마가와 에이치, 이홍배 옮김, 2011, 『동남아시아 현대사와 세계 열강의 자본주의 팽창』(상), 이채, 18-19쪽, 147쪽.

6 西村眞次, 1942, 『日本海外発展史』, 東京堂, pp. 203-205.

7 이마가와 에이치, 2011, 앞의 책, 18-19쪽. 147쪽.

8 矢野暢, 2009, 앞의 책, pp. 110-118; 上野隆生, 2008, 「近代日本外交史'北進'と'南進'」, 『和光大學現代人間學部紀要』 1, pp. 105-106.

9 「第二次對外施策方針要綱(案)」(1940. 4. 22.), 「JACAR(アジア歴史資料センター)Ref.B02030012300, 帝國ノ對外政策關係一件(對支, 對滿政策ヲ除ク) 第一巻(A-1-0-0-6_001)(外務省外交史料館)」.

10 「昭和 15年 7月 27日 世界情勢の推移に伴ふ時局処理要綱」, 「JACAR(アジア歴史資料センター)Ref.C12120237300, 重要國策決定綴 巻1 大本営政府連絡會議々事録 其の1 其の2と同じである 昭和 15年 7月~16年 12月(防衛省防衛研究所)」.

11 「支那事變處理要綱」(1940. 11. 13.), 「JACAR(アジア歴史資料センター)Ref.C12120058800, 支那事變戰爭指導關係綴 其の2 昭和 13年 1月~昭和 17年 11月(防衛省防衛研究所)」.

12 上野隆生, 2008, 「近代日本外交史'北進'と'南進'」, 『和光大學現代人間學部紀要』 1, 和光大學現代人間學部, p. 109.

13 西村眞次, 1942, 앞의 책, pp. 46-47.

14 「昭和 15年 7月 27日 世界情勢の推移に伴ふ時局処理要綱」, 「JACAR(アジア歴史資料センター)Ref.C12120237300, 重要國策決定綴 巻1 大本営政府連絡會議々事録 其の1 其の2と同じである 昭和 15年 7月~16年 12月(防衛省防衛研究所)」.

15 「昭和 16年 6月 6日 對南方施策要綱」, 「JACAR(アジア歴史資料センター)Ref.C12120238000, 重要國策決定綴 巻1 大本営政府連絡會議々事録 其の1 其の2と同じである 昭和 15年 7月~16年 12月(防衛省防衛研究所)」.

16 「帝國國策遂行要領 昭和 16年 9月 6日」, 「JACAR(アジア歴史資料センター)Ref.C12120208100, 重要國策決定綴 其1 昭和 15年 7月 27日~16年 12月 6日(防衛省防衛研究所)」.

17 「帝國國策遂行要領 昭和 16年 11月 1日」, 「JACAR(アジア歴史資料センター)Ref.C12120208900, 重要國策決定綴 其1 昭和 15年 7月 27日~16年 12月 6日(防衛省防衛研究

所)」.

18 佐藤元英, 2013,「對米宣戰布告と日・タイ軍事協定問題」,『中央大學政策文化総合研究所年報』第17號, p. 82.

19 위의 논문, p. 85.

20 「第79回帝國議會(通常會)における施政方針演說」, データベース「世界と日本」(worldjpn. grips.ac.jp/).

21 板沢武雄, 1942,『南方圈文化史講話』, 盛林堂書店, pp. 83-84.

22 広瀬玲子,「明治中期の南進論とアジア主義: 菅沼貞風(ただかぜ)と福本日南を中心に」,『北海道情報大學紀要』8(2), 1997, pp. 23-39 스가누마 다다카제(菅沼貞風)의『轉小營十 轉敗為勝 新日本圖南之夢』과 후쿠모토 니치난(福本日南)의『フィリッピーヌ群島ニ於ケル日本人』같은 책들을 가리킨다. 스가누마 책은 1888년에 집필되었지만 미발표 상태에 있다가 1940년에『대일본상업사(大日本商業史)』와 합본으로 처음 공간(公刊)되었으며, 2년 뒤에 다시 출판되었다. 니치난의 책은 1889년 하쿠분샤(博聞社)에서 공간되었다가 1942년에 재차 출판되었다.

23 「大東亞政略指導大綱(昭 十八. 五. 二十九 連絡會議決定 昭 十八. 五. 三十一 御前會議決定),「JACAR(アジア歷史資料センター)Ref.B02032973300, 大東亞戰爭關.

24 矢野暢, 2009, 앞의 책, pp. 114-116.

25 陸軍省主計課別班,『獨逸大東亞圈間の相互的經濟依存關係の研究: 物資交流の視點に於ける』(謄寫版), 南洋群島文化協會, 1940年 3月(大空社, 2004年 復刻), p. 141(上野隆生, 2008, 앞의 논문, p. 116에서 재인용-).

26 「別冊第3 昭和 15年 9月 4日 総理, 陸, 海, 外4相會議決定 昭和 15年 9月 19日 連絡會議決定 日獨伊樞軸強化に關する件」,「JACAR(アジア歷史資料センター)Ref.C12120358600, 開戰に直接關係ある重要國策決定文書(防衛省防衛研究所)」.

27 矢野暢, 2009, 앞의 책, p. 115.

28 「別冊第3 昭和 15年 9月 4日 総理, 陸, 海, 外4相會 昭和 15年 9月 19日 連絡會議決定 日獨伊樞軸強化に關する件」,「JACAR(アジア歷史資料センター)Ref.C12120358600, 開戰に直接關係ある重要國策決定文書(防衛省防衛研究所)」.

29 後藤乾一, 1995,『近代日本と東南アジア: 南進の‘衝擊’と‘遺産’』, 岩波書店. pp. 186-189.

30 後藤乾一, 2013,「(講演會)アジア太平洋戰爭と東南アジア」,『外交史料館報』27, pp. 11-13.

31 「昭和 19年 9月 2日から 昭和 20年 7月 17日 1(最高戰爭會議會議決定 第27號 東印度獨立措置ニ關スル件)」,「JACAR(アジア歷史資料センター)Ref.B02032980300, 大東亞戰爭關係一件 / 東印度問題(蘭印ヲ含ム)(A-7-0-0-9_56)(外務省外交史料館)」.

32 『每日新聞』(東京版), 昭和 19年 9月 7日,「東インド民族に将来獨立を認む!」.

33 後藤乾一, 1995, 앞의 책, pp. 120-121;「大東亞政略指導大綱(昭十八.五.二十九 連絡會議決定 昭十八.五.三十一御前會議決定),「JACAR(アジア歷史資料センター)Ref.B02032973300, 大東亞戰爭關係一件 / 戰時中ノ重要國策決定文書集(A-7-0-0-9_52)(外務省外交史料館)」.

34 後藤乾一, 1995, 앞의 책, pp. 186-189.

35 佐藤健, 2004, 「日本における地政學思想の展開 : 戰前地政學に見る萌芽と危險性」, 『北大 法學研究科ジュニアリサーチジャーナル』, 北海道大學大學院法學研究科, p. 113(채수도, 2013, 「대동아공영권 구상과 지정학적 사고: 일본지정학에 대한 분석을 중심으로」, 『일 본문화연구』 48, 418쪽에서 재인용).

36 日本地誌學會 編, 1942, 『日本地誌學(1)』, 中興館, pp. 95-96(채수도, 위의 논문, 418쪽에 서 재인용)

37 小牧實繁, 1942, 『日本地政學宣言』, 白揚社, pp. 118-122(채수도, 위의 논문, 419쪽에서 재 인용).

38 「第79回帝國議會(通常會)における施政方針演説」, データベース「世界と日本」(worldjpn. grips.ac.jp/); 호사카 마사야스, 2016, 앞의 책, 601쪽.

39 森谷克己, 1942, 『東洋的生活圈』, 育生社弘道閣, p. 309.

40 이마가와 에이치, 2011, 앞의 책, 245-249쪽.

41 上野隆生, 2008, 앞의 논문, p. 117.

42 「1. 大東亞會議開催及會議ノ狀況 / 19大東亞共同宣言」, 「JACAR(アジア歷史資料センター) Ref.B02032957700, 大東亞戰爭關係一件 / 大東亞會議關係(A-7-0-0-9_48)(外務省外交史 料館)」.

43 김정현, 1994. 8, 「일제의 '대동아공영권' 논리와 실체」, 『역사비평』 28, 74쪽.

44 後藤乾一, 2013, 앞의 논문, pp. 19-20.

45 「1.大東亞會議開催及會議ノ狀況 / 19大東亞共同宣言」, 「JACAR(アジア歷史資料センター) Ref.B02032957700, 大東亞戰爭關係一件 / 大東亞會議關係(A-7-0-0-9_48)(外務省外交史 料館)」.

46 이마가와 에이치, 2011, 앞의 책, 252-253쪽.

47 上野隆生, 2008, 앞의 논문, pp. 105-122.

48 샌프란시스코 강화조약 체결을 앞둔 시점에 요시다 시게루(吉田茂) 총리대신 겸 외무대 신의 지시에 의해 외무성 중견 과장 그룹에서 작성했다고 한다(後藤乾一, 2013, 앞의 논 문, p. 10).

49 동남아시아와 관련한 일본 외교의 과오에 대해서는 위의 논문, pp. 10-11에서 정리했다.

제3부 근대 일본의 남양 연구와 남양학

5장 아시아주의와 남양 연구

1 요네하라 겐, 2008, 「4개의 전쟁과 일본 내셔널리즘의 변용」, 『한국문화』 41, 115쪽.

2 佐藤三郎, 1951. 8, 「興亞會に關する一考察」, 『山形大學紀要(人文科學)』 4號(古屋哲夫, 1994, 「アジア主義とその周邊」, 『近代日本のアジア認識』, 京都大學人文科學研究所, pp. 4-47에서 재인용).

3   古屋哲夫, 위의 논문, pp. 4-47.

4   田中守平, 「東亞連邦論」[『日本人(第三次)』403號(1905年 1月 20日), 405號(2月 20日), 407號(3月 20日), 411號(5月 20日), 412號(6月 5日), 414號(7月 5日), 415號(7月 20日)](古屋哲夫, 위의 논문, pp. 4-47에서 재인용).

5   「東亞連邦論(六)」, 『日本人(第三次)』414號(古屋哲夫, 위의 논문, pp. 4-47에서 재인용).

6   정일성, 2005, 『도쿠토미 소호: 일본 군국주의의 괴벨스』, 지식산업사, 181-183쪽.

7   德富蘇峰, 1913, 『時務一家言』, 民友社, pp. 43-44.

8   정일성, 2005, 앞의 책, 183-184쪽.

9   德富蘇峰, 1916, 『大正の青年と帝國の前途』, 民友社, pp. 402-403.

10   德富蘇峰, 1913, 앞의 책, p. 473.

11   요네하라 겐, 2008, 앞의 논문, 126쪽.

12   위의 논문, 127쪽.

13   清水元, 1983, 「大正初期における‘南進論’の一考察」, 『アジア研究』 30巻 1號, p. 40.

14   德富蘇峰, 1913, 앞의 책, pp. 31-36.

15   요네하라 겐, 2008, 앞의 논문, 128쪽.

16   丹野勳, 2018, 『戦前の南洋日本人移民の歴史』, 御茶の水書房, pp. 9-12.

17   角山幸洋, 1991, 「榎本武揚と殖民協會(1)」, 『關西大學經濟論集』 41-2, pp. 181-190.

18   德富蘇峰, 1913, 앞의 책, p. 315.

19   河原林直人, 2008, 「東洋協會における南洋への關心について: 1910 年代を中心に」, 名古屋學院大學総合研究所, 『Discussion Paper』 No.77, p. 14.

20   타이완에 도항한 경험이 있는 관리, 정치가, 학자, 실업가, 신문기자 등이 친목과 교류를 목적으로 1897년 4월 18일에 조직한 단체이다.

21   河原林直人, 2008, 앞의 논문, p. 14.

22   위의 논문, pp. 2-4.

23   타이완에는 총19명의 총독이 파견되었다.

순서	이름	재임 기간
제1대	가바야마 스케노리(樺山資紀)	1895. 05. 10.~1896. 06. 02.
제2대	가쓰라 다로(桂太郎)	1896. 06. 02.~1896. 10. 14.
제3대	노기 마레스케(乃木希典)	1896. 10. 14.~1898. 02. 26.
제4대	고다마 겐타로(兒玉源太郎)	1898. 02. 26.~1906. 04. 11.
제5대	사쿠마 사마타(佐久間左馬太)	1906. 04. 11.~1915. 05. 01.
제6대	안도 사다요시(安東貞美)	1915. 05. 01.~1918. 06. 06.
제7대	아카시 모토지로(明石元二郎)	1918. 06. 06.~1919. 10. 26.

순서	이름	재임 기간
제8대	덴 겐지로(田健治郎)	1919. 10. 29.~1923. 09. 02.
제9대	우치다 가키치(內田嘉吉)	1923. 09. 06.~1924. 09. 01.
제10대	이자와 다키오(伊澤多喜男)	1924. 09. 01.~1926. 07. 16.
제11대	가미야마 만노신(上山滿之進)	1926. 07. 16.~1928. 06. 16.
제12대	가와무라 다케지(川村竹治)	1928. 06. 16.~1929. 07. 30
제13대	이시즈카 에이조 (石塚英藏)	1929. 07. 30.~1931. 01. 16.
제14대	오타 마사히로(太田政弘)	1931. 01. 16.~1932. 03. 02.
제15대	미나미 히로시(南弘)	1932. 03. 02.~1932. 05. 26.
제16대	나카가와 겐조(中川健蔵)	1932. 05. 26.~1936. 09. 02.
제17대	고바야시 세이조(小林躋造)	1936. 09. 02.~1940. 11. 27.
제18대	하세가와 기요시(長谷川清)	1940. 11. 27.~1944. 12. 30.
제19대	안도 리키치(安藤利吉)	1944. 12. 30.~1945. 10. 25.

24 타이완협회 기관지 『타이완협회보』는 월간으로 1898년 10월에 창간되었다(河原林直人, 2008, 앞의 논문, p. 3).

25 발기회는 1899년 1월 29일에 개최되었다.

26 河原林直人, 2008, 앞의 논문, p. 4.

27 '타이완협회학교'는 타이완협회전문학교와 동양협회전문학교를 거쳐 동양협회식민전 문학교로 바뀌었다가 1918년 4월에 '척식대학'으로 이름을 바꾸어 지금에 이르고 있다.

28 河原林直人, 2008, 앞의 논문, p. 4.

29 위의 논문, p. 5.

30 위의 논문, p. 7.

31 전후에도 계속 유지된 남양협회는 1999년 그 명칭을 남양협회에서 '이문화커뮤니케이 션재단(異文化コミュニケーション財団)'으로 변경했다. 그 뒤 2008년 이후에는 '아시아 · 남양협회(アジア · 南洋協會)로 개명했다. 관련 자료는 일반재단법인 아시아 · 남양협회 (アジア · 南洋協會, Asia-Nanyo Foundation) 홈페이지(newicf.org) 참조[2017. 12. 10. 검색].

32 河原林直人, 2008, 앞의 논문, pp. 8-9.

33 이노우에 마사지(井上雅二)는 남양협회 창립 멤버로서 협회 설립 당시부터 1938년까지 전무이사로서 운영에 적극 관여했다. 1938년 그가 전무이사를 사임하면서 남양협회의 발언권이나 영향력이 저하되었으며, 협회의 운영도 외무성 관계자의 손에 넘어갔다고

한다(橫井香織, 2008, 「井上雅二と南洋協會の南進要員育成事業」, 『社會システム研究』16, p. 76).

34 橫井香織, 2018, 『帝國日本のアジア認識-統治下における調査と人材育成』, 岩波書店, p. 78.

35 『南洋協會二十年史』[一般財団法人アジア南洋協會 홈페이지(newicf.org)에서 재인용(검색 2017년 12월 10일)].

36 남양협회의 제2대 회장은 뒤에 최초로 민간 출신 타이완총독이 되는 덴 겐지로(田建治郎), 제3대 회장은 하치스카 마사아키(蜂須賀正韶), 제4대 회장은 고노에 후미마로(近衞文麿)였다.

37 橫井香織, 2018, 앞의 책, pp. 78-79.

38 덴 겐지로는 제8대 타이완총독이자 최초의 민간인 총독이다. 남양협회의 회장이 타이완총독으로 임명되었다는 점에서도 협회와 타이완총독부의 관계가 대단히 밀접했다는 것을 확인할 수 있다.

39 河原林直人, 2008, 앞의 논문, pp. 7-8.

40 橫井香織, 2018, 앞의 책, p. 79.

41 위의 책, p. 80.

42 『南洋協會會報』第2卷 第4號, 1916年 4月, pp. 59-60(河原林直人, 2008, 앞의 논문, p. 12 재인용).

43 橫井香織, 2018, 앞의 책, p. 79.

44 橫井香織, 2008, 앞의 논문, pp. 77-83; 河原林直人, 2008, 앞의 논문, p. 11.

45 橫井香織, 2018, 앞의 책, pp. 80-88.

46 橫井香織, 2004, 「南洋協會臺灣支部と臺灣總督府(再論)」, 『東洋史訪』10, 兵庫敎育大學東洋史硏究會, pp. 54-61.

47 타이완총독부의 역대 민정장관(뒤에 총무장관으로 바뀜)은 계속 남양협회 타이완지부 장직을 이어받았다.

48 橫井香織, 2004, 앞의 논문, pp. 63-64.

49 『南洋協會會報』第2卷 第1號, 1916(河原林直人, 2008, 앞의 논문, p. 16에서 재인용).

50 괄호 안은 설치 연도. 橫井香織, 2008, 앞의 논문, p. 77.

51 橫井香織, 2018, 앞의 책, pp. 88-89.

52 矢野暢, 2009, 『'南進'の系譜』, 千倉書房, p. 109; 橫井香織, 2018, 앞의 책, pp. 14-15.

53 橫井香織, 2018, 위의 책, pp. 54-64.

54 위의 책, p. 76.

55 위의 책, p. 16.

56 矢野暢, 2009, 『'南進'の系譜』, 千倉書房, 263쪽.

57 橫井香織, 2018, 앞의 책, pp. 20-27.

58 松田吉郎・陳瑜, 2014, 「臺北帝國大學文政學部南洋史學の成立と展開」, 『帝國日本と植民地大學』, ゆまに書房, pp. 251-252.

59 李恒全, 2007, 「臺北帝國大學設立計画案に關する一考察: 幣原坦の設立構想を中心に」, 『神戶

大學大學院人間發達環境學研究科研究紀要』1(1), pp. 45-64; 松田吉郎·陳瑜, 2014, 앞의 논문, pp. 254-255.

60 다이호쿠제국대학 설립 준비 과정에 대해서는 李恒全, 2006, 「臺北帝國大學成立史に關する一考察」, 『神戸大學發達科學部研究紀要』14(1), pp. 49-51; 李恒全, 2007, 앞의 논문, pp. 45-64.

61 시데하라 다이라(幣原坦, 1870~1953)가 저술한 책으로는『세계소관(世界小觀)』(寶文館, 1912), 『식민지 교육(植民地教育)』(同文觀, 1912), 『만주관(滿洲觀)』(寶文館, 1916), 『조선교육론(朝鮮教育論)』(六盟館, 1919), 『세계의 변천을 본다(世界の變遷を見る)』(富士房, 1926), 『대동아의 성육(大東亞の成育)』(東洋經濟新報社出版部, 1941) 등이 있다.

62 瀧井一博, 2014, 「植民地帝國大學のエートス―臺北帝國大學初代總長幣原坦の思想形成」, 『帝國日本と植民地大學』, ゆまに書房, pp. 48-51.

63 李恒全, 2007, 앞의 논문, p. 46; 瀧井一博, 2014, 앞의 논문, pp. 51-54.

64 瀧井一博, 2014, 위의 논문, pp. 58-60.

65 위의 논문, pp. 54-58.

66 李恒全, 2007, 앞의 논문, p. 46.

67 瀧井一博, 2014, 앞의 논문, pp. 61-62.

68 幣原坦, 1925. 12. 15, 「臺灣の學術的価値」, 『臺灣時報』第12號, pp. 25-26(李恒全, 2006, 앞의 논문, p. 51에서 재인용); 瀧井一博, 2014, 앞의 논문, pp. 64-65.

69 瀧井一博, 2014, 위의 논문, p. 65.

70 李恒全, 2007, 앞의 논문, p. 47.

71 瀧井一博, 2014, 앞의 논문, p. 66.

72 後藤乾一, 2013, 「(講演會)アジア太平洋戰爭と東南アジア」, 『外交史料館報』27, pp. 23-24.

73 瀧井一博, 2014, 앞의 논문, pp. 66-67.

74 위의 논문, pp. 62-64.

75 李恒全, 2007, 앞의 논문, p. 49.

76 위의 논문, p. 51.

77 1925년 10월에 열린 대학창립회의에서 법학부, 문학부, 이농학부 등 3개의 학부를 설치하기로 했다가 문법학부와 이농학부로 문과 계통과 이과 계통을 재정리했다. 문학과 법학을 합친 문법학부라는 명칭은 학부 성격에 대해 오해가 생길 우려 때문에 문정학부로 바꾸었다(松田吉郎·陳瑜, 2014, 앞의 논문, p. 255).

78 李恒全, 2007, 앞의 논문, p. 63.

79 松田吉郎·陳瑜, 2014, 앞의 논문, p. 255, p. 259; 李恒全, 2007, 앞의 논문, p. 51, p. 63. 다이호쿠제국대학 시절에 만들어진 '토속학·인종학' 교실은 '고고학·인류학'으로 바뀌었다.

80 松田吉郎·陳瑜, 2014, 앞의 논문, p. 255, pp. 259-261.

81 위의 논문, p. 255, pp. 261-270.

82 위의 논문, p. 255, pp. 270-274.

83   위의 논문, p. 255, pp. 275-280.

84   山本達郎, 1991, 「東南アジア史學會創立25週年」, 『東南アジア: 歷史と文化』, p. 133.

85   李恒全, 2006, 앞의 논문, pp. 52-53에서 재인용.

86   瀧井一博, 2014, 앞의 논문, p. 47.

87   松岡昌和, 2016, 「幣原坦の'外地論'」, 『コロキウム報告』, 教育史學會第60回大會, p. 50.

6장 동양학 네트워크와 프랑스와의 교류

1   박찬흥, 2009, 「시라토리 구라키치(白鳥庫吉)와 '만선사학(滿鮮史學)'의 성립」, 『동북아
     역사논총』 26, 66-67쪽.

2   津田左右吉, 1944, 「白鳥博士小傳」, 『東洋學報』 29, pp. 349-352.

3   江上波夫, 1992, 『東洋學の系譜』, 大修館書店, pp. 41-42.

4   津田左右吉, 1944, 앞의 논문, pp. 348-349.

5   위의 논문, p. 358.

6   윤해동, 2016, 「식민주의 역사학 연구 시론」, 『식민주의 역사학과 제국』, 책과함께,
     37-38쪽.

7   江上波夫, 1992, 앞의 논문, pp. 50-59; 津田左右吉, 1944, 앞의 논문, p. 363.

8   시라토리 구라키치(白鳥庫吉)의 생애와 연구에 대해서는 津田左右吉, 1944, 위의 논문,
     pp. 325-390; 江上波夫, 1992, 앞의 논문, pp. 38-47; 박찬흥, 2009, 앞의 논문, 68-72쪽에
     서 정리.

9   江上波夫 1992, 앞의 논문, pp. 41-43.

10   津田左右吉, 1944, 앞의 논문, p. 344.

11   江上波夫 1992, 앞의 논문, pp. 43-44.

12   박찬흥, 2009, 앞의 논문, 69-70쪽.

13   津田左右吉, 1944, 앞의 논문, pp. 358-361.

14   江上波夫, 1992, 앞의 논문, pp. 45-46.

15   津田左右吉, 1944, 앞의 논문, p. 385.

16   박찬흥, 2009, 앞의 논문, 71-72쪽.

17   津田左右吉, 1944, 앞의 논문, pp. 375-376.

18   막스 뮐러(Friedrich Max Müller, 1823~1900)는 독일 태생으로, 영국에 귀화한 인도학,
     산스크리트 문헌학자이자 동양학자, 비교언어학자, 비교종교학자, 불교학자이다.

19   東洋文庫 編, 2015, 『アジア學の宝庫, 東洋文庫』, 逸誠出版, p. 5. 1923년 간토대진재로 도
     쿄제국대학 도서관과 그곳에 소장되어 있던 막스 뮐러 컬렉션은 소실되었다.

20   우에다 가즈토시(上田萬年, 1867~1937)는 국어학자로, 1888년 도쿄제국대학을 졸업하
     고 1894~1927년에 같은 대학 교수로 재직했다. 1890년 독일에 유학하여 서구 언어학
     을 연구했다. 귀국 후에 일본어의 역사적 연구를 수행했으며, '일본어를 만든 사람'으로
     평가받는다.

21 이시다 미키노스케(石田幹之助, 1891~1974)는 동양사학자로, 1916년에 도쿄제국대학 사학과를 졸업했다. 1917년에 이와사키 히사야(岩崎久彌) 남작이 G. E. 모리슨의 장서를 구입할 때 그것을 받아 '모리슨문고'의 주임이 되었다. 1924년 재단법인 동양문고가 정식으로 개관했을 때 주사(主事)를 맡아 1934년까지 직을 유지했다. 동서교섭사, 당대(唐代) 문화사 전문가이다.

22 岡本隆司 編, 2017, 『G.E.モリソンと近代東アジア: 東洋學の形成と東洋文庫の藏書』, 逸誠出版, p. 4, pp. 8-9.

23 위의 책, pp. 3-10.

24 津田左右吉, 1944, 앞의 논문, p. 375; 江上波夫, 1992, 앞의 논문, p. 41.

25 津田左右吉, 1944, 앞의 논문, pp. 376-377.

26 지금까지도 존속하고 있는 동양문고는 동양학 분야에서 일본 최고·최대, 그리고 세계적으로도 유수한 연구도서관으로, 소장 서적이 100만 책에 달한다. 지금은 범아시아 지역을 대상으로 한 연구기관으로서 활발하게 활동하고 있다(재단법인 동양문고 홈페이지 www.toyo-bunko.or.jp 참조).

27 와다 쓰나시로(和田維四郎, 1856~1920)는 광물학자이자 서지학자로서, 귀족원 의원을 지냈다.

28 하네다 도루(羽田亨, 1882~1955)는 동양사학자로, 전공은 서역사이다. 나이토 고난(内藤湖南) 등과 함께 교토제국대학 동양사학과를 주도했다.

29 東洋文庫 編, 2015, 앞의 책, pp. 4-8.

30 津田左右吉, 1944, 앞의 책, pp. 379-381.

31 『東洋學報』 15-1, 1925. 5, 「學術調查部講演會」.

32 津田左右吉, 1944, 앞의 책, p. 382.

33 시데하라 기주로(幣原喜重郎, 1872~1951)는 시데하라 외교의 주인공이다. 1903년에 이와사키 야타로(岩崎彌太郎, 1835~1885)의 딸과 결혼했다. 형이 다이호쿠제국대학의 초대 총장인 시데하라 다이라(幣原坦, 1870~1953)이다.

34 東洋文庫 編, 2015, 앞의 책, pp. 12-14.

35 재단법인 동양문고 홈페이지 www.toyo-bunko.or.jp.

36 山本達郎, 1991, 「東南アジア史學會創立25週年」, 『東南アジア: 歷史と文化』, p. 133; 유인선, 2010, 「일본에서의 동남아시아사(史) 연구 동향, 1990~2007」, 『동양사학연구』 110, 345-346쪽.

37 松田吉郎·陳瑜, 2014, 「臺北帝國大學文政學部南洋史學の成立と展開」, 『帝國日本と植民地大學』, ゆまに書房, pp. 261-280.

38 위의 논문, p. 260.

39 山本達郎, 1991, 앞의 논문, pp. 133-134.

40 강재철, 2000, 「해제」, 『국문학논집』 17, 377쪽.

41 和田桂子 外 編, 2012, 『滿鐵と日佛文化交流誌 『フランス·ジャポン』』, ゆまに書房, p. 4.

42 권윤경, 2018, 「프랑스 오리엔탈리즘과 '극동(Extreme-Orient)'의 탄생」, 『아시아리뷰』

7-2, 189-190쪽.

43   EFEO(École Française d'Extrême-Orient)는 원동박고원(遠東博古院), 원동박고학원
      (遠東博古學院), 프랑스원동학원, 프랑스극동학원 등 다양하게 번역된다. EFEO의 탄생
      배경과 의미에 대해서는 위의 논문, 191-195쪽을 볼 것.

44   다니엘 부세, 1995, 「프랑스국립극동연구원의 사업」, 『아세아연구』 38-2, 고려대학교 아
      세아문제연구소, 176-177쪽.

45   フリドマン日出子, 2015, 「兩大戰間の日本研究」, 『兩大戰間の日佛文化交流』, ゆまに書房,
      pp. 128-129.

46   다니엘 부세, 1995, 앞의 논문, 175쪽, EFEO 서울분위은 1994년에 설치되었다.

47   후지하라 사다오, 임경택 옮김, 2014, 『앙코르와트: 제국주의 오리엔탈리스트와 앙코르
      유적의 역사 활극』, 동아시아.

48   フリドマン日出子, 2015, 앞의 논문, p. 140.

49   마쓰모토 노부히로(松本信廣), 1933, 「안남여행설(安南旅行說) 제1신~3신(第一信~三
      信)」, 『국문학논집』 17(2000. 12), 396쪽.

50   『조선일보』, 1931년 4월 13일, 「불국영사관사무원(佛國領事館事務員) 김영건 씨(金永建
      氏) 안남(安南)에」; 『조선일보』, 1931년 4월 19일. 「인사소식」.

51   윤대영, 2009, 「김영건(金永鍵)의 베트남 연구 동인(動因)과 그 성격」, 『동남아시아연구』
      19-3, 63쪽.

52   위의 논문, 64-65쪽.

53   위의 논문, 68-71쪽.

54   金永鍵, 1943, 『印度支那と日本との關係』, 富山房.

55   조흥국, 2001, 「동남아시아 연구의 문제와 과제」, 『국제지역연구』 5-1, 49쪽.

56   윤대영, 2009, 앞의 논문, 79쪽.

57   후지하라 사다오, 2014, 앞의 책, 486-492쪽.

58   山中悠希, 2015, 「東京日佛會館」, 『兩大戰間の日佛文化交流』, ゆまに書房, pp. 307-308.

59   위의 글, p. 309.

60   권윤경, 2018, 앞의 논문, 198쪽; 山中悠希, 2015, 앞의 글, p. 310.

61   山中悠希, 위의 글, pp. 310-312.

62   권윤경, 2018, 앞의 논문, 198-199쪽.

63   和田桂子 外 編, 2012, 앞의 책, p. 5.

64   渋谷豊, 2012, 「對外宣傳誌としての『フランス・ジャポン』」, 『滿鐵と日佛文化交流誌『フラン
      ス・ジャポン』』, ゆまに書房, p. 95.

65   和田桂子 外 編, 2012, 앞의 논문, p. 6.

66   마쓰오카 요스케(松岡洋右, 1880~1946)는 외무성을 퇴관 후 1927년에 만철 부총재를
      지내다가 1930년에 퇴식하여 승의원 의원이 되었는데, 당시에는 국제연맹 임시총회에
      전권대사로 출석해 있었다.

67   和田桂子 外 編, 2012, 앞의 책, pp. 7-8.

68 이나바타 가쓰타로(稻畑勝太郎, 1862~1938)는 간사이 지역의 실업가로 간사이일불학
   관(關西日佛學館) 설립에도 중요한 역할을 했던 인물이다.

69 杉山直治郞, 1934, 「日佛文化關係」, 『日佛文化』, 1934年 1月(和田桂子 外 編, 2012, 앞의 책,
   p. 7에서 재인용).

70 和田桂子 外 編, 2012, 앞의 책, pp. 8-10.

71 위의 책, p. 15.

72 1931년 국제관광협회, 1933년 국제불교협회, 1934년 국제학우회가 창설되었다.

73 渋谷豊, 2012, 앞의 논문, p. 89.

74 和田桂子 外 編, 2012, 앞의 책, p. 13.

75 위의 책, p. 10; 渋谷豊, 2012, 앞의 논문, p. 96.

76 和田桂子 外 編, 2012, 앞의 책, p. 11.

77 淸水盛明, 「對外宣傳と日本人」, 『ニッポン(日本版)』第1卷 2號.

78 和田桂子 外 編, 2012, 앞의 책, p. 12.

79 위의 책, pp. 17-18.

80 위의 책, pp. 23-27; 渋谷豊, 2012, 앞의 논문, pp. 91-92.

81 渋谷豊, 위의 논문, pp. 97-98.

82 和田桂子 外 編, 2012, 앞의 책, p. 19, p. 30.

[보론] 남양 · 남방으로 간 조선인들

1 윤대영, 2010, 「19세기 후반~20세기 초, 한국의 베트남 재인식 과정과 그 성격」, 『동양
   사학연구』 112, 192-200쪽; 김인덕 · 김도형, 2005, 『1920년대 이후 일본 · 동남아시아
   지역 민족운동』, 독립기념관 한국독립운동사연구소, 207-209쪽.

2 윤대영, 2010, 앞의 논문, 200-216쪽.

3 『황성신문』, 1907년 1월 1일, 「월남망국사」.

4 김윤식, 「《월남망국사》를 읽고 느낌이 있어(越南亡國史有感)」, 『운양집(雲養集)』 제6권
   (db.itkc.or.kr).

5 『대한매일신보』, 1907년 2월 21일, 「잡보」.

6 『동아일보』, 1924년 5월 28일, 「굉장한 국빈(國賓): 서울 오는 안남총독」.

7 윤대영, 2010, 앞의 논문, 191쪽.

8 사공환, 1940년 7월 10일, 「지나사변3주년기념논문(支那事變三周年記念論文): 불령인도
   (佛領印度)의 운명(運命)」, 『조선일보』.

9 井上亮, 2015, 『忘れられた島々 「南洋群島」の現代史』, 平凡社, p. 64.

10 『조선일보』, 1933년 10월 31일, 「종려수(棕櫚樹) 욱어진 곳 이백동포 최근 소식(1)」.

11 김명환, 2009, 「식민지 시기 조선인의 남양군도 이주 실태(1914~1938)」, 『한일민족문
   제연구』 16, 30쪽; 井上亮, 2015, 앞의 책, p. 166.

12 『조선일보』, 1921년 9월 17일, 「남양군도인 일본 국세원(國勢院) 조사」.

13 김명환, 2009, 앞의 논문, 28-30쪽.

14 김인덕 · 김도형, 2008, 앞의 책, 211쪽.

15 『신한민보』, 1939년 2월 16일, 「재외 한인 수효: 202만 인 이상?」.

16 『조선일보』, 1936년 8월 7일, 「비율빈 재류 동포 고려인회 조직」.

17 김인덕 · 김도형, 2008, 앞의 책, 257쪽.

18 성완생(成完生), 1923년 12월 16일, 「남양행(1)」, 『조선일보』.

19 성완생, 1924년 1월 9일, 「남양행(7)」, 『조선일보』.

20 성완생, 1924년 1월 11일, 「남양행(9)」, 『조선일보』.

21 『조선일보』, 1923년 2월 1일, 「고려인삼 수출에 대하야」.

22 성완생, 1924년 1월 10일, 「남양행(8)」, 『조선일보』.

23 김인덕 · 김도형, 2008, 앞의 책, 241-215쪽.

24 『조선일보』, 1923년 2월 4일, 「고려인삼 수출에 대하야(4)」.

25 성완생, 1924년 1월 11일, 「남양행(9)」, 『조선일보』.

26 위의 글.

27 『조선일보』, 1923년 6월 11일, 「화령박람회(和領博覽會)에 조선인삼 출품」; 『조선일보』, 1927년 1월 26일, 「조선홍삼 남양 방면에 수출」; 『조선일보』, 1927년 2월 6일, 「조선홍삼 수출 격증」.

28 『동아일보』, 1931년 1월 23일, 「남양 소식 불로초 행상인(2)」.

29 『동아일보』, 1931년 1월 24일, 「남양 소식 불로초 행상인(3)」.

30 마쓰모토 노부히로, 1933, 「안남여행설 제1신~3신」, 『국문학논집』 17(2000. 12), 394쪽.

31 김인덕 · 김도형, 2008, 앞의 책, 237-245쪽.

32 위의 책, 254-262쪽.

33 위의 책, 261-266쪽.

34 『조선일보』, 1938년 3월 4일, 「조선 노동자 남양 진출」.

35 『조선일보』, 1939년 7월 22일, 「상하(常夏)의 남양에 영농부대 20호(戶廿) 진군(進軍), 경남(慶南) 최초의 농업이민(農業移民)」.

36 『조선일보』, 1939년 7월 29일, 「남양에 농업 진군, 경북도(慶北道)에서 30호(卅戶)를 선발파견(選拔派遣)」.

37 『조선일보』, 1939년 2월 5일, 「남양행 논동자, 전남(全南)서도 82행(八十二行)」.

38 김명환, 2008, 「1943~1944년 팔라우(Palau) 지역 조선인 노무자 강제동원: 『조선인노무자관계철』 분석을 중심으로」, 『한일민족문제연구』 14, 92-93쪽.

39 『조선일보』, 1939년 9월 16일, 「일 잘하는 조선노동자! 남양청(南洋廳)에서 또 200호(二百戶) 알선해달라고 의뢰」.

40 『조선일보』, 1939년 1월 2/일, 「남양의 개적부대(開拓部隊)」; 『조선일보』, 1939년 2월 19일, 「남양행 "노력부대(勞力部隊)" 제2진 18일에 백 명이 상하(常夏)의 나라로」; 『조선일보』, 1939년 3월 18일, 「남양 노력부대 제3차 수송」.

41 『조선일보』, 1939년 2월 10일, 「남양행 노동자, 전북(全北)선 71명」; 『조선일보』, 1939년 2월 1일, 「남양행 노동자 충북(忠北)서 21명 모집」.

42 『조선일보』, 1939년 2월 4일, 「남양의 개척부대, 경남(慶南)에서 50명 발정(發程)」.

43 『조선일보』, 1940년 4월 5일, 「남양 재류(在留) 동포(同胞) 고국(故國) 한해(旱害) 의연금(義捐金) 기탁」.

44 『조선일보』, 1939년 2월 5일, 「남양행 노동자, 전남서도 82행」.

45 『조선일보』, 1939년 1월 21일, 「남양 갈 노동자 큰 꿈은 꾸지 말라」.

46 『조선일보』, 1939년 9월 16일, 「일 잘하는 조선노동자! 남양청에서 또 200호 알선해 달라고 의뢰」.

47 김명환, 2008, 앞의 논문, 86-87쪽.

48 안자코 유카, 2021, 「전장으로의 강제동원: 조선인 지원병이 경험한 아시아 태평양전쟁」, 『역사학연구』 81, 97-98쪽.

49 위의 논문, 99쪽, 101쪽.

50 위의 논문, 105쪽.

51 위의 논문, 98-99쪽.

52 井上亮, 2015, 앞의 책, pp. 116-135.

53 위의 책, pp. 143-144.

54 조건, 2011, 「제2차 세계대전 말기 일본의 조선인 포로감시원 강제동원」, 『한일민족문제연구』 21, 151쪽.

55 위의 논문, 154쪽.

56 위의 논문, 165-166쪽.

57 內海愛子·村井吉敬, 1980, 『赤道下の朝鮮人叛亂』, 勁草書房(우쓰미 아이코·무라이 요시노리, 김종익 옮김, 2012, 『적도에 묻히다』, 역사비평사, 54-60쪽).

58 조건, 2011, 앞의 논문, 179-180쪽.

59 우쓰미 아이코·무라이 요시노리, 2012, 앞의 책, 27-32쪽.

에필로그 탈식민주의를 위한 연대

1 淸水元, 1987, 「近代日本における'東南アジア'地域槪念の成立」, 『アジア經濟』 28-6, p. 6.

2 後藤乾一, 2013, 「(講演會)アジア太平洋戰爭と東南アジア」, 『外交史料館報』 27, p. 3.

3 유인선, 2010, 「일본에서의 동남아시아사(史) 연구 동향, 1990~2007」, 『동양사학연구』 110, 336쪽.

4 안청시·전제성 엮음, 2019, 『한국의 동남아시아 연구』, 서울대학교출판문화원, 2-19쪽.

5 최병욱, 2015, 「'한월관계사'에서 '동남아시아사'로: 동남아시아사 연구 동향 50년」, 동양사학회, 『동양사학연구』 133, 463-465쪽.

6 위의 논문, 475-476쪽.

7   후지하라 사다오, 임경택 옮김, 2014, 『앙코르와트: 제국주의 오리엔탈리스트와 앙코르 유적의 역사 활극』, 동아시아, 161쪽.

8   위의 책, 160-161쪽.

9   위의 책, 162쪽.

10 조성윤, 2010, 「제국 일본의 남양군도 지배와 연구 동향」, 『탐라문화』 제37집, 제주대학교 탐라문화연구소, 128-129쪽.

11 윤대영, 2008, 「한국 동남아시아 역사 연구의 제 양상: '은둔(隱遁)'에서 '소통(疏通)'으로」, 『역사학보』 199, 378-382쪽.

12 하우봉, 2006, 「해양사관에서 본 조선시대의 재조명: 동남아시아 국가와의 교류를 중심으로」, 『일본사상(日本思想)』 10, 191-192쪽.

13 윤대영, 2008, 앞의 논문, 383쪽.

14 다케우치 요시미, 2011, 『다케우치 요시미 선집 2: 내재하는 아시아』, 휴머니스트, 301쪽.

15 위의 책, 300-302쪽.

16 後藤乾一, 1995, 『近代日本と東南アジア: 南進の'衝擊'と'遺産'』, 岩波書店, p.185.

참고문헌

○ 한국어 저서

김인덕 · 김도형, 2008, 『1920년대 이후 일본 · 동남아 지역 민족운동』, 독립기념관 한국독립
　　운동사연구소.

다케우치 요시미, 2011, 『다케우치 요시미 선집 2: 내재하는 아시아』, 휴머니스트.

동남아시아연구소 편, 1992, 『동남아시아 지역학 개론』, 한남대학교출판부.

매리 하이듀즈, 박장식 · 김동엽 공역, 2012, 『동남아의 역사와 문화: 동남아시아 지역연구총
　　서09』, 솔과학.

배동선, 2018, 『수카르노와 인도네시아 현대사』, 아모르문디.

쁘라무디야 아난따 뚜르, 김영수 옮김, 2019, 『인도네시아의 '위안부' 이야기: 일본군에 의해
　　부루(Buru)섬에 갇힌 여인들의 삶』, 동쪽나라.

안청시 · 전제성 엮음, 2019, 『한국의 동남아시아 연구』, 서울대학교출판문화원.

우쓰미 아이코 · 무라이 요시노리, 김종익 옮김, 2012, 『적도에 묻히다』, 역사비평사.

윤해동 · 이성시, 2016, 『식민주의 역사학과 제국』, 책과함께.

이노우에 마사지, 정병호 옮김, 2021, 『남양 · 남방의 일반 개념과 우리들의 각오』, 보고사.

이마가와 에이치, 이홍배 옮김, 2011, 『동남아시아 현대사와 세계 열강의 자본주의 팽창』(상)
　　(하), 이채.

이미림 외, 2007, 『동양미술사』(상)(하), 미진사.

자오리성 · 우화, 한국학술정보출판번역팀 옮김, 2016, 『일본의 남방 작전과 태평양 전역』 1,
　　한국학술정보.

전제성 등, 2014, 『맨발의 학자들: 동남아 전문가 6인의 도전과 열정의 현지조사』, 눌민.

정일성, 2005, 『도쿠토미 소호: 일본 군국주의의 괴벨스』, 지식산업사.

제임스 C. 스콧, 이상국 옮김, 2015, 『조미아, 지배받지 않는 사람들: 동남아시아 산악 지대 아
　　나키즘의 역사』, 삼천리.

조흥국, 2009, 『한국과 동남아시아의 교류사』, 소나무.

천팅이 · 자오리성, 한국학술정보출판번역팀 옮김, 2016, 『일본의 남방 작전과 태평양 전역』
　　2, 한국학술정보.

최병욱, 2015, 『동남아시아사: 전통 시대』, 산인.

최병욱, 2016, 『동남아시아사: 민족주의 시대』, 산인.

최호림 등, 2011, 『동남아시아의 박물관: 국가 표상과 기억의 문화정치』, 이매진.

쿠로노 타에루, 최종호 옮김, 2015, 『참모본부와 육군대학교』, 논형.

클라이브 크리스티 편저, 노영순 옮김, 2004, 『20세기 동남아시아의 역사』. 심산문화.

호사카 마사야스, 정선태 옮김, 2016,『쇼와 육군』, 글항아리.

후지와라 아키라, 서영식 옮김, 2012,『일본군사사(상) 전전편(戰前編)』, 제이앤씨.

후지하라 사다오, 임경택 옮김, 2014,『앙코르와트: 제국주의 오리엔탈리스트와 앙코르 유적의 역사 활극』, 동아시아.

○ 한국어 논문

권오신, 2006,「태평양전쟁기 일본의 필리핀 점령과 지배: "대동아공영권"의 그림자」,『아시아연구』9(2).

권윤경, 2018,「프랑스 오리엔탈리즘과 '극동(Extreme-Orient)'의 탄생」,『아시아리뷰』7-2.

김경일, 2005,「대동아공영권 '이념'과 아시아의 정체성」,『동아시아의 지역질서』, 창비.

김명환, 2008,「1943~1944년 팔라우(Palau) 지역 조선인 노무자 강제동원:『조선인노무자관계철』분석을 중심으로」,『한일민족문제연구』14.

김명환, 2009,「식민지 시기 조선인의 남양군도 이주 실태(1914~1938)」,『한일민족문제연구』16.

김정현, 1994,「일제의 대동아공영권 논리와 실체」,『역사비평』28, 역사비평사.

다니엘 부셰, 1995,「프랑스국립극동연구원의 사업」,『아세아연구』38-2.

마쓰모토 노부히로(松本信廣), 1933,「안남여행설(安南旅行說) 제1신~3신(第-信~三信)」,『국문학논집』17(2000. 12).

박찬홍, 2009,「시라토리 구라키치(白鳥庫吉)와 '만선사학(滿鮮史學)'의 성립」,『동북아역사논총』26.

안자코 유카, 2021,「전장으로의 강제동원: 조선인 지원병이 경험한 아시아 태평양 전쟁」,『역사학연구』81.

요네하라 겐, 2008,「4개의 전쟁과 일본 내셔널리즘의 변용」,『한국문화』41.

유인선, 2010,「일본에서의 동남아시아사(史) 연구 동향, 1990~2007」,『동양사연구』110.

윤대영, 2008,「한국 동남아시아 역사 연구의 제 양상: '은둔(隱遁)'에서 소통('疏通')으로」,『역사학보』199.

윤대영, 2009,「김영건(金永鍵)의 베트남 연구 동인(動因)과 그 성격」,『동남아시아연구』19-3.

윤대영, 2009,「김영건(金永鍵)의 이력과 저술활동」, 인하대학교 한국학연구소,『한국학연구』21.

윤대영, 2010,「19세기 후반~20세기 초, 한국의 베트남 재인식 과정과 그 성격」,『동양사학연구』112.

윤대영, 2012,「한국 동남아사 연구의 현황과 새로운 흐름」,『역사학보』215.

이석원, 2008,「대동아 공간의 창출」,『역사문제연구』19.

이형식, 2018,「'내파(內破)'하는 '대동아공영권'」,『사총(史叢)』93.

조건, 2011,「제2차 세계대전 말기 일본의 조선인 포로감시원 강제동원」,『한일민족문제연구』

21.

조성윤, 2010, 「제국 일본의 남양군도 지배와 연구 동향」, 『탐라문화』 제37집, 제주대학교 탐
　라문화연구소.

조홍국, 2001, 「동남아시아 연구의 문제와 과제」, 『국제지역연구』 5-1.

채수도, 2013, 「대동아공영권 구상과 지정학적 사고: 일본지정학에 대한 분석을 중심으로」,
　『일본문화연구』 48.

최병욱, 2015, 「'한월관계사'에서 '동남아시아사'로: 동남아시아사 연구 동향 50년」, 동양사학
　회, 『동양사학연구』 133.

하우봉, 2006, 「해양사관에서 본 조선시대의 재조명: 동남아시아 국가와의 교류를 중심으로」,
　『일본사상(日本思想)』 10.

○ 일본어 저서

角田順 編, 1967, 『石原莞爾資料 國防論策 編』, 原書房.

葛生能久, 1997, 『東亞先覚志士記傳(上)』, 大空社.

吉田松陰, 1933, 『吉田松陰先生幽囚錄: 訓註』, 山口縣教育會.

岡本隆司 編, 2017, 『G.E.モリソンと近代東アジア: 東洋學の形成と東洋文庫の蔵書』, 逸誠出版.

江上波夫, 1992, 『東洋學の系譜』, 大修館書店.

丹野勳, 2018, 『戦前の南洋日本人移民の歴史』, 御茶の水書房.

德富蘇峰, 1913, 『時務一家言』, 民友社.

德富蘇峰, 1916, 『大正の青年と帝國の前途』, 民友社.

東南アジア學會監修, 2009, 『東南アジア研究の展開』, 山川出版社.

同盟通信社, 1944, 『(圖說)南方共榮圈』, 同盟通信社.

東洋文庫 編, 2015, 『アジア學の宝庫, 東洋文庫』, 逸誠出版.

等松春夫, 2015, 『日本帝國と委任統治』, 名古屋大學出版會.

防衛庁防衛研修所戦史室, 1973, 『戦史叢書 大本営陸軍部大東亞戦爭開戦經緯』(1), 朝雲新聞社.

服部卓四郎, 1977, 『大東亞戦爭全史』, 原書房.

森谷克己, 1942, 『東洋的生活圈』, 育生社弘道閣.

副島八十六, 1916, 『帝國南進策』, 民友社.

西村真次, 1942, 『大東亞共榮圈』, 博文館出版.

小牧實繁, 1942, 『日本地政學宣言』, 白揚社.

小牧實繁, 1943, 『大東亞地政學新論』, 星野書店.

松浦正孝 編著, 2007, 『昭和・アジア主義の實像: 帝國日本と臺灣・'南洋'・'南支那'』, ミネルヴァ
　書房.

神保文治, 1915, 『南洋の寶庫: 踏査研究』, 實業之日本社.

矢野暢, 1975, 『'南進'の系譜』, 中公新書.

矢野暢, 2009, 『'南進'の系譜』, 千倉書房.

矢野暢, 1983, 『東南アジア學への招待 上: 新にな認識を求めて』, 日本放送出版協會.

矢野暢, 1979, 『日本の南洋史觀』, 中公新書.

日本地誌學會 編, 1942, 『日本地誌學』(1), 中興館.

林思敏, 2005, 『近代日本の南進政策: 臺灣總督府を中心に』, 東京外國語大學 博士學位論文.

井上亮, 2015, 『忘れられた島々「南洋群島」の現代史』, 平凡社.

井上壽一, 2006, 『アジア主義を問い直す』, ちくま親書.

正田健一郎 編, 1978, 『近代日本の東南アジア觀』, アジア經濟研究所.

舟越康壽, 1943, 『東南アジア文化圈史』, 三省堂.

酒井哲哉・松田利彦 編, 2014, 『帝國日本と植民地大學』, ゆまに書房.

中生勝美, 2016, 『近代日本の人類學史: 帝國と植民地の記憶』, 風響社.

參謀本部 編, 1967, 『杉山メモー大本營政府連絡會議等筆記(上)』, 原書房.

浅野豊美 編, 2007, 『南洋群島と帝國・國際秩序』, 慈學社.

板沢武雄, 1942, 『南方圈文化史講話』, 盛林堂書店.

幣原坦, 1926, 『世界の變遷を見る』, 富山房.

正田健一郎 編, 1978, 『近代日本の東南アジア觀』, アジア經濟研究所.

横井香織, 2018, 『帝國日本のアジア認識: 統治下における調査と人材育成』, 岩波書店.

後藤乾一, 1995, 『近代日本と東南アジア: 南進の‘衝撃’と‘遺産’』, 岩波書店.

○ 일본어 논문

E・ブルース・レイノルズ, 1999, 「帝國陸軍と日泰同盟」, 『防衛研究所戰史剖年報』第2號.

角山幸洋, 1991, 「榎本武揚と殖民協會(1)」, 『關西大學經濟論集』41-2.

桂川光正, 1980, 「東亞聯盟論の成立と展開」, 『士林』63(5).

広瀬玲子, 1997, 「明治中期の南進論とアジア主義: 菅沼貞風(ただかぜ)と福本日南を中心に」, 『北海道情報大學紀要』8(2).

古屋哲夫, 1994, 「アジア主義とその周辺」, 『近代日本のアジア認識』, 京都大學人文科學研究所.

今井嘉一, 1941, 「大東亞共榮圈としての南洋」, 『朝鮮の教育研究』151, 朝鮮初等教育研究會.

大畑篤四郎, 1978, 「‘南進’の思想と政策の系譜」, 正田健一郎 編, 『近代日本の東南アジア觀』, アジア經濟研究所.

梅津順一, 2006, 「德富蘇峰と‘力の福音’」, 『聖學院大學論叢』19(1).

山根幸夫, 1975, 「臺灣協會の成立とその發展」, 『東京女子大學附屬比較文化研究所紀要』36.

山本達郎, 1933, 「東西洋という呼称の起原に就いて」, 『東洋學報』.

山本達郎, 1991, 「東南アジア史學會創立25週年」, 『東南アジア: 歴史と文化』.

上野隆生, 2008, 「近代日本外交‘北進’と‘南進’」, 『和光大學現代人間學部紀要』1.

石川友紀, 2011, 「舊南洋群島日本人移民の生活と移動: 沖縄縣出身移民の事例を中心に」, 『移民研究』第7號.

松岡昌和, 2016, 「幣原坦の‘外地論’」, 『コロキウム報告』, 教育史學會第60回大會.

松野良寅, 1978,「薩の海軍と米沢」,『英學史研究』10.

櫻井良樹, 1998,「日中提携と國民的新党の創設」,『日本政治學會年報』, 岩波書店.

有賀定彦, 1986,「'北進'論と'南進'論」,『東南アジア研究年報』28, 長崎大學東南アジア研究所.

佐藤元英, 2013,「對米宣戰布告と日・タイ軍事協定問題」,『中央大學政策文化綜合研究所年報』第 17號.

李恒全, 2001,「臺北帝國大學設立計画案に關する一考察: 幣原坦の設立構想を中心に」,『神戸大學 大學院人間發達環境學研究科研究紀要』1(1).

李恒全, 2006,「臺北帝國大學成立史に關する一考察」,『神戸大學發達科學部研究紀要』14(1).

津田左右吉, 1944,「白鳥博士小傳」,『東洋學報』29.

清水元, 1983,「大正初期における'南進論'の一考察」,『アジア研究』30巻 1號.

清水元, 1987,「近代日本における'東南アジヤ'地域概念の成立」,『アジア經濟』28-6.

波多野勝, 1988,「フィリピン獨立運動と日本の對応」,『アジア研究』34-4, アジア政經學學會.

河西晃佑, 1998,「南洋協會と大正期『南進』の展開」,『紀尾井史學』18, 上智大學史學研究室.

河西晃佑, 2003,「外務省と南洋協會の連携にみる1930年代南方進出政策に一段面」,『アジア經濟』 44-2.

河原林直人, 2007,「南洋協會と南進政策; 南洋經濟懇談會に觀る利害關係」, 松浦正孝 編著,『昭 和・アジア主義の實像: 帝國日本と臺灣・'南洋'・'南支那'』, ミネルヴァ書房.

河原林直人, 2008,「東洋協會における南洋への關心について: 1910年代を中心に」, 名古屋學院大 學綜合研究所,『Discussion Paper』No.77.

河原林直人, 2004,「南洋協會という鏡: 近代日本の'南進'を巡る'同床異夢'」, 京都大學人文科學研究 所,『人文學報』第91號.

横井香織, 2008,「井上雅二と南洋協會の南進要員育成事業」,『社會システム研究』16.

横井香織, 2004,「南洋協會臺灣支部と臺灣總督府(再論)」,『東洋史訪』10, 兵庫教育大學東洋史研 究會.

後藤乾一, 2013,「(講演會)アジア太平洋戰爭と東南アジア」,『外交史料館報』27.

○ 웹사이트

국립중앙도서관(nl.go.kr).

국사편찬위원회(history.go.kr).

네이버뉴스라이브러리(newslibrary.naver.com/search/searchByDate.naver).

대한민국신문아카이브(nl.go.kr/newspaper).

역사정보통합시스템(koreanhistory.or.kr).

조선뉴스라이브러리(newslibrary.chosun.com).

한국고전종합DB(db.itkc.or.kr).

アジア歴史資料センター(jacar.go.jp).

日本國立國會圖書館デジタルコレクション(dl.ndl.go.jp).

찾아보기